"研究阐释党的十九大精神国家社科基金专项课题'新时代中国特色住房制度研究'"（项目号：18VSJ096）成果
国家自然科学基金项目"空间视角下宜居环境需求驱动的住房市场居民行为规律研究"（项目号：72074140）成果
上海财经大学"中央高校建设世界一流大学学科和特色发展引导专项资金"资助

姚玲珍　孙　聪　唐旭君／著

新时代中国特色住房制度研究

XINSHIDAI ZHONGGUO TESE ZHUFANG ZHIDU YANJIU

中国财经出版传媒集团
经济科学出版社
Economic Science Press

图书在版编目（CIP）数据

新时代中国特色住房制度研究/姚玲珍，孙聪，唐旭君著. —北京：经济科学出版社，2020.8
ISBN 978-7-5218-1824-6

Ⅰ.①新… Ⅱ.①姚… ②孙… ③唐… Ⅲ.①住房制度-研究-中国 Ⅳ.①F299.233.1

中国版本图书馆 CIP 数据核字（2020）第 163294 号

责任编辑：杜　鹏　张　燕
责任校对：刘　昕
责任印制：邱　天

新时代中国特色住房制度研究

姚玲珍　孙　聪　唐旭君/著
经济科学出版社出版、发行　新华书店经销
社址：北京市海淀区阜成路甲 28 号　邮编：100142
编辑部电话：010-88191441　发行部电话：010-88191522
网址：www.esp.com.cn
电子邮箱：esp_bj@163.com
天猫网店：经济科学出版社旗舰店
网址：http://jjkxcbs.tmall.com
固安华明印业有限公司印装
710×1000　16 开　19 印张　310000 字
2020 年 10 月第 1 版　2020 年 10 月第 1 次印刷
ISBN 978-7-5218-1824-6　定价：98.00 元
（图书出现印装问题，本社负责调换。电话：010-88191510）
（版权所有　侵权必究　打击盗版　举报热线：010-88191661
QQ：2242791300　营销中心电话：010-88191537
电子邮箱：dbts@esp.com.cn）

前　言

中国特色社会主义已进入新时代，住房领域的主要矛盾由总量短缺转化为结构性失衡，住房市场高速发展累积的风险与问题日益显现，这对住房制度改革提出了新的要求。党的十九大报告明确指出，加快建立多主体供给、多渠道保障、租购并举的住房制度，强调住房应回归其居住属性，实现居民"住有所居"的发展目标。在这一背景下，坚持和探索因地制宜的"稳地价、稳房价、稳预期"调控体系，不将房地产作为短期刺激经济的手段，有效防范化解市场风险，加快推进面向住房困难群体的精准保障，建立完善进而稳妥实施以"房子是用来住的，不是用来炒的"为定位的长效机制，对于房地产市场平稳健康发展具有必要性和紧迫性。

本书旨在深入理解新时代住房领域"不平衡、不充分"的主要矛盾及其背后的深层次原因，勾勒新时代中国特色住房制度顶层设计的框架，从需求引导机制构建、供应体系优化以及保障体系完善等多个方面阐释新时代中国特色住房制度的内涵，探讨将制度优势转化为治理效能的可行政策途径，以有力支持和促进我国住房领域乃至宏观经济的可持续发展。本书各章节围绕上述内容依次展开，形成了一系列理论观点和政策建议。

第一，新时代中国特色住房制度不是推倒重来，是继续坚持和巩固经过实践检验的既有制度，科学把握和正确遵循市场规律，结合当前国情和发展趋势进行发展和完善，逐渐形成"多主体供给、多渠道保障和租购并举"的住房制度。以习近平新时代中国特色社会主义思想为指导，以四个"坚持"为主线，以"房住不炒"为制度定位，明确"租购并举"的发展方向，落实"住有所居"的目标要求，明晰住房制度与其他制度之间的关系，处理好政府与市场、中央与地方、长期与短期、主体与配套、规划与落实、认识与实践这六对关系。回归住房居住属性的制度"初心"，确保住房市场平稳健康发展、住房保障覆盖精准到位的制度"使命"。

第二，促进住房"租购并举"，逐步推进"租购同权"，多管齐下推进政策措施和机制设计，培育和发展住房租赁需求。优化租售住房的空间分布，提供契合多元化需求的住房产品。通过金融支持和财税激励，分类引导，对住房需求实施"精准调控"，支持居民合理的自住与改善型住房需求，遏制部分城市的投机需求。加快建立均等化的公共服务供给制度，以提高公共资源配置效率，破除公共资源与住房捆绑，通过受益性的财税政策与精准化的转移支付制度，推进社会公平。重塑房地产税收体系，发展政策性住房消费金融，适度拓宽住房公积金使用范围。客观评价限购等行政手段的调控效应，在住房市场长效机制构建过程中，相机使用行政工具，以引导合理住房需求，逐步并最终实现住房市场行政管制的退出。

第三，住房领域供给侧结构性改革的重点在于优化住房供应体系，应着力引导、协调、激励住房市场"多主体供给"的发展和壮大，强化市场运作，破解住房领域发展不平衡、不充分的难题。以机构租赁为主导，壮大住房租赁市场。进一步探索通过国有土地和集体土地新建、非居住房改建等渠道增加租赁住房供给总量，通过代理经租推动个人租赁向机构租赁转化，快速提高住房租赁市场的机构化率。适时适度发展非营利组织，建立介于政府主导的保障住房供应和市场主导的商品住房供应两者之间的社会住房供应体系，进而构建"三位一体"的住房供应体系。明确社会住房供应主体的非营利性和法律地位，给予必要支持并清晰界定运作模式及准入退出机制。在优化住房销售市场方面，适当调整新建商品住房的预售标准以及销售环节的制度安排。

第四，以"精准"理念夯实政府主导的住房保障，推进以政府引导为方向的"多渠道保障"建设。通过对保障对象实施差异化分类识别、保障标准与保障房源精准匹配以及建设动态监管机制等手段实现实物保障的精准性。优化共有产权住房体系，设计相对灵活的共有产权比例以及进入退出机制，在不违背其保障功能的前提下适当赋予购房者一定的处置权。精准对焦保障对象，逐步提高货币补贴标准并规范运行机制。审慎扩大保障覆盖范围以符合地区发展水平，匹配保障标准与保障对象的需求特征。改善保障对象的居住质量和就业状况，通过货币补贴以及扩大供应主体，建立"政府引导、社会参与、市场运作"的住房保障运作机制。

作者
2020年6月

目 录

第一部分 新时代中国特色住房制度顶层设计

第一章 中国特色住房制度的历史沿革与阶段特征 ………………… 3
 第一节 1949~1998 年：50 年坚守房住不炒，住房问题没有根本解决 ……………………………………………………… 4
 第二节 1998~2012 年：15 年市场化改革成效显著，住炒失衡日渐突出 …………………………………………………… 9
 第三节 2012~2017 年：强化市场调控，推进住房保障 ……… 16

第二章 新时代中国特色住房制度的指导思想与目标要求 …………… 22
 第一节 当前我国住房市场面临的主要形势 ……………………… 23
 第二节 新时代中国特色住房制度的指导思想与发展理念 ……… 27
 第三节 新时代中国特色住房制度的制度定位与发展方向 ……… 30
 第四节 新时代中国特色住房制度的目标要求与基本原则 ……… 34

第三章 新时代中国特色住房制度的理论依据与核心构成 …………… 41
 第一节 新时代中国特色住房制度的理论依据与总体要求 ……… 41
 第二节 新时代中国特色住房制度的整体框架与核心构成 ……… 50

第四章 新时代中国特色住房制度的改革思路与运行保障 …………… 61
 第一节 新时代中国特色住房制度的改革思路 …………………… 61
 第二节 新时代中国特色住房制度的实现路径 …………………… 65
 第三节 新时代中国特色住房制度的运行保障 …………………… 69

第二部分　以租购同权为核心构建住房需求引导机制

第五章　我国住房租购需求结构失衡的表现与原因 …… 79
　　第一节　住房租购需求结构失衡的主要表现 …… 79
　　第二节　住房租购需求结构失衡的内在原因 …… 85

第六章　住房租购需求微观分析与需求培育机制创新 …… 90
　　第一节　住房需求差异性特征及其定量识别 …… 90
　　第二节　创新租房需求培育机制的核心与路径 …… 99

第七章　城市住房需求宏观分析与需求调控机制建设 …… 105
　　第一节　我国主要城市购房需求的典型特征 …… 105
　　第二节　完善购房需求调控机制的要点与路径 …… 111

第八章　以租购并举为目标的住房配套制度改革要点 …… 114
　　第一节　推进住房领域租购同权的重点内容 …… 115
　　第二节　加快住房领域税收体系改革的思路 …… 119
　　第三节　完善住房领域政策性金融体系的途径 …… 130
　　第四节　增强住房领域行政调控科学性的做法 …… 134

第三部分　以市场运作为主导优化多主体住房供应体系

第九章　我国住房市场供应体系失衡的表现与原因 …… 139
　　第一节　我国城镇住房供应体系的演变 …… 139
　　第二节　我国城镇住房市场化供应体系存在的主要问题 …… 142
　　第三节　我国城镇住房供应体系存在问题的根本原因 …… 144

第十章　探索多渠道扩大住房租赁市场供给的举措 …… 147
　　第一节　我国住房租赁供给的主要问题与对策思考 …… 147
　　第二节　国有土地新建租赁住房的供给渠道 …… 155
　　第三节　集体土地新建租赁住房的供给渠道 …… 157
　　第四节　非居住房产改建租赁住房的供给渠道 …… 161
　　第五节　代理经租模式租赁住房的供给渠道 …… 162

第六节　中国特色租赁住房供应模式建议 …………………… 164

第十一章　优化住房销售市场多主体供给方式的思路 …………… 169
　　第一节　我国住房销售市场的主要问题与对策思考 …………… 169
　　第二节　以企事业单位为主体的住房合作社建设 ……………… 172
　　第三节　以开发企业为主体的新建商品住房供给 ……………… 176
　　第四节　以居民家庭为主体的二手房供给 ……………………… 184
　　第五节　中国特色住房销售市场供应模式建议 ………………… 187

第十二章　以提升住房供应能级为目标的配套制度建设 ………… 190
　　第一节　土地制度：优化租赁住房用地入市 …………………… 190
　　第二节　财税制度：政策支持租赁住房供给发展 ……………… 191
　　第三节　金融制度：促进各供给主体可持续发展 ……………… 196
　　第四节　平台建设：助力"互联网+"住房供给监管 ………… 199

第四部分　以政府引导为方向完善多渠道住房保障体系

第十三章　我国住房保障体系发展的典型问题与表现 …………… 207
　　第一节　保障范围：新老市民保障失衡 ………………………… 208
　　第二节　保障方式：实物保障与货币保障失调 ………………… 210
　　第三节　保障水平：单位投入保障效率不高 …………………… 212

第十四章　政府主导住房实物与货币保障的推进思路 …………… 217
　　第一节　住房实物保障政策的精准保障理念 …………………… 217
　　第二节　自供给端向需求端转变的保障模式 …………………… 224
　　第三节　多层面分类递减的差别化保障任务 …………………… 226

第十五章　政府引导下扩展住房保障模式的理论探索 …………… 231
　　第一节　从主导向引导角色转变的政府职责 …………………… 231
　　第二节　以货币化保障为主的政府引导机制 …………………… 236
　　第三节　多元主体参与的公私合作保障机制 …………………… 241

第十六章　提升住房保障治理能力的制度体系建设 ……………… 244
　　第一节　法律制度：全流程制度设计 …………………………… 244
　　第二节　支持体系：自我造血机制 ……………………………… 247

第三节　监管机制：治理能力建设 ………………………………… 250

附录一　细分群体住房需求调研 ………………………………… 256
附录二　我国住房保障成效分析 ………………………………… 271
参考文献 ……………………………………………………………… 283

第一部分

新时代中国特色住房制度顶层设计

第一章　中国特色住房制度的历史沿革与阶段特征

住房是民生福祉的直接体现，住房市场的发展深受住房制度的影响。2017年10月，习近平总书记在党的十九大报告中提出了中国发展新的历史方位，即"中国特色社会主义进入了新时代"，社会主要矛盾已发生重大转变。这对住房制度改革提出了新的要求，即要"加快建立多主体供给、多渠道保障、租购并举的住房制度"，强调住房应回归其居住属性，实现居民"住有所居"的发展目标，这是新时代中国特色住房制度的核心内容。

新时代中国特色住房制度是在历史进程中逐渐形成、不断积累和发展起来的，是对现有制度的坚持和完善。自1949年新中国成立以来，我国住房制度经历了从实物分配的福利制度到商品住房制度，再到政府和市场双轨制的转变，在直接影响居民居住状况的同时，也对居民的民生福祉改善、城市经济的发展等各方面都有着重要影响。系统梳理70年来新中国城镇住房制度的变迁历程，回顾中国特色住房制度的改革思路与脉络，尤其是中共十八大以来党中央关于住房制度的改革理论，一方面，可以从住房领域出发，对中国特色社会主义的制度特点、市场环境、主体特征等进行归纳分析，总结住房制度历史沿革中对国际住房政策与实践经验的借鉴与融合，深入理解中国住房制度的独特性和包容性；另一方面，可以在深入分析中国住房制度历次改革内容的基础上，将具有阶段性和持续性的思路、机制、措施等，作为新时代住房制度建设的参考依据。出于以上考虑，本章将针对新中国成立以来城镇住房制度改革进行分阶段的梳理和回顾。

第一节 1949～1998年：50年坚守房住不炒，住房问题没有根本解决

一、1949～1978年：计划经济体制下公有住房实物分配制度

（一）现实背景与指导思想

新中国成立伊始，国民经济千疮百孔，城镇住房破烂不堪、毁损严重，住房处于高度紧缺状态。同时，老百姓对新中国充满无限期待，企盼能够出现一个具有公平性和合理性、自己力所能及的住房制度。但是，战争导致政府财力严重不足，再加上住房新建也需要一段时期的缓冲，这就使住房困难问题的解决只能重点依靠对原有住房的统筹安排。一方面，由政府出面，将原本属于官僚资本家、战犯、反革命分子等特定对象的住房予以没收，由政府进行统一监管与分配；另一方面，对于居民、工商业者等拥有私有住房的群体，依然保持其住房的私有产权属性。同时，为进一步增加住房供应，政府鼓励私有住房出租（边燕杰和刘勇利，2005）。

（二）私房公有化是必然趋势

为建立公有制，私房公有化成为新中国成立初期住房制度发展的必然趋势。例如，1949年8月12日《人民日报》刊发的文章中就明确提出，"应当把所有城市房屋看作社会的财产，加以适当的监护。这样才能使城市房屋日渐增多，人民的居住不发生困难，给将来社会主义的房屋公共所有权制度创造有利条件"。但新中国成立初期私房公有化的进程发展较为缓慢。随着城市人口从1949年的5 765万人猛增到1953年的7 826万人，原有住房质量恶化，再加上新建住房严重不足，导致住房供应出现诸多矛盾，城市居民的居住条件更加恶劣。在这种情况下，政府不得不对私有房屋进行强制性干预。因此，随着1954年资本主义工商业社会主义改造的启动，城市私房公有化也开始逐步推进。

1955年12月16日，中央书记处第二办公室提出的《关于目前城市私有房产基本情况及进行社会主义改造的意见》认为，"对城市私有房产进行社

会主义改造"具有很强的必要性，改造的总目标是"加强国家控制，首先使私有房产出租完全服从国家的政策，进而逐步改变其所有制"，希望解决"日益增多的城市人口与城市住房短缺之间的矛盾"。1956 年 1 月 18 日，中共中央转批该意见。于是，私有住房社会主义改造正式启动。但由于种种原因，落实情况并不理想。到 20 世纪 60 年代末，"在全国依然还有 14% 的市及 2/3 左右的县还未进行或者没有完成改造工作"，在此背景下，相关部门开始推动地方"加速城市私人出租房屋社会主义改造工作"。

截至 1963 年，根据国家房产管理局向国务院的报告，"除少数大城市对私营房产公司和一些大房主实行公私合营以外，绝大多数是实行国家经租。经租的办法是，凡房主出租房屋的数量达到改造起点的，即将其出租房屋全部由国家统一经营，在一定时期内付给房主原房租 20% ~ 40% 的固定租金"。对于改造起点也进行了规定，"大城市一般是建筑面积 150 平方米（约合十间房），中等城市一般是 100 平方米（约合六七间房），小城市（包括镇）一般是 50 ~ 100 平方米（约合三至六间房）"。由此，私营房产的改造在全国范围内开展，近 1 亿平方米的私营住房纳入改造范围。1964 年 7 月，政府正式宣布私人租赁性质的住房关系已经基本不存在（程雪阳，2013）。

（三）"统一管理，统一分配，以租养房"的住房供给制度

"统一管理，统一分配，以租养房"的住房供给制度在这一阶段初步建立起来。主要呈现出如下三个特征：一是住房投资由国家和国有企业统筹包干，土地供应采取国有土地使用权行政划拨，无偿、无限期使用，但自由流转严令禁止；二是住房采取实物分配，通过职工所在单位，综合考量工龄、职务、学历等多重因素打分排序分配；三是住房消费采取带有福利性质的低租金和国家包修包养制度，在住房经营和管理方面也都呈现出非营利性和纯行政性的特征。

（四）住房投资匮乏，居住条件并未得到明显改善

在低租金的福利性住房供给制度下，住房建设资金只有投入而回报却很低或是为零。同时，住房投融资渠道单一，住房投资长期匮乏。与此同时，1965 年中央工作会议通过的《关于第三个五年计划安排情况的汇报提纲》指出，应把国防建设放在第一位，此后住房投资在基本建设投资中所占的比重持续下滑，1970 年仅为 2.6%，降低到新中国成立以来的最低点。

20世纪70年代初邓小平同志主持中央工作以后,重新重视住房建设及管理,但住房问题的解决需要国家财力的投入,需要经济发展作为基础,当然也需要一个较为长期的过程。所以,城市居民居住条件并未得到明显改善。1978年,城镇人均居住面积从1949年的4.5平方米逐渐下降到3.6平方米,全国缺房家庭户数达到869万户,约占当时城镇总家庭户数的47.5%（高波,2017）,意味着全国接近1/2家庭没有自有住房。住房已成为亟须解决的社会问题,迫使政府必须采取有力的改革措施。

二、1978~1998年：市场经济体制下城镇住房制度改革试点

（一）现实背景

伴随着经济发展和城镇居民人口的不断增加,住房福利分配的弊端逐渐显现:一是政府和企业职责划分不明,忽视价值规律与市场调节,居民的基本居住需求得不到满足。二是依靠对职工各项特征打分排队方式的住房分配制度容易滋生腐败和不正之风,成为影响社会不和谐的重要因素之一;同时,这种分配方式也严重影响了劳动力在城市内部和城市之间的自由流动。三是沉重的住房投资建设、维修维护和更新改造的负担,增加了政府的资金压力。尽管1978年全国国民生产总值达3 624亿元,比1965年的1 716亿元翻了一倍多,一个独立的、门类齐全的工业体系也初步建立起来,但人民生活依旧贫苦,技术发展也较为滞后。在经历"文化大革命"之后,社会经济也发生了多重转变,中共中央开始探索尝试引入市场经济代替原来的计划经济体制。1978年12月召开的中共十一届三中全会拉开了社会主义改革开放的序幕。改革开放意味着国家重心向经济建设的转移,以福利分配为特征的住房制度已不足以为继,亟须做出重大调整,于是以市场化为导向的住房制度改革开始探索前行。

关于住房问题,1978年9月,中央召开的全国城市住宅建设会议传达了邓小平同志的指示精神,"解决住房问题能不能路子宽些,譬如允许私人建房或者私建公助,分期付款,把个人手中的钱动员出来,国家解决材料,这方面潜力不小"[①]。1980年4月,邓小平同志在讨论中国经济长期规划时,对

[①] 贾康,刘军民. 中国住房制度改革问题研究：经济社会转轨中"居者有其屋"的求解［M］. 北京：经济科学出版社, 2007.

住房商品化提出许多开创性设想和意见,在《关于建筑业和住宅问题的谈话》中明确了住房可以进行买卖的核心观点。邓小平的两次讲话,无疑为当时环境下亟待解决的住房民生问题指明了方向,即需要充分调动国家、集体、个人等各利益主体的积极性,积极推进住房的商品化、市场化改革(陈杰和郭晓欣,2019)。

(二)探索试点售房

在住房制度改革初期,主要采取"政府为主,市场调节为辅"的模式,引入市场机制进行实践探索。1979年,西安、柳州、梧州、南宁等城市开始试点由政府出资建房,以建造成本价格向居民出售住房,开启了售房探索的新篇章。1980年6月,中共中央、国务院批转国家建委党组《全国基本建设工作会议汇报提纲》,提出"加快城市住房建设",并将房改目标确立为"实现住房商品化、社会化"。此后,全价售房政策推广到全国,但从实施效果来看,该政策并未得到很好的落实。于是,相关部门又展开全新探索。1982年开始,通过部分城市试点,由企业、个人和政府各承担房价的1/3(即"三三制"),鼓励职工购房,但由于地方政府和单位财政负担过重、公房租买比价不合理等原因,"三三制"售房方式最终于1986年3月叫停。但在此期间,在1984年2月召开的第六届全国人民代表大会上,首次正式冲破了住房"非商品化"的概念,肯定了住房作为商品的地位,这为后续的市场化改革奠定了基础。

(三)提租补贴,以售带租

1987年,房改重心转移到推动"提租改革",即通过补贴提高房租实现"以租养房"。国务院相继批准烟台、蚌埠、唐山等试点城市以提租补贴相持平为原则,大幅度提高租金并给予相应补贴的房改方案。但由于种种原因,并没有在全国范围内推开。于是,1988年国务院发布的《关于在全国城镇分期分批推行住房制度改革实施方案》明确指出,"住房制度改革是经济体制改革的重要组成部分,在经济上和政治上都具有重要意义"。同时明确"按照社会主义有计划的商品经济的要求,实现住房商品化。从改革公房低租金制度着手,将现在的实物分配逐步改变为货币分配,由住户通过商品变换,取得住房的所有权或使用权,使住房这个大商品进入消费品市场,实现住房资金投入产出的良性循环,从而走出一条既有利于解决城镇住房问题,又能够促进房地产业、建筑业和建材工业发展的新路子"。同时，以"提高工资、变暗补为明补、变实物分配为货币分配、以提高租金促进售房"，作为整体房改思路。此后的住房改革则以制度建设为主，提出"提租不补贴""以售带租"。当然，原有制度中的一些内容也有所保留，可谓是新旧并存（宋士云，2009）。

1991年国务院发布《关于继续积极稳妥地进行城镇住房制度改革的通知》，要求将现有公有住房租金有计划、有步骤地提高到成本租金；在规定住房面积内，职工购买公有住房实行标准价。随后，国务院办公厅转发国务院住房制度改革领导小组《关于全面进行城镇住房制度改革的意见》，确定住房制度改革以"按照社会主义有计划商品经济的要求，从改革公房低租金制度着手，将现行公房的实物福利分配制度逐步转变为货币工资分配制度，由住户通过商品交换（买房或租房），取得住房的所有权或使用权，使住房这种特殊商品进入消费品市场，实现住房资金投入产出的良性循环"为总体目标（胡川宁，2014）。

与此同时，住房公积金制度开始确立。1991年5月，上海市借鉴新加坡中央公积金制度，在国家机关和企事业单位职工中构建国家、企业、个人共同分担机制。1994年《国务院关于深化城镇住房制度改革的决定》将其作为城镇住房制度的重要内容在全国内推行。虽然住房公积金制度看似一项"舶来品"，但在制度设计过程中，充分结合中国国情，转变了传统的由国家或集体一手包揽住房生产、建设的局面。此后，作为最具代表性的政策性住房金融安排，住房公积金制度在我国住房制度改革进程中发挥了承前启后的积极作用，为培育和发展住房市场、推动住房市场化改革做出了重要的历史贡献。

（四）"有偿、有限期、有流动"的土地制度改革探索

与住房制度改革相适应，土地使用制度改革也在进行积极探索。面对改革开放发展大势，行政划拨用地制度和无偿、无限期、无流动的土地计划配置亟待转变。城市用地从小岗村"大包干"之下所引申出的"两权分离"（所有权和使用权）得到有益启示。部分沿海城市开始探索收取城镇土地使用费以及土地使用权有偿出让。1987年，深圳率先进行土地使用权拍卖，被海外媒体称为"中国土地管理制度在理论和实践上的一次重大突破，是中国土地使用开始进入市场经济的标志"[1]。此后不久，《宪法》《土地管理法》

---

[1] 赵富林. 混沌初开——中国房地产市场与大亨纪实 [N]. 中外房地产导报，1994-09-23.

先后修改，为土地有偿出让新制度的确立和推行提供了基本的法律依据。从此，国有土地开启"有偿、有限期、有流动"的新纪元，也为住房制度的改革提供了重要条件。

（五）住房新、旧制度"双轨"运行，奠定市场化改革基础

综合而言，此阶段是我国市场经济体制下进行城镇住房制度改革试点，其目的是增加筹集建房资金的渠道，调整住房分配关系，从而缓解或在一定程度上解决城镇居民的住房困难。在此期间，主要特点是开始将住房制度改革视为经济体制改革的重要组成部分来加以全面考虑；改革的基点是从存量住房转向增量住房，辅之以相应的配套机制，客观上是住房新、旧制度"双轨"同时运行，内容被概括为"三改四建"。所谓"三改"，即改变计划经济体制下的福利性体制，包括：（1）住房建设投资由国家、单位统包改为国家、单位、个人三者合理负担；（2）国家、单位建房、分房和维修、管理住房改为社会化、专业化运行；（3）逐步转变住房实物福利分配，通过部分城市试点，由企业、个人和政府各承担房价的1/3（即"三三制"），鼓励职工购房，并推广实施全价售房策略（宋士云，2009）。所谓"四建"，包括：（1）建立以中低收入家庭为对象、具有社会保障性质的经济适用住房供应体系和以高收入家庭为对象的商品房供应体系；（2）建立住房公积金制度；（3）建立住房金融、保险，建立政策性、商业性并存的住房信贷体系；（4）建立规范化的房地产交易市场和房屋维修、管理市场（宋士云，2009）。通过现有公房改革的稳步推进，城镇住房商品化程度明显提高，以居民自有产权为主、多种产权形式并存的城镇住房制度基本形成。但旧公房出售在执行过程中带有低价出售色彩，住房制度改革的一些根本性问题也未能彻底解决。

第二节 1998~2012年：15年市场化改革成效显著，住炒失衡日渐突出

一、1998~2007年：城镇住房市场化改革的推进与制度探索

（一）现实背景

1997年爆发的亚洲金融危机对东南亚和中国等国家和地区造成巨大影

响,部分国家的外汇市场、股票市场以及实体经济出现突发性变化,亚洲经济高速增长遭遇重大冲击。然而,在此过程中,中国住房制度改革出现了一些契机。在亚洲金融风暴中,中国坚持人民币不贬值,并采取努力扩大内需、刺激经济增长的政策,中央政府决定将住宅业尽快培育成为新的经济增长点。1997年9月党的十五大会议明确指出,要"围绕经济建设这个中心,经济体制改革要有新的突破,政治体制改革要继续深入,精神文明建设要切实加强,各个方面相互配合,实现经济发展和社会全面进步"。同时,强调要"加快改革住房制度""改革流通体制,健全市场规则,加强市场管理,充分发挥市场机制作用"。这为城镇住房市场化改革的推进营造了春天(平和光等,2018)。

(二)鼓励个人信贷,推进住房货币化改革

1998年7月国务院发布《关于进一步深化城镇住房制度改革加快住房建设的通知》,进一步明确深化城镇住房制度改革以"停止住房实物分配,逐步实行住房分配货币化;建立和完善以经济适用住房为主的多层次城镇住房供应体系;发展住房金融,培育和规范住房交易市场"为目标,正式宣布"1998年下半年开始停止住房实物分配,逐步实行住房分配货币化,具体时间、步骤由各省、自治区、直辖市人民政府根据当地实际发展状况确定。停止住房实物分配后,新建经济适用住房原则上只售不租"(胡川宁,2014)。至此,城镇住房制度改革全面破局。1999年8月,建设部发布《关于进一步推进现有公有住房改革的通知》,指出"要进一步明确可出售公有住房和不宜出售公有住房的范围""凡属各地房屋管理部门直管的成套公有住房,除按规定不宜出售的外,均应向有购房意愿的现住户出售"。

(三)租购并举的住房市场与保障供应体系初步形成

随着住房实物分配的停止,住房货币化分配开始实行。2006年国务院发布《关于进一步深化城镇住房制度改革加快住宅建设的通知》,明确要求建立"以经济适用房为主的多层次住房供应体系"。在这一体系中,最低收入家庭住房问题通过政府或单位提供的廉租房来解决,经济适用住房为中低收入家庭购买住房提供支持,而收入更高的居民家庭以市场价格购买或租赁商品住房(陈琳等,2010)。至此,以租购并举为特征的住房市场与保障供应体系初步形成。

自1999年起，开始加快经济适用房建设。到2002年为止，经济适用住房新开工面积、销售面积等在市场住房新开工和销售总量中的占比均接近20%，有效缓解了城镇中低收入家庭的住房困难，同时在促进居民住房消费、稳定市场价格以及助推经济增长等方面也有积极效果（宋士云，2009）。2003年国务院发布《关于促进房地产市场持续健康发展的通知》，更是明确将更大程度地发挥市场在资源配置中的基础性作用，调整住房供应结构，逐步实现多数家庭购买或承租普通商品住房。随后，经济适用房开发比重开始出现下降，经过5年时间，经济适用住房销售面积占比降至5%。

这一时期，廉租房建设相对缓慢。国内大中城市在加快经济适用住房建设期间，制定和实施廉租房建设方案的城市却不到一半。对此，2006年国务院提出促进房地产业健康发展的六条措施（即"国六条"），中央政府与部委多次强调推动廉租房制度建设的重要意义，将其作为住房制度改革以及保障最低收入家庭基本居住需求的重要途径，相应的廉租房制度建设也进入快车道。

1999年颁布的《城镇廉租住房管理办法》没有明确规定廉租房的保障方式，不少城市的廉租房供应采取以货币补贴为主、实物配租及其他补贴方式为辅的模式进行。其中以北京为代表的城市，几乎所有家庭都获得政府的租赁住房补贴或变相补贴，廉租房实物保障的家庭数量非常有限。这一现象引起中央关注，2007年国务院发布《关于解决城市低收入家庭住房困难的若干意见》，明确廉租房实行货币补贴和实物配租相结合的保障方式，并"主要通过发放租赁补贴，增强低收入家庭在市场上承租住房的能力"（解雪峰和罗红安，2011）。事实上，相对于实物补贴，政府采取货币补贴的方式在工作开展方面的障碍较小，管理成本较低，但货币化补贴的保障方式在实施过程中也出现了家庭寻找低租金住房困难、补贴款用途改变等现实问题，使其保障效率较低。由于实物配租的保障房建设规模较小，导致租赁住房市场供应出现了紧缺的现象。

（四）配套土地招拍挂交易制度

2002年5月，国土资源部签发被业界称为"土地革命"的"11号文件"，即《招标拍卖挂牌出让国有土地使用权规定》。文件叫停了沿用多年的土地协议出让，明确要求商品住房等所有经营性开发的项目用地必须通过招标、拍卖或挂牌方式进行公开交易。2004年3月31日，国土资源部与监察部联合下发的《关于继续开展经营性土地使用权招标拍卖挂牌出让情况执法监察工作的通知》中,严格要求各地协议出让土地中的遗留问题必须在2004年8月31日前处理完毕,否则国家土地管理部门有权收回土地。此后,中国房地产驶入市场化的快轨道。2006年《国务院关于加强土地调控有关问题的通知》明确要求,"工业用地必须采用招标拍卖挂牌方式出让"。2007年3月16日新颁布的《中华人民共和国物权法》全面肯定了经营性土地使用权的招标拍卖挂牌出让制度,同时对土地出让提出了一些新的要求。例如,"工业、商业、旅游、娱乐和商品住宅等经营性用地以及同一土地有两个以上意向用地者的,应当采取招标、拍卖等公开竞价的方式出让"等(张莉等,2019)。

(五)综合多项政策,调控房价

为解决我国局部地区的房地产热问题,2005年3月,国务院办公厅发布《关于切实稳定住房价格的通知》(老"国八条"),首次提出对房价上涨过快地区实行行政问责,将稳定房价上升至政治高度。此后,国务院、建设部等多部门连续颁布货币、财税等政策,重点针对需求端,特别是抑制投资和投机性房地产需求进行调控。2006年5月,国务院办公厅转发建设部等九部委《关于调整住房供应结构稳定住房价格的意见》("国六条"),从住房供应结构、税收、信贷、土地、经济适用住房和廉租房建设等方面提出要求,并将控制住房价格过快上涨纳入经济社会发展工作的目标。2007年3月颁布的《中华人民共和国物权法》对于明确房地产权属关系、在房地产领域对私有财产的保护以及从以行政管理为核心转变到重视对公民私有财产保护等方面都有巨大的意义。期间,"最低首付比例20%、最高贷款年限30年"的基本住房贷款制度、个人购买普通住宅免征营业税等各项措施成为后续频繁出台各种调控政策的模板。

值得一提的是,2002年11月党的十六大报告指出,继续深化财税、金融、住房和政府机构等改革,逐步提高城镇化水平,坚持大中小城市和小城镇协调发展,走中国特色的城镇化道路。2003年8月,国务院发布《关于促进房地产市场持续健康发展的通知》,明确房地产业的国民经济支柱产业地位,并将其发展定性为扩大内需、拉动投资增长、保持经济持续增长的重要手段。同时,进一步明确了完善房地产市场宏观调控的政策措施。

(六) 住房市场化改革进一步完善，制度体系更为优化

综合来看，这一阶段住房市场化改革取得了较好的成效（图 1-1 所示）。一是住房开发建设快速发展，居民住房观念发生重大变化，城镇居民人均住房条件明显改善；二是住房分配体制从实物福利分配转为货币化分配，住房建设投资模式日趋多元化；三是住房公积金制度全面推行，住房金融体系初步形成；四是商品住房成为城镇住房供应的主体。从理论研究看，大部分学者认为市场化改革为住房分配体制带来了新的机遇（Nee，1989），但也有学者认为不平等依然存在（Parish and Michelson，1996；Bian，1996；Christian et al.，2018）。

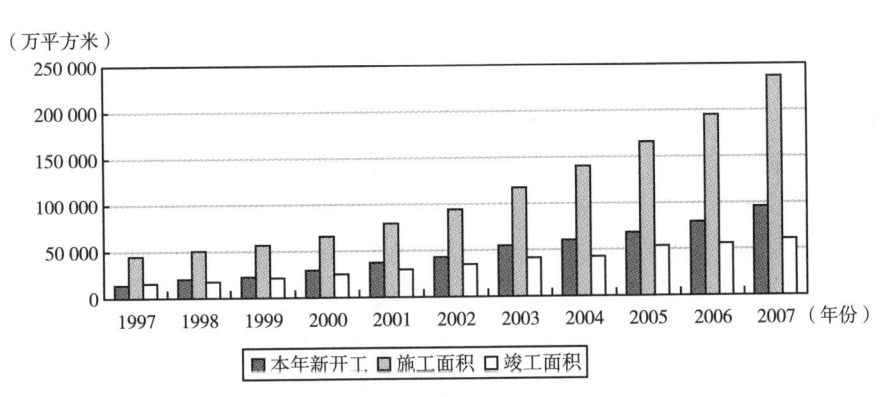

图 1-1 1997~2007 年全国商品房新开工、施工、竣工面积情况

资料来源：中经网统计数据库。

二、2008~2012 年：市场配置与住房保障"双轨"制度探索

(一) 现实背景

2008 年，全球金融危机爆发，我国经济增速快速下滑，这给宏观调控提出了新课题。政策的调整，必须考虑在全球化环境下外部条件变化对经济社会的影响。与此同时，自 1998 年住房市场化改革以来，过快上涨的房价也引发了一系列社会问题，财富差距过大、房价收入比过高等问题越来越突出。但两害相权取其轻，为稳定宏观经济增长，房地产调控的紧缩性政策在 2008 年下半年出现放松。

(二) 市场调控由宽松到紧缩

2008~2009年，政府调控从减少供给和刺激刚性需求两方面进行。《关于扩大商业性个人住房贷款利率下浮幅度等有关问题的通知》将商业性个人住房贷款利率的下限扩大为贷款基准利率的0.7倍，最低首付款比例调整为20%，并下调个人住房公积金贷款利率（秦文宏，2013）。2008年12月，国务院办公厅印发《关于促进房地产市场健康发展的若干意见》（即"国十三条"），鼓励普通商品住房消费，对已贷款购买一套住房，但人均住房面积低于当地平均水平，再申请贷款购买第二套用于改善居住条件的居民，可比照执行首次贷款购买普通自住房的优惠政策（秦文宏，2013）；将普通住房转让免征营业税的时间从5年调为2年；加大保障房建设力度，开展棚户区改造。但在市场回升过程中，也出现了供求矛盾加剧、房价快速攀升、涨价预期强烈等问题，增加了市场调控的难度。2009年12月14日，国务院常务会议提出遏制房价过快上涨的"国四条"：增加供给、抑制投机、加强监管、推进保障房建设。个人住房转让营业税免征时限由2年恢复到5年。从2008年底开始实施的鼓励、促进房地产发展的政策再次被抑制型调控政策取代，房地产政策从"保增长"开始转为"调结构、降房价、抑投机"。

2009年中国房地产市场经历了低迷、复苏、火爆的发展过程。为进一步稳定回升过快的房地产市场，调控政策从2010年到2011年不断强化，历经2010年"国十一条""新国十条""9.29新政"以及2011年"新国八条"。这一阶段的调控以限购、限贷为核心，增加保障房和普通商品住房的有效供给，打击投资投机性购房，要求各地公布年度房价控制目标。

2010年1月，国务院办公厅发布《关于促进房地产市场平稳健康发展的通知》，强调要增加保障房和普通商品房有效供给，合理引导住房消费、抑制投资投机性购房需求，并加大市场监管力度。同年4月，国务院出台《关于坚决遏制部分城市房价过快上涨的通知》（简称"国十条"），旨在抑制炒房及不合理的住房需求，并加快保障性安居工程建设，通过加大住房供应、控制投资性需求以抑制住房价格的过快上涨。该通知首次正式提出住房"限购"政策。2010年9月29日，更为严厉的调控政策出台，多项政策从"商品住房价格过高、上涨过快、供应紧张的地区"扩至全国范围，称为"9.29新政"。2011年1月，国务院办公厅发布《关于进一步做好房地产市场调控工作有关问题的通知》，几乎所有的二线城市以及部分三、四线城市都纳入限购范围，截至 2011 年 10 月 31 日，全国共有 46 个城市出台"限购令"，"限购"政策全面升级。期间还通过沪渝房产税试点改革试图调控住房供需结构。

（三）住房保障体系优化探索

随着房价持续飞涨，不仅低收入阶层无力购房，还产生了大量介于高收入与低收入阶层之间的住房困难"夹心层"，保障房建设的重要意义在这一阶段愈受重视。2009 年住建部公布《2009~2011 年廉租住房保障规划》，宣布从 2009 年起到 2011 年，基本解决 747 万户现有城市低收入住房困难家庭的住房问题。2010 年 6 月，国务院发布《关于加快发展公共租赁住房的指导意见》，提出"大力发展公共租赁住房"，并指出这是"完善住房供应体系，培育住房租赁市场，满足城市中等偏下收入家庭基本住房需求的重要举措，是引导城镇居民合理住房消费，调整房地产市场供应结构的必然要求"。由此，中国住房保障进入一个新时代，旨在解决中等偏下收入住房困难家庭的租房问题。同年 10 月召开的中共十七届五中全会再次强调要"强化各级政府职责，加大保障性安居工程建设力度，加快棚户区改造，发展公共租赁住房，增加中低收入居民住房供给"。2011 年"十二五"规划纲要正式提出在此期间建设 3 600 万套保障房的目标任务。此后，各地政府针对住房保障问题做出具体安排（付晓枫，2015）。

（四）住房市场调控与住房保障交织，成效与问题并存

2008 年以来的中国住房制度，可以说是住房市场调控与住房保障相交织，住房市场的发展更注重民生。此后召开的中共中央多次会议，均强调要保障特定群体的权益，例如"加强农民工权益保护，逐步实现农民工劳动报酬、子女就学、公共卫生、住房租购等与城镇居民享有同等待遇"等。

期间，房地产市场出现较大幅度的波动，控房价、稳增长逐渐成为市场调控的主要基调。2009 年，房地产市场空前繁荣，房地产开发、销售、价格同比大幅增长。但过度繁荣又引发市场矛盾，于是伴随着紧缩性房地产信贷和税收等政策的实施，2010 年房价增速放缓。国家统计局数据显示，2009 年房屋销售面积和销售金额出现大幅增长，商品房和住宅销售面积增长率均超过 40%，销售额增长率则高达 80%，房屋销售价格增长率也超过 20%。而在 2010~2011 年，房地产销售整体回落，商品房和住宅销售面积增长率均低于 11%，销售额增速也显著低于前期。

自2010年起，我国住房保障建设突飞猛进。《国务院关于城镇保障房建设和管理工作情况的报告》显示，"到2010年底，全国累计用实物方式解决了近2 200万户城镇低收入和部分中等偏下收入家庭的住房困难……还有近400万户城镇低收入住房困难家庭享受廉租住房租赁补贴"（方蔚琼，2015）。根据《中国统计年鉴》2007~2010年住房供给数据计算，到2010年止全国范围内经济适用住房分配量合计超过1 700万套，实物分配的廉租房数量约为574万套。此外，同期棚户区改造也有明显推进，住建部发布的信息显示"2006年至2011年底，全国累计开工改造各类棚户区超过1 000万户"。

但也应注意到，在此期间"住炒失衡"问题的存在。事实上，伴随着2003年国务院文件明确房地产业在国民经济中的支柱产业地位之后，"炒房"一词就已出现。在市场经济体制下，住房投资属性逐渐显现并盖过其居住属性，住房领域结构性矛盾日益突出，集中表现在供需不匹配、租售不平衡、保障不到位以及配套制度不完善等方面。

第三节 2012~2017年：强化市场调控，推进住房保障

一、现实背景：结构不均衡凸显，亟须制度改革

房地产业对经济发展和改善居民居住条件成效显著，但结构不均衡现象也日益凸显。例如，城镇化率从1978年的22%提高到2012年的51%，但从农村转移到城市的群体，在城市难以获得产权住房；住房投资属性催生出投机"炒房"行为；中等收入群体因购房负担过重导致家庭杠杆率攀升；以房地产为代表的社会财富再分配加重社会不平等和"马太效应"；住房拆迁、纠纷以及各类群体事件愈演愈烈。这些现象使房地产业引起社会各界广泛关注，住房制度全面深化改革势在必行。

二、改革内容：建立市场配置和政府保障相结合的住房制度

2012年党的十八大会议明确提出，"建立市场配置和政府保障相结合的住房制度"，加强保障房建设和管理，满足困难家庭基本需求。遵循这一总体思路，至2017年10月党的十九大召开之前，住房市场经历由遏制房价过

快上涨为核心的严厉调控逐步过渡到购租并举、回归住房居住属性,同时推进住房保障建设,初步构建"租售补改"的住房保障供给体系。

2013年10月,中共中央政治局第十次集体学习提出,"加快推进住房保障和供应体系建设,要处理好政府提供公共服务和市场化的关系、住房发展的经济功能和社会功能的关系、需要和可能的关系、住房保障和防止福利陷阱的关系"(冯宇超,2014)。同时明确住房供应体系总的方向是:"构建以政府为主提供基本保障、以市场为主满足多层次需求的住房供应体系"(郑云峰,2014)。2015年、2016年的中央经济工作会议分别提出,要"加快研究建立符合国情、适应市场规律的房地产平稳健康发展长效机制";2017年中央经济工作会议进一步强调"加快住房制度改革和长效机制建设"(见表1-1)。

表1-1 2012~2017年党中央会议中关于住房制度的核心内容

会议名称	涉及住房制度的内容
中共十八大(2012年11月)	建立市场配置和政府保障相结合的住房制度,加强保障房建设和管理,满足住房困难家庭基本需求
中共中央政治局第十次集体学习(2013年10月)	"住房保障要经得起历史检验"。加快推进住房保障和供应体系建设,是满足群众基本住房需求、实现全体人民住有所居目标的重要任务。明确住房供应体系"总的方向":构建以政府为主提供基本保障、以市场为主满足多层次需求的住房供应体系
党的十八届三中全会(2013年11月)	加快房地产税立法并适时推进改革。推进农业转移人口市民化,按照规定将符合条件的农业转移人口转为城镇居民。以实现城镇基本公共服务覆盖全部常住人口,把进城落户农民完全纳入城镇住房和社会保障体系,在农村参加的养老保险和医疗保险规范接入城镇社保体系。健全符合国情的住房保障和供应体系,建立公开规范的住房公积金制度,改进住房公积金提取、使用、监管机制
十二届全国人大第三次会议(2015年3月)	稳定住房消费,坚持分类指导,支持居民自住和改善性住房需求
中央财经领导小组第十一次会议(2015年11月)	推进经济结构性改革,要针对突出问题、抓住关键点,化解房地产库存,促进房地产业持续发展
中央经济工作会议(2015年12月)	落实户籍制度改革方案,允许农业转移人口等非户籍人口在就业地落户,使其形成在就业地买房或长期租房的预期和需求。明确深化住房制度改革方向,以满足新市民住房需求为主要出发点,以建立购租并举的住房制度为主要方向,把公租房扩大到非户籍人口

续表

会议名称	涉及住房制度的内容
中央政治局会议（2015年12月）	要化解房地产库存，通过加快农民工市民化，推进以满足新市民为出发点的住房制度改革，扩大有效需求，稳定房地产市场
十二届全国人大第四次会议（2016年3月）	完善支持居民住房合理消费的税收、信贷政策，住房刚性需求和改善性需求，因城施策化解房地产库存
中央经济工作会议（2016年12月）	促进房地产市场平稳健康发展。要坚持"房子是用来住的，不是用来炒的"的定位，综合运用金融、土地、财税、投资、立法等手段，加快研究建立符合国情、适应市场规律的基础性制度和长效机制，既抑制房地产泡沫，又防止出现大起大落
中央财经领导小组第十四次会议（2016年12月）	规范住房租赁市场和抑制房地产泡沫，是实现住有所居的重大民生工程。要基于住房的居住属性，立足于满足新市民的住房需求，以建立购租并举的住房制度为主要方向，满足市场主体的多层次需求。在此基础上坚持以政府为主体的基本保障供应体系，以地方为主进行分类调控，在金融、财税、土地、市场监管等方面多策并举，从而构建长远的制度，让全体人民住有所居
中央财经领导小组第十五次会议（2017年2月）	建立促进房地产市场平稳健康发展长效机制，要充分考虑到房地产市场特点，紧紧把握"房子是用来住的，不是用来炒的"的定位，深入研究短期和长期相结合的长效机制和基础性制度安排。要完善一揽子政策组合，引导投资行为，合理引导预期，保持房地产市场稳定。要调整和优化中长期供给体系，实现房地产市场动态均衡
十二届全国人大第五次会议（2017年3月）	因城施策去库存；支持居民自住和进城人员购房需求。坚持住房的居住属性，落实地方政府主体责任，加快建立和完善促进房地产市场平稳健康发展的长效机制，以市场为主满足多层次需求，以政府为主提供基本保障
中共中央政治局会议（2017年4月）	加快形成促进房地产市场稳定发展的长效机制

资料来源：根据公开资料整理。

在此期间，住房市场以分类调控、稳定预期、保持健康发展等作为基本目标导向。2013年2月20日，国务院常务会议出台了楼市调控"国五条"，强调继续采取限购、限贷为代表的调控政策，打击投资投机性购房行为，同时再次要求各城市明确制定和公布新建商品住房价格的年度控制目标。此外，还要求对其他房价上涨过快的城市，省级政府应要求其及时采取限购等措施。3月1日，"国五条"的实施细则《关于继续做好房地产市场调控工作的通知》（即"新国六条"）发布，指出要"加快建立和完善引导房地产市场健康发展的长效机制"。楼市开始出现低迷态势，部分地区，特别是三、四线城市房地产库存积压严重，宏观经济增速也出现下滑态势。2014年3月，政府工作报告提出"针对不同城市情况分类调控"，允许部分楼市低迷的城市放松之前部分紧缩型政策；此后，"9.30新政"拉开连续降息的序幕，去库存新政等各项扩张型调控政策持续。大部分三、四线城市库存大幅下降，一些城市还出现过度繁荣的苗头。2016年第二季度开始探索分类调控政策，重点抑制一、二线城市的房地产价格过快上涨。各地限购政策升级、认房又认贷，并采用了针对商品房的限价政策。从限购、限贷、限价，到2017年以北京"3.17新政"引发的新一轮"限售模式"，楼市调控进入"限购、限贷、限售、限价、限土拍、限商改住"的"六限时代"。

与此同时，中央决策层面开始重视发展住房租赁市场。2015年1月，住建部印发《关于加快培育和发展住房租赁市场的指导意见》，旨在解决住房租赁市场出现的问题，诸如供应总量不平衡、结构不合理以及供应主体较为单一等。2015年底中央经济工作会议首次提出"以建立购租并举的住房制度为主要方向"；2017年7月，住建部等九部委联合印发《关于在人口净流入的大中城市加快发展住房租赁市场的通知》，指出"当前人口净流入的大中城市住房租赁市场需求旺盛、发展潜力大，但租赁房源总量不足、市场秩序不规范、政策支持体系不完善，租赁住房解决城镇居民特别是新市民住房问题的作用没有充分发挥"（杨红旭，2019）。为此，要求在人口净流入的大中城市，加快发展住房租赁市场。

"十二五"期间建立中国特色"租售补改"相结合的住房保障供应体系，将此前以廉租房、经济适用房为主的保障房供给模式逐步调整为多层次住房保障供应体系。在此期间，2012年《公共租赁住房管理办法》颁布，全面建设和推广面向城市"夹心层"群体的公共租赁房，逐步实现公租房与廉租房融合并轨。2013年3月20日，李克强总理在主持召开新一届政府的第一次全体会议时，强调加快棚户区改造。7月4日，《关于加快棚户区改造工作的意见》提出，2013~2017年改造各类棚户区1 000万户的目标，采取提高财政补助、加大银行信贷支持、增加债券融资规模、吸引民间资本参与、鼓励企业和群众自筹等办法落实资金来源，确保建设用地供应、落实税费减免政策、完善安置补偿政策。2013年10月29日，习近平在中共中央政治局第十次集体学习时强调，加快推进住房保障和供应体系建设、不断实现全体人民住有所居的目标，要全力完成"十二五"规划提出的"建设城镇保障房和棚户区改造住房3 600万套（户），到2015年全国保障房覆盖面达到

20%左右"的目标（车亮亮和马国强，2015）。2014年出台了《关于进一步加强棚户区改造工作的通知》，针对棚户区改造中存在的规划布局不合理、配套建设跟不上、项目前期工作慢等问题，提出了相关措施和要求。"十二五"中期，棚户区改造成为保障房建设的主力类型。根据2015年8月审计署公布的《2014年城镇保障性安居工程跟踪审计结果》，2014年，全国安居工程实际新开工745.05万套，基本建成551.46万套；全国完成棚户区改造276.93万户，当年新增实物安置的381.04万户棚户区居民人均住房面积比改造前提高29%。在北京、上海、深圳、成都、淮安和黄石六个城市推进共有产权房的试点工作，有逐步替代经济适用房的发展态势（鲍磊，2011）。2015年1月，住建部召开"全国棚户区改造经验交流会"，同时吹响"棚改攻坚战"的号角，要求各地将棚改工作作为改善民生、拉动经济的重要抓手。

三、改革效果：市场增速趋缓，保障体系逐步完善

2012~2014年，我国房地产市场增速有所放缓，与历史数据比较，供给和销售各项增长指标整体下降。主要是因为1998年住房制度改革以后，房地产投资稳定增长，大量新增住房供应进入市场缓解了供求矛盾。此外，金融危机后的刺激政策使房地产市场出现过热的迹象（李延喜，2008），中央和地方政府及时出台调控措施，客观上促进了房地产市场降温。而2015年以后尤其是2016年房屋销售面积增长率超过20%，销售额增长率超过30%，房地产市场出现回暖现象，这主要得益于一线城市和部分重点城市房地产市场首先复苏，带动市场整体回暖。在多种调控政策密集出台后，总体市场逐渐趋稳，但地区和城市间分化现象逐步显现。例如，中指研究院对各级别代表城市的市场监测数据显示，总体而言，2017年以来，一线城市住房市场价格累计涨幅较上年同期有所扩大，而二线以及三四线代表城市累计涨幅较上年同期均收窄。

住房保障体系在经历"提出、确立、缺位、发展、强化"五个阶段的探索之后，"四位一体"的城镇住房保障体系基本形成。但矛盾与问题也逐渐暴露，各级政府与社会力量的协同性不足，保障对象与保障标准缺乏系统谋划，各类保障方式之间无缝衔接不够，保障房资产使用低效，可持续运行的资源投入与保障对象动态管理机制尚未建立等。期间，党中央、

国务院陆续出台了一系列财政补助、土地优先供应、信贷扶持、税费减免等支持保障房建设的相关政策，统筹协调各部门共同推进住房保障建设与分配工作；地方政府高度重视，因地制宜、因时制宜，将住房保障工作放在经济社会发展全局中考虑，在推进住房保障工作的实践中，不断完善相关制度。

第二章 新时代中国特色住房制度的指导思想与目标要求

中国已进入新时代，这是中国特色社会主义的新时代，是新时代的本质属性。2013年1月5日，习近平总书记在新进中央委员会的委员、候补委员学习贯彻党的十八大精神研讨班上强调指出，"中国特色社会主义是社会主义而不是其他什么主义，科学社会主义基本原则不能丢，丢了就不是社会主义"①。新时代的重大课题，就是必须从理论和实践的结合上系统回答坚持和发展什么样的中国特色社会主义、怎样坚持和发展中国特色社会主义（王丰，2018）。

伴随着新时代社会主要矛盾的转变，住房领域的主要矛盾也已转变为人民多层次的住房需求和不平衡不充分的住房供给之间的矛盾。住房领域结构性矛盾日益突出，集中表现为供需不匹配、租售不平衡、保障不到位、配套制度不完善等。这对住房制度改革提出新的要求。具体而言，政府主导与引导地位不明确，没有协调好与市场之间的关系，"保障缺位、管理越位"问题时有出现；长期"重售轻租"的市场环境没有发生实质改变，租赁市场发展明显滞后，租售回报率相差悬殊；住房供应主体和渠道单一，市场主体多元化发展仍然存在一定制度障碍；社会主体与资本缺乏参与租赁住房供应和保障房供应的激励机制。由此可见，推进住房领域的高质量发展，亟待加快推进住房制度改革和住房市场长效机制建设。中国住房制度设计既要确保社会公平，促进社会福利改善，又要确保经济保持适度增长和逐渐化解对土地财政的高度依赖，确保进入新常态的中国经济安全运行。为此，须直面当前形势，明确新时代中国特色住房制度的指导思想与目标要求。

---

① 习近平谈"中国特色社会主义"：道路就是党的生命［N/OL］. 中国共产党新闻网，2013-01-05，http://cpc.people.com.cn/n/2013/0105/c64094-20099326.html.

第一节 当前我国住房市场面临的主要形势

一、宏观经济层面：经济新常态，提质增效要求紧迫

我国经济已从过去持续高速增长向中高速增长的发展方式转变，以习近平同志为核心的党中央基于这一现实背景以"新常态"对新周期中的中国经济进行描述和判断，并从战略高度进行定位，充分显示出中央更加深刻地认识到当前中国经济增长阶段的变化规律。同时，这种转变也正在对宏观政策的选择、行业和企业的转型升级产生方向性和决定性的重大影响。2014年底召开的中共中央政治局会议指出，"我国进入经济发展新常态，经济韧性好、潜力足、回旋空间大"。新常态之"新"，意味着与以往发展模式不同；新常态之"常"，意味着发展状态应是相对稳定，主要表现为经济增长速度适宜、各类产业结构优化、社会保持和谐稳定。也就是说，中国经济发展的环境与条件与过去相比将有非常显著的差别，经济将不再保持改革开放以来年均10%的高速增长，粗放式发展模式已不可持续，社会矛盾和问题亟待通过转型和改革加以解决。

党的十九大报告指出，"我国经济已由高速增长阶段转向高质量发展阶段，正处在转变发展方式、优化经济结构、转换增长动力的攻关期，建设现代化经济体系是跨越关口的迫切要求和我国发展的战略目标"。作为未来中国经济发展的新方向，高质量发展意味着中国经济开始由过去追求数量逐渐转入质量优先的新时代（高培勇等，2019）。与此相适应，中国经济在提质增效、转型升级方面的要求更加紧迫，而"发展是解决我国一切问题的基础和关键"。当前，存在保持经济高增长过程中所呈现的不同形态的资产，不同行业、不同领域之间的收益率持续拉大的经济现象，致使居民收入结构、企业资产结构、实体经济与虚拟经济之间收益结构失衡。在此背景下，保持经济持续稳定增长，有效调整经济结构，守住发生系统性金融风险的底线，就需要"坚持新发展理念"。具体来看，"发展必须是科学发展，必须坚定不移贯彻创新、协调、绿色、开放、共享的发展理念。必须坚持和完善我国社会主义基本经济制度和分配制度，毫不动摇巩固和发展公有制经济，毫不动摇鼓励、支持、引导非公有制经济发展，使市场在资源配置中起决定性作用，

更好发挥政府作用，推动新型工业化、信息化、城镇化、农业现代化同步发展，主动参与和推动经济全球化进程，发展更高层次的开放型经济，不断壮大我国经济实力和综合国力"[①]。

2019年10月24日，习近平主席在首届可持续发展论坛中指出，中国秉持创新、协调、绿色、开放、共享的发展理念，推动中国经济高质量发展，全面深入落实2030年可持续发展议程。"创新、协调、绿色、开放、共享"成为推动中国经济发展的重要理念，也引领着新时代中国特色住房制度的建设。2019年10月，中国共产党第十九届中央委员会第四次全体会议也强调，"必须坚持社会主义基本经济制度，充分发挥市场在资源配置中的决定性作用，更好发挥政府作用，全面贯彻新发展理念，坚持以供给侧结构性改革为主线，加快建设现代化经济体系"。

作为我国国民经济的支柱产业，房地产业也面临着由高速增长转向中高速增长的换档期。1998年起，中国房地产进入"大建设"阶段，城镇化大幅推进、经济高速增长，住宅新开工年复合增速16.8%。2013年城镇住宅新开工峰值出现，2017年城镇住宅户均比达到1.07，北京、深圳等5个城市二手房成交套数稳定超过新房，进入存量房市场。住房来源结构方面，当前城镇住房存量中商品房约占40%，自建房占30%左右，其余为原公房、保障房等。从国际经验看，我国房地产市场已基本告别总量短缺时代，也不存在明显的总量过剩问题，住房市场预期将逐步切换至中高速、高质量发展阶段。那么，适应经济新常态下提质增效的迫切要求，如何构建新时代的中国特色住房制度，尤为重要。

二、微观市场层面："稳地价、稳房价、稳预期"

房地产业在我国宏观经济发展中扮演着重要角色，影响着土地、信贷、投资、税收等多个领域，因而，保持其稳定发展至关重要。当前，我国房地产业发展遇到诸多问题和难题：一是住房金融层面，货币超发在刺激经济增长的同时，也助推房价上涨。信贷政策频繁变动，市场稳定局面有待加强。二是土地供应方面，人地分离、供需错配，一、二线城市住房需求

---

① 引自习近平在中国共产党第十九次全国代表大会上的报告《决胜全面建成小康社会 夺取新时代中国特色社会主义伟大胜利》。

（尤其外来人口对中心城市的住房需求）持续旺盛、三、四线城市购房需求相对不足，空间分化加剧。三是税收方面，重建设交易环节而轻保有环节，随着住房增量时代向存量时代的转换，地方政府"土地财政"高度依赖的局面将不再具有可持续性。四是住房保障方面，保障房制度承担了部分调控职能，导致供给不连续，进入门槛高而退出门槛低，尚未做到应保尽保，稳定成熟的住房保障体系仍有待完善（钟裕民，2018）。五是住房供应方面，销售市场繁荣过度、租赁市场发展滞后。租赁供给面临政策、资金、房源等多重瓶颈，乱象横生，"租购不同权"进一步导致住房"住与炒"失衡。

在诸多矛盾之下，住房市场很难依靠市场机制进行自我调节，为防止房价大起大落，针对当前住房市场结构不均衡、住房制度体系和宏观调控体系不完善等重点问题，2018年底召开的全国住房和城乡建设工作会议提出"稳地价、稳房价、稳预期"的目标。"稳"不同于之前政策中强调的"控"，"控"是从限高角度调控上涨趋势；而"稳"则包含两方面含义，既要防止大涨，也要防止市场过冷。"稳地价、稳房价、稳预期"，这"三稳"是相辅相成的。"房依地建"，地价是房价成本的重要构成，稳房价须以稳地价为前提。我国土地制度决定了地方政府是稳地价的核心主体。而由于住房市场是"政策市"，预期一旦动摇，整个市场行情将迅速发生转变。作为影响房价涨跌的重要因素之一，社会舆论舆情稳定，居民购房预期才能稳定，才能最终达到稳房价的效果。

不可否认的是，当前房地产市场存在的问题，很大程度上与我国基本住房制度有关，要实现"稳地价、稳房价、稳预期"的政策目标，根本上取决于住房制度改革和长效管理机制完善。坚持"房子是用来住的，不是用来炒的"的定位。完善住房市场和保障两个体系，回归解决居民住房问题。以市场化的商品住房为主、加大各类保障房供应力度，形成"高收入靠市场、中等收入有支持、低收入能保障"的阶梯化住房供给结构。短期内，坚持贯彻落实因城施策的方针，将中央政府、地方政府、购房者、开发商和商业银行等多元利益群体纳入有序框架加强市场监测分析，落实好"月监测、季评价、年考核"制度，推进地价、房价联动的分类与精准调控，保持房地产调控政策的连续性和稳定性。

三、居民诉求层面:"忧住"与"优住"并存,向往美好居住生活

习近平总书记在党的十九大报告中作出了"我国社会主要矛盾已经转化为人民日益增长的美好生活需要和不平衡不充分的发展之间的矛盾"这一重大论断。这一论断是基于数据科学分析和判断得到的(邱乘光,2018),从原本的"物质文化需要"到当前的"美好生活需要",意味着居民需求体系和需求层次也发生了重大变化(朱紫雯和徐梦雨,2019)。这种变化可以归结为横向和纵向两个维度。前者指范围上的扩展,除基本的物质文化需要之外,将更加关注于民主法治、社会公平正义等方面;后者指层次上的提升,除产品本身之外,将更加关注于产品或服务的质量,并因个体差异而呈现出多样化和多层次特征(高培勇等,2019)。但不可否认的是,财富差距扩大所引发的负面效应越加突出。

作为生活必需品,获得适足的住房水平是个人生存和发展的前提条件。住房权作为一种为国际社会所公认的基本人权,理应受到重视。尊重、实现和保护公民的住房权,无论是从国内公平发展的角度,还是从国家间和平共处的角度,都是政府义不容辞的责任与义务,也成为公共政策的优先和焦点议题(田蕊,2019)。"人因宅而立,宅因人而存",纵观古今中国,人们对保障住房权和改善居住条件的信念追求从未间断。从圣贤老子的"安其居、乐其业"的辩证思想,到《后汉书》中"安居乐业,长养子孙,天下晏然,皆归心于我矣"的向往,再到诗人杜甫的"安得广厦千万间,大庇天下寒士俱欢颜"的愿望,再到新时代习近平总书记提出的让"全体人民住有所居,住得安全、住得舒心"。从"有房住"向"住好房""住得绿色""住得健康"的需求转变,充分反映了人民群众生活水平的提高以及对住房需求的多元化,需求的变轨也促使中国房地产业逐步走进"品质时代"①。尽管越来越多的家庭对居住条件提出更高的要求,表现出强烈的购房意愿,但住房支付能力不足。在此背景下,通过增加负债和杠杆率购房的现象普遍存在,家庭债务规模已接近美国金融危机的峰值,极易触发系统性金融风险。适应新时

---

① 数说"品质居住"背后:链家助力住房品质升级的逻辑 [DB/OL]. http://www.xinhuanet.com/house/2018-03-08/c_1122507107.htm.

代发展阶段下居民对美好居住生活向往的诉求，住房制度亟须改革。

第二节　新时代中国特色住房制度的指导思想与发展理念

一、指导思想：习近平新时代中国特色社会主义思想

新时代中国特色住房制度的顶层设计应以习近平新时代中国特色社会主义思想为指导，全面贯彻党的十九大和十九届二中、三中、四中全会精神，统筹推进"五位一体"总体布局，协调推进"四个全面"战略布局，做到四个"坚持"（即坚持稳中求进工作总基调，坚持新发展理念，坚持推动高质量发展，坚持以供给侧结构性改革）为主线，统筹兼顾、综合平衡，处理好政府与市场、中央与地方、长期与短期、主体与配套、规划与落实、认识与实践的关系，统筹稳增长、促改革、调结构、惠民生、防风险、保稳定，提高住房市场的宏观调控能力和水平，强调逆周期调节，做好跨周期设计，坚决不搞"大水漫灌"式强刺激，坚持区间调控，着力构建市场机制有效、微观主体有活力、宏观调控有度的住房制度，努力提升住房制度治理能力和现代化治理体系，建成我国发展强劲活跃增长极（王丰，2018）。

社会主要矛盾的变化，是我国进入新时代的现实背景和基本依据，也构成了新时代社会、经济各方面发展的基本动力，同时也成为习近平新时代中国特色社会主义思想建构的逻辑起点。其形成是以主要矛盾的转变为基础，一脉传承马克思列宁主义、毛泽东思想、邓小平理论、"三个代表"重要思想、科学发展观的指导，紧密结合新的时代条件和实践要求所取得的重大理论创新成果（邸乘光，2018）。新时代中国特色社会主义思想是立足时代之基、回答时代之问的科学理论，是中国特色社会主义理论体系的重要组成部分，是全党全国人民为实现中华民族伟大复兴而奋斗的行动指南，必须长期坚持并不断发展（孙秀，2019）。

习近平新时代中国特色社会主义思想仍然坚持解放思想、实事求是、与时俱进、求真务实，坚持辩证唯物主义和历史唯物主义，从世界观和方法论的高度，通过全新的视野系统全面地回答了中国特色社会主义进入新时代后，面临的"新矛盾"，同时也指出中国共产党的"新目标"和"新使命"，既

有理论高度，更具实践价值。以习近平新时代中国特色社会主义思想作为指导思想，紧扣党的十九大和十九届四中全会精神，全面深化住房制度改革，应直面群众对美好生活的追求，强化住房制度治理体系和治理能力，坚持在发展中保障和改善居住质量，将加快推进租购并举住房制度改革与长效机制建设作为新使命，开启住房领域高质量发展新征程。

二、发展理念：以人民为中心，增进民生福祉

"明确新时代我国社会主要矛盾是人民日益增长的美好生活需要和不平衡不充分的发展之间的矛盾，必须坚持以人民为中心的发展思想，不断促进人的全面发展、全体人民共同富裕"，是习近平新时代中国特色社会主义思想的主要内容之一（王丰，2018）。伴随着我国住房领域所出现的供求失衡、租售失调和发展失度等方面的问题，坚持"以人民为中心"的发展理念，通过住房制度改革与创新，让人民共享发展成果，"不断满足人民日益增长的美好生活需要，使人民获得感、幸福感、安全感更加充实、更有保障、更可持续"是新时代住房制度顶层设计所必须遵循的方针与纲领。

党的十九大报告对"以人民为中心"这一重要命题的丰富内涵做了深入的阐述："人民是历史的创造者，是决定党和国家前途命运的根本力量。必须坚持人民主体地位，坚持立党为公、执政为民，践行全心全意为人民服务的根本宗旨，把党的群众路线贯彻到治国理政全部活动之中，把人民对美好生活的向往作为奋斗目标，依靠人民创造历史伟业"。作为习近平新时代中国特色社会主义思想的重要内容，坚持"以人民为中心"的思想体现了中国共产党对《共产党宣言》基本思想一以贯之的根本遵循，也是"坚持人民当家作主，发展人民民主，密切联系群众，紧紧依靠人民推动国家发展"的有效体现。

在全面建成小康社会的决胜阶段，人们在注重丰富物质文化生活的同时，也越来越重视福祉的提升。2019年10月，中国共产党第十九届中央委员会第四次全体会议提出，"增进人民福祉、促进人的全面发展是我们党立党为公、执政为民的本质要求"，"必须健全幼有所育、学有所教、劳有所得、病有所医、老有所养、住有所居、弱有所扶等方面国家基本公共服务制度体系，尽力而为，量力而行，注重加强普惠性、基础性、兜底性民生建设，保障群众基本生活。创新公共服务提供方式，鼓励支持社会力量兴办公益事业，满

足人民多层次多样化需求，使改革发展成果更多更公平惠及全体人民"①。改革开放40多年以来，我国社会生产力、综合国力、人民生活水平实现了历史性跨越。当前，已进入全面建成小康社会的决胜阶段，人民对美好生活的向往更加强烈，人民群众的需要呈现多样化多层次多方面的特点，不仅涵盖就业、收入等与居民家庭经济条件密切相关的内容，还体现在教育、医疗等公共服务，舒适、宜居的生活环境以及丰富的精神文化等方面。为此，党中央基于我国发展新的阶段性特征，明确提出人民对美好生活的向往就是党的奋斗目标。这些表述都充分彰显了新时代我国发展的新理念，不仅要继续加强经济建设，丰裕人们的物质生活，同时，在发展的过程中更需要注重提升居民的福祉水平，让人们生活得更加快乐和幸福。

住房作为所有居民最基本的生活必需品，获得适足的住房水平是个人生存和发展的前提条件。自1998年住房市场化改革以来，商品房销售价格呈现出快速上涨的趋势，房价收入比持续攀升，城市家庭购房压力不断加大。与其他普通商品不同的是，住房商品不仅具有消费属性，满足人们居住的需求，同时还具有明显的投资属性，尤其在房价不断上涨的情况下，城市住房的投资价值更为明显。因此，"住"和"炒"进一步加剧了住房市场的畸形发展，产生了一系列的社会问题和民生问题。住房市场引发的住房不平等和财富分配不平等，已经引发一定的社会焦虑，严重影响了社会情绪、微观家庭福祉及居民主观幸福感（Freedman and McGavock，2015）。为此，中央政府明确强调"房住不炒"，建立多主体供给、多渠道保障、租购并举的住房制度，旨在从根本上解决住房市场不平衡、不充分的发展矛盾，让全体人民"住有所居"，提升住房给居民家庭带来的获得感、幸福感和安全感（马修文和沈阳，2018）。

习近平总书记强调，"要健全民主制度、拓宽民主渠道、丰富民主形式、完善法治保障，确保人民依法享有广泛充分、真实具体、有效管用的民主权利"。从实践来看，解决人民群众所需所急所盼，让人民共享经济、政治、文化、社会、生态等各方面发展成果，不仅需要了解群众的物质和精神需求，还要以灵活的方式加强与群众沟通，扩大人民有序政治参与。尤其在信息技术飞速发展的今天，借助互联网平台，引导群众积极参与公共监督、专项听

---

① 中共中央关于坚持和完善中国特色社会主义制度 推进国家治理体系和治理能力现代化若干重大问题的决定［EB/OL］. 新华社，2019-11-05.

证等，是新时代善用群众工作方法推进社会主义民主政治发展的重要举措（张树华和陈承新，2019）。

中国共产党以全心全意为人民服务为根本宗旨，带领中国人民全面建成小康社会，进而实现中华民族的伟大复兴，这就是改革开放的"初心"和"使命"。正是由于具有强大的历史责任感，中国特色社会主义道路才得到人民的支持，即便遇到过无数的复杂难题都能够逐一解决。"不忘初心、牢记使命"，就是要扎根基层，切实了解群众实实在在的需求，才能找准未来发展的方向和突破口。汲取来自基层人民群众的创造力，丰富和发展中国特色社会主义，以此为科学理论指导实践，让人民群众获得感、幸福感、安全感显著提升，满足人民对美好生活的需要和向往（陈承新，2019）。

党的十八大报告首次提出"全面建成小康社会"，这既是"两个一百年"奋斗目标的第一步，更是走向共同富裕的阶段性具体指标。"全面建成小康社会"的核心在于"全面"，难点也在"全面"。"全面"不仅是指不把贫困人口带入"十四五"规划，而且涉及居民生活质量的吃、住、行、健康等基本要素均要达到小康水平。如果居民"居无定所"或"没有相对体面的住房"，不能算小康。因此，现阶段是全面建成小康社会的关键时期，解决好居民的住房问题首当其冲。

第三节　新时代中国特色住房制度的制度定位与发展方向

一、制度定位："房住不炒"

从价值理论看，住房的本质属性是消费品，其价值最终在于居住消费。自古以来，衣、食、住、行就被列为人类生活的四大基本需求。作为人类社会存在和发展的基本要素之一，住房的基本作用是为居民提供安全、舒适、美观、便利的居住空间。然而，住房须依土地而建。而土地作为一种不可再生的资源，具有投资累积性特征，这就决定了住房商品具有天然的投资品属性，供给弹性相对较小（刘学良，2014）。从价值构成看，无论是从物质形态还是从价值形态角度，住房商品都是土地和建筑物两者的有机整体。当然，住房的投资品属性与股票等投资市场有着根本区别，中间投资行为不可能存在"永续"击鼓传花机制。

由于住房本身具有的居住和投资双重属性，而在市场经济发展到一定时期时，住房的投资属性将进一步凸显，因而也就更容易受到资本的追捧而产生剧烈的价格波动，形成价格泡沫，产生投机性购房行为。在这一过程中，以各供给方为代表的参与主体的微观行为是助推房价波动的重要力量。开发商通过夸大需求、成本等手段，诱导消费者提高对房价上涨的概率判断，从而达到高价销售的目的，即产生所谓"炒房"行为。从这个角度看，"炒房"是房地产泡沫经济的产物。

"炒房"现象的存在通常会产生以下四种影响：一是夸大真实的市场居住需求，通过推升房价，导致更多居民的住房可支付能力下降。根据易居研究院发布的数据，2018年，受监测的中国50个城市房价收入比均值为13.9，远远高于美国的3.9[①]。二是"炒房"会通过价格影响供给，造成社会资源错配和严重浪费、住房供求信息失真等。在生产率提升、社会财富逐步增长的经济发展环境下，以及短期货币政策非中性化的综合作用下，住房真实价格和名义价格均呈现周期性的上涨趋势，驱使各类收入群体的投资潮涌现象不断累积，加上按揭贷款的还款支付折现率缺乏与整体价值变化的动态关联，以及房价即期收入比与房价未来收入比的非对称性，助长投资潮涌不断释放出无限需求的信号，阻碍了最终刚性需求信息的传递，最后以过多盲目的中间投资需求不断拉升盲目供给（Jud and Winkler，2002；钟凯等，2016；倪鹏飞，2019）。三是"炒房"是基于预期的投机行为。由于房地产行业具有产业链较长、与金融联系十分紧密等特征，所以遇到市场不景气时，投机者最容易出现集体的"预期逆转"，一旦楼市泡沫破灭，便极有可能诱发系统性风险。四是"炒房"会对实体经济形成很强的挤出效应。近年来，金融市场资金空转和投机套利时有发生，部分企业资金短缺现象严重。同时，资金通过多种渠道流入房地产市场，不仅催生了房地产市场的金融风险隐患，也不利于实体经济的转型升级和创新。

目前，中国房地产市场投资投机现象仍然存在。在住房逐渐背离居住属性的趋势下，必须建立相关的税收、金融、土地等综合性政策体系，引导住房理性消费。然而，合理的住房投资是增加居民财产性收入的有效途径之一

---

① 资料来源：美国国际公共政策顾问机构 Demographia 发布的《2019年全球住房可负担性调查报告》。

（Haurin，1991）。因此，科学区分住房"投资"与"投机"是十分必要的。在这两者之间，应存在一定的准则。简单来看，投机性购房具有典型的"炒房"特征。而对于投资，大致分成两种：一是待价而沽的住房投资买卖。这种投资的目的就是为了等过一阵价格上涨之后再卖出，它与投机的区别仅仅在于持有时间较长。从理论上看，这种行为应算作"炒房"行为。二是购买且长期持有，但主要用于出租。这种投资具有居住属性。为此，应考虑通过购房面积、实际用途、购房杠杆资金比例、买卖时间长短等确定是否属于"投机"或"炒房"行为。针对"投机"或"炒房"行为则可以通过以下两种手段加以管控：一是通过信贷政策加大投机负担（提高贷款利率）、降低"炒的能力"（提高首付比例甚至不提供住房抵押贷款）。二是通过税收政策给投机炒房者"去动力"，比如买卖套数越多、交易越频繁，交易环节各税种的税率越高等。国际上，通常也会对炒房行为征收较高的交易税和资本利得税，识别方式主要是看该住房是否为家庭的主要住房以及住房持有期的长短。非主要住房、持有期在3~5年以内的，一般需要承担较重的税负。而行政色彩浓厚的限购或购房资格管理可以作为临时调控手段。

与此同时，户籍制度作为中国最为独特的社会治理制度之一，包含了诸多权利与经济利益的配置功能。虽然在特定的历史时期，城乡二元户籍制度为经济发展、社会稳定做出了积极贡献，但是在相当长的时期内，由于地方政府在户籍改革中的强干预性，户籍制度改革所引发的日益复杂的政治经济现象，不仅强化了城乡之间的二元分割，也加剧了城镇化地区居民权利的二元分化，致使中国面临着地区之间发展不平衡不充分的社会基本矛盾。随着城镇化的快速发展，城乡一体化越来越成为社会发展的必然趋势。户籍制度的进一步深化改革应致力于通过统筹户籍利益差别，逐步剥离黏附于户籍制度上的各项福利待遇和权利保障，推进户籍制度改革趋向"一元化"，真正实现居住地公共服务的均衡化和普惠化。这是推进住房回归居住本源属性的重要路径，也是现阶段我国社会发展的需要。

二、发展方向："租购并举"

住房需求的满足可通过租赁与购买，对应供给端便是出租和出售。其中，出租可作动词，指收取一定的代价，让渡一定时期的使用权；亦可作名词，其义是指将自己拥有所有权（或处置权，包括转租权）的标的物财产，转让经营或者使用。出售是商品与货币的交换形式，买方以货币形式向卖方换得标的物的所有权。因而，出租与出售的本质区别是标的物的所有权是否发生转移。

事实上，以"购"为主体的住房市场是一个发展不平衡的市场，高房价致使很多中低收入群体"望房兴叹"，但有经济能力的投机者却拥有多套住房，两极分化十分严重。因此，租购并举本质上是弥补城市住房供给的结构性短板，优化住房市场供应结构，供需平衡才能使房地产市场降温。

住房租赁市场的发展对于满足城市人口旺盛的住房需求，分流住房增量市场，特别是缓解增量销售市场需求压力能够起到关键的作用（Hanson and Hawley，2011）。所谓增量市场，可直观理解为还具有上升空间的销售市场；而与之相对应的存量市场，则是已经达到饱和状态的市场。就住房市场而言，增量市场是以房地产开发商新建商品房作为交易对象所形成的交易市场；而存量市场则是以二手房作为交易对象所形成的交易市场，所流通的住房是已建成的而不是新增加的。两者的本质区别在于住房产权是新增还是转移。根据国际经验观察，当一个国家的住房自有率超过65%、人均GDP突破8 000美元、户均住房套数大于1时，由增量开发主导的新房市场趋于稳定和成熟，基于二手房流通和房屋资产管理的存量市场时代将逐步来临。尽管近期来看，经济下行压力较大，但从长期来讲仍会呈现稳中向好态势。从国家统计局公布的数据看，2018年中国经济总量达到90.03万亿元人民币，相当于12.59万亿美元，增长速度达到6.6%；人均GDP达6.46万元，接近1万美元。经济总量比2018年初的计划6.5%，高出0.1个百分点。一年的经济增量超过8万亿元人民币，折合约1.2万亿美元，据测算对全球经济增长贡献达到30%以上[①]。从住房市场看，2018年全国二手房成交420万套，交易面积3.95亿平方米，二手房交易额及其占住房交易总额的比例分别达到6.5万亿元和43%[②]。综合以上几个关键指标，中国住房市场总体上正处于由增量市场向存量市场转换的过渡时期。因而，考虑到土地、资金等资源的限制，在今后相当长一段时间内，对于土地资源紧缺的城市而言，应该盘活存量住房，大力发展住房租赁市场。

培育和发展住房租赁市场、建立租购并举的住房制度，是中国政府近年

---

① 资料来源：联合国，《2018年世界经济形势与展望》。
② 资料来源：贝壳研究院，《2018年全国房地产市场报告》。

来解决住房市场突出矛盾的"治本"之举，也是应对当前房地产市场失衡的有效举措。2015年12月，中央经济工作会议首次提出"以建立购租并举的住房制度为主要方向"；2016年5月，国务院办公厅印发了《关于加快培育和发展住房租赁市场的若干意见》；2017年7月，住建部等九部门联合印发《关于在人口净流入的大中城市加快发展住房租赁市场的通知》，并选取广州、深圳、南京、杭州、厦门、武汉、成都、沈阳、合肥、郑州、佛山、肇庆等12个城市作为首批开展住房租赁试点。这些政策文件和措施都在一步步加快推动住房租赁市场朝着规范化、制度化、常态化方向发展。然而，住房租赁市场的进一步发展需要着力于推进"租购同权"的实现。"租购同权"实际上是对现行住房权利体系的"矫正"，而非对租房居民的赋予和"恩赐"。

第四节　新时代中国特色住房制度的目标要求与基本原则

一、目标要求：全体人民住有所居

生存权是公民的基本权利之一，而住房权又是生存权的基本组成。住房权是可以居住在适当住宅的权利，属于经济、社会和文化等多重权利，受到许多国际机构的认可，也被列在相关文件中。例如，《世界人权宣言》第25条将住房权列为"最低生活保障权"的一部分，认为"人人有权享受为维持他本人和家属的健康和福利所需的生活水准，包括食物、衣着、住房、医疗和必要的社会服务；在遭到失业、疾病、残疾、守寡、衰老或在其他不能控制的情况下丧失谋生能力时，有权享受保障"（田大洲和梁敏，2019）。《经济、社会及文化权利国际公约》第十一条第一款也将住房权视为"最低生活保障权"的一部分；而在国际人权法中，住房权是一项独立的权利。

住房的发展直接影响人民群众的切身利益和福祉，同时也事关经济社会的全局发展。自新中国成立以来，我国城镇住房制度、法规政策、住房供给模式、住房设计理念等均发生了历史性的变革。特别是党的十八大以来，住房制度改革也不断深化，人民群众的居住条件得到显著改善。党的十九大报告也明确强调住房制度的建设目标是"让全体人民住有所居"，这将成为今后较长一段时期内住房市场长效机制建设的基本遵循。在全面建成小康社会的决胜时期，我国正在向着实现"全体人民住有所居"的目标一步步迈进。

从世界各国的制度演变和发展经验来看，住房的基础性制度及其长效机制的建设存在诸多共性特征。而且，住房乃民生之要，"住有所居"的实现不仅是经济问题，也关系到民生、社会、政治、文化等多个方面，将始终作为各国住房基础性制度的核心目标。值得注意的是，一方面，由于各国经济、文化、政治等国情差异，住房制度也相应存在着较大区别；另一方面，同一国家在不同时期面临的住房问题不同，因而在不同时期住房制度的关注点也会有所差别。尽管如此，住房制度的核心都是旨在通过不同方式或制度安排实现"住有所居"，特别是让中低收入家庭"住有所居"。

实现"全体人民住有所居"的模式主要有两种，即再分配模式和市场模式。前者是将住房建造、分配、维护等的全部责任交给国家相关部门，"住有所居"的实现依靠国家相关部门；而后者则是将住房设计建造的责任交给房地产开发商，由市场发挥资源配置的决定作用，因而实现"住有所居"主要依靠住户自身的市场能力。鉴于我国当前居民收入差距较大，低收入者难以依靠自身力量满足基本住房需求，因此，"全体人民住有所居"目标的实现就需要市场模式与再分配模式两者结合。政府应在住房保障体系中履行以人为本的主体担当。而在此过程中，需要重点关注保障"错位"、保障"缺位"及保障"过度"等问题。

总之，加快实现全体人民住有所居，满足人民群众对美好生活的向往，坚持"房子是用来住的，不是用来炒的"新定位，以建立多主体供给、多渠道保障、租购并举的住房制度为导向。综合运用金融、土地、财税、投资、立法等手段，建立健全符合国情、适应市场规律的基础性制度和长效机制，既抑制房地产市场"泡沫"的出现和增大，也要避免出现"大起大落"的现象，这将是我国在相当长一段时期内全面深化住房制度改革的主要任务。此外，破解房地产不平衡、不充分的问题，关键是要加快推进建立符合国情、适应规律的中国住房发展长效机制，以"租购并举"开启新时代中国住房新模式。促进中国住房市场稳健、均衡、协调发展需要在"房住不炒""住有所居"的定位和基调上坚定调控与改革决心。

全面贯彻党的十九大以来历次中央全会精神，新时代中国特色住房制度改革的总体战略目标应是：到2025年，建立与高质量发展要求相适应、比较健全的住房市场调控目标体系、政策体系、决策协调体系、监督考评体系和保障体系；到2035年，建立与国家治理体系和治理能力现代化要求相适应的住房市场调控体系，有效促进住房市场运行各环节的循环畅通；到2050年，建立与全面实现国家治理体系和治理能力现代化，使中国特色社会主义制度更加巩固、优越性充分展现相适应，与富强民主文明和谐美丽的社会主义现代化强国相适应的住房市场调控体系，实现全体人民共享住房制度改革成果。

二、基本原则：处理好六对关系

根据补短板、夯基础、成系统、抓落实的要求，新时代中国特色住房制度设计应遵循的基本原则主要是处理好以下六对关系：政府与市场、中央与地方、长期与短期、主体与配套、规划与落实、认识与实践。

（一）处理好政府与市场的关系

古典经济学派与现代新自由主义学派均认为，在理性人假设和完全竞争的条件下，通过市场自动有效地配置资源，市场便可自动趋于稳定。然而在现实经济世界中，完全竞争只是一种理想状态，市场和价格的资源配置作用经常无法有效发挥，即"市场失灵"。住房市场的非均衡性、住房价格波动的剧烈性、住房市场周期性等特征和规律是住房市场失灵的外在表现。正因如此，价格为主导的"看不见的手"无法在住房市场中有效地发挥作用（姚玲珍，2008；余建源，2009）。国内外长期实践也证明，仅仅通过市场的自身调节，难以实现总量和结构上的均衡。因此，政府会运用法律、经济、行政等手段对房地产市场进行干预，这被称为房地产市场调控（王松涛，2009；唐旭君，2015）。在告别住房短缺时代以后，住房制度充分体现市场在资源配置中的决定作用和政府发挥更好作用的结合。为此，一方面，完善住房市场制度，矫正扭曲的机制，积极和有效地发挥市场的功能；另一方面，完善调控制度、产权制度、监管制度和保障制度，利用政府的调控机制，弥补市场失灵。

商品住房市场宏观调控的目标包含核心目标、中间目标以及操作目标三个层次。其中，前两个层次的目标相对较为稳定。随着时间的推移，商品住房市场状况必然会有所变化，操作目标是针对当前住房市场存在的问题而进行的，因而其内容与作用方向也会随之改变（唐旭君和姚玲珍，2013）。三者之间的联系如图2-1所示。

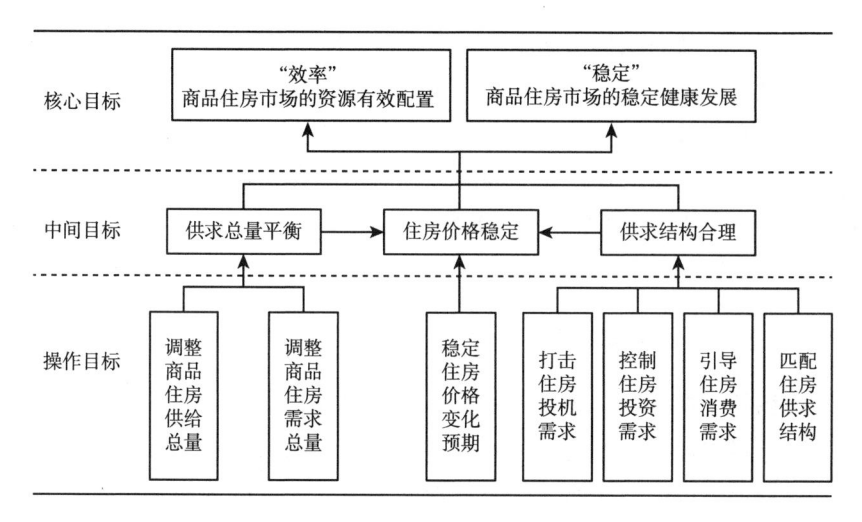

图 2-1　商品住房市场宏观调控目标

(二) 处理好中央与地方的关系

中央和地方的关系是宏观经济调控、市场监管引导、社会治理、公共服务等基本职能有效实现的基础。改革开放以来，在建立社会主义市场经济体制的背景下，我国在推进各级政府的职能分工与转变等方面进行了大量积极有益的探索，经过长期的改革与调整，中央与地方关系不断完善，但仍在一定程度上存在权责不清等问题。面对市场新形势，如何构建一个权属职责明晰、运行体系规范、政策实施高效有序的中央与地方关系，仍然是新时代背景下我国行政体制改革中面临的重大攻关课题。

住房制度改革兼具系统性与全局性，是一项伟大工程。正确处理好中央和地方关系，是科学推进住房制度改革的重要前提。当前，地方政府财政对土地与房地产依赖程度较高，政府也受到房地产市场下行的冲击导致财政收入下降而债务风险升高。房地产作为过去刺激经济的手段受到限制，会导致城市相关产业经济乃至城市经济下降。因而，政府对房地产市场的干预仍在加深。在住房制度改革的关键时期，要利用好新时代的有利时机，在坚持现行调控政策、巩固调控成果的基础上，合理划分中央与地方的责任，改革并建立公共财政新体制，形成中央对地方公共服务、基础设施的财政投入，与人口流动正挂钩、与城市行政级别及财政收入倒挂钩的机制，通过宏观调控实现房地产业的健康有序发展（周京奎和黄征学，2014）。

与此同时，政府是住房保障的责任主体，但中央和地方政府须分工协作、社会力量须充分发挥。按照"央地协同、分级管理、属地负责"的原则，考虑地区差异和财政收支情况，中央与地方政府之间应建立健全财权事权相符、责任分工明确的联合工作机制。同时，政府应考虑通过政府和社会资本合作（PPP）、合作建房等模式充分发挥市场在资源配置中的决定性作用，调动社会力量，在供求基本均衡的城市住房市场实现"主导"向"引导"的角色转变。

（三）处理好长期与短期的关系

在市场的短期调控与产业的长期政策之间存在一定矛盾。事实上，短期机制主要是指市场化导向效果比较明显的措施，如通过房贷政策的调整，能够实现对短期市场的快速调节；而从长期来看，主要体现在土地政策和金融财税政策等方面。新时代中国特色住房制度应实现短期和长期的有效融合，其含义在于短期行政手段要为供给侧结构性改革提供更好的缓冲期，同时一些中长期政策的陆续出台要能够更好地维护短期行政手段的效应。

综合我国住房市场的调控经验，住房调控政策长期与短期之间存在三种关系：第一，短期与长期一致。尽管住房的调控政策可能是针对某一特定时期的情况而采取的临时性的调整手段，但也符合住房市场长期平稳健康发展的制度设计，其本质便是长期产业政策在短期操作层面的调控。第二，短期与长期存在一定差异。这类政策与前一类相似，但在短期和长期范围内的执行力度不同。因此，当短期任务基本完成后，会适时做出必要调整。第三，短期与长期相背离。住房市场的调控政策只能在短期内应用，当相应问题得到解决后，便应立即停止，避免由于政策不能及时调整或中止，阻碍房地产的平稳健康发展，进而对宏观经济造成巨大的负向冲击。

经济在运行过程之中，经常会呈现周期性波动，波峰和波谷、扩张和收缩不断更迭（夏辉等，2005）。同样地，房地产业运行也具有周期性，其周期性波动的实质是房地产业不断扩展和收缩的更迭，其原因与政府调控密切相关。在房价上行阶段的调控措施主要是限购、限售、限贷、限价等，下行阶段则是松限购、松信贷政策和财税政策，如果延续此类调控手段，未来可能仍将呈现周期性大幅波动的规律。为此，要求房地产市场改革过程中既要重视长期的发展目标，也要针对市场的短期性波动采取相应的调控措施，将长短期工具有机结合，才能确保房地产市场平稳健康发展。长期的住房制度，即长效机制的基调是抑制房地产投资，防止金融风险，同时也要保持房地产市场平稳发展。而在市场分化的大格局下，短期政策是通过各类措施稳定市场环境，热点城市防泡沫、控风险是房地产调控的重点（梁云芳和高铁梅，2007）。

（四）处理好主体与配套的关系

从本质上说，主体机制是指影响房地产业运行规律的各因素的结构、功能及其相互关系，涵盖其发挥功能的作用过程、作用原理、运行方式等。配套机制是辅助主体机制有效发挥作用的机制。主体机制与配套机制相互促进、相得益彰，方能形成总体效应，达到理想效果。显然，新时代中国特色住房制度也应涵盖主体与配套两大机制，妥善处理好两者关系，才能确保住房制度改革举措既能在结构、功能等方面一以贯之，又能在各个环节落到实处。

党的十九大报告中所提出的"坚持'房子是用来住的、不是用来炒的'定位，加快建立多主体供给、多渠道保障、租购并举的住房制度，让全体人民住有所居"，便是新时代中国特色住房制度的主体机制（王必丰和潘冬旭，2019）。而要想发挥该主体机制的作用，仍需法律制度、土地制度、财税制度、户籍制度等相关配套机制。例如，通过立法和制定管理条例规范住房租赁市场各个环节，培育机构化、规模化住房租赁企业；逐步放开户籍限制，促进新市民和老市民共享住房相关的城市公共服务，增强流动人口住房需求的获得感与幸福感；盘活闲置土地与低效用地，完善租赁住房用地供应与集体建设用地建设租赁住房的具体措施；完善房产税、遗产税等住房资产相关税收制度设计；创新信贷政策支持居民自住与改善住房需求，限制投资与投机购房需求；重构地方政府和官员的激励机制等，使住房制度改革顺利进行。第三章第二节还将对此进行阐述。

（五）处理好规划与落实的关系

坚持规划引领与管建并举相结合，提升管理能级。坚持以规划精神作为落实的指导，按照规划所提及的内容和要求全面落实，整体推进，分步分层次实施，将规划中所要求的各项工作任务均落到实处。在全面落实规划的同时，坚持从实际出发，健全工作机制，突出重点，破解难题，补齐短板。既要坚持全面性，又要突出重点，做到全面与重点的统一。

住房制度改革的发展规划，应确保科学性和可实施性。总体规划设计应在充分的实地调研和形势研判的基础上，从土地供应、商品房供给、保障房供给、覆盖人群、棚户区改造、资金供应和空间布局等多个维度，以发展的眼光进行系统性规划，坚持一张蓝图绘到底，体现出规划的前瞻性。为此，规划需坚持政府与市场、中央与地方、长期与短期、主体与配套相结合的思路，不能出现明显的背离和矛盾。在此背景下，探索住房市场的高质量发展，满足人们日益增长的居住品质需求，开发绿色的、节约能源的产品，将房地产市场发展融入新型城镇化进程和推动经济高质量发展的更大战略背景中。

在制定科学完备的住房制度改革规划的基础上，关键在于如何将规划内容落到实处。在住房市场调控进入因城施策和一城一策的背景下，住房制度规划同样应给予地方政府一定的主动权，在充分吸收贯彻中央的指示精神基础上，遵循因时制宜的思路，允许其根据当地经济、社会、人文环境等实际情况，重点针对住房市场供求失衡、租售失调、发展失度等问题程度的差异，确定实施细则。

当然，在规划落实过程中，应明确地方政府的责任边界，将其主体责任落到实处。制定配套的绩效考核制度，强化职责监管和执纪监督，尤其要重视规划层面与落实过程中出现的偏差，并进行科学合理研判，以便及时找出是规划问题还是落实中的问题，坚决问责办事不力、市场波动大、未能实现调控目标的地方，不能让"责任"只流于形式。

（六）处理好认识与实践的关系

认识和实践的统一，是辩证唯物主义认识论的基本原理和重要方法论原则。它揭示了认识和实践之间以实践为基础的辩证关系。具体包含两方面内涵：一是实践是认识的来源。认识应是产生于实践的需要，同时，作为主体对客体的反映，认识是在实践过程中通过主体和客体的相互作用完成的。二是实践是认识发展的动力。实践过程中会出现新问题，伴随着这些新问题的产生一些新需求也随之产生，这一过程是认识发展的推动力。当然，实践的发展过程在锻炼和提高人的认识能力的同时也为人们提供了日益完备的认识工具。不可否认的是，客观世界与主观世界的改变也是协调统一的。实践是认识的目的与归宿。认识只有付诸实践，才能显示它的实际意义。

实践是检验认识真理性的唯一标准，认识的正确与否直接关系到实践能否取得成功，因而住房制度的构建需要正确处理好认识与实践的关系。通过住房制度改革的实践会进一步推动对住房市场特征、住房属性等的深化认识和认知；而对于住房市场特征、住房属性等的正确认识和认知，又会反过来推动住房制度改革的进一步深入和完善。

第三章　新时代中国特色住房制度的理论依据与核心构成

从全局视角看待新时代中国特色社会主义制度，正确认识住房制度在国家制度体系中所处的位置，科学把握住房制度的内在核心构成，充分理解住房制度与其他制度之间的关系，有助于建立健全符合国情与发展需要的住房制度，并将制度优势更好地转化为治理效能。

第一节　新时代中国特色住房制度的理论依据与总体要求[①]

一、理论依据

新时代中国特色住房制度的理论依据：公平为主，兼顾效率，实现制度可持续。

（一）共同富裕——社会主义原理

共同富裕原理是制定住房保障政策、选择住房保障模式的理论基础。追根溯源，可以认为中国特色的共同富裕思想是中国传统文化中"大同"思想和马克思主义共同富裕论断及实践结合形成的。邓小平同志曾说："社会主义的本质，是解放生产力，消灭剥削，消除两极分化，最终达到共同富裕"。共同富裕就是全体人民通过辛勤劳动和相互帮助，最终达到丰衣足食的生活

---

① 部分内容摘自：姚玲珍，刘霞，王芳. 中国特色城镇住房保障体系研究 [M]. 北京：经济科学出版社，2017.

水平，也就是消除两极分化和贫穷基础上的普遍富裕。这一原理是我们进行社会主义建设、发展市场经济的理论依据，是一切行动的准则，也是住房保障制度设计的准则。为了实现共同富裕，就需要政府帮助解决市场化进程中必然会出现的中低收入阶层住房困难现象，就有必要实施积极的住房保障制度（郭玉坤，2006）。一言以蔽之，住房保障制度是在解决住房问题中对于共同富裕原理的新实践。

党的十八大报告中关于"全面建成小康社会"的表述中提到，该目标不仅是"两个一百年"奋斗目标的第一步，也是实现共同富裕的阶段性指标象征。"全面建成小康社会"的核心是"全面"，而实现的难点也在"全面"。"全面"是指全体人民，所以脱贫攻坚，要在居民生活质量的吃、住、行、健康等基本要素水平中实现小康。居民"居无定所"或"没有相对体面的住房"，都不能算是达到了小康水平。目前正是全面建成小康社会的关键时期，城镇居民的住房问题成为首要解决的任务。

总体来讲，确立新时代中国特色的住房保障制度，与时俱进推进住房保障工作，有利于实现全体人民"住有所居"，更是实现社会主义共同富裕理论的关键。

（二）社会保障理论

住房保障是社会保障的重要组成部分，也是住房保障制度产生与运转的重要理论依据。从起源来看，现代社会保障理论和福利经济学有着密不可分的关系。英国经济学家庇古在《福利经济学》著作中系统阐述了福利经济学理论，他认为一国可以通过具有收入再分配性质的社会保障政策来增加社会的"经济福利"，这是由于再分配使得富人效用的损失小于穷人得到效用的增加，从而增加社会总效用。除此之外，他也认为可以通过向富人征税来补贴穷人，采取建立各种社会服务设施、增加住房供给、养老金、教育、失业和医疗保险等各种方式来增加社会总效用。20世纪30年代以来，社会保障经济理论以凯恩斯经济学为基础逐渐成为以需求管理为核心的较为完整的体系，并对宏观经济产生了积极作用。1942年，社会保障史上具有划时代意义的《贝弗里奇报告》发表，明确提出了社会保障的"3U"原则（universality、unity、uniformity），即普遍性、统一性和均等性原则。具体来看，普遍性原则是指将社会保障作为公民的一项基本权利，享有主体是全体公民；统一性原则是有关政策和社会保险的缴费标准、待遇支付等方面要按照统一规定执行；均等性原则是要向那些处于不利地位的人提供更多的资源和可能性，尽量使机会均等化。长期以来，受相关思想的影响，住房保障逐渐作为社会的"安全网"和"减震器"。20世纪70年代，新剑桥学派提出通过分配结构调整、增加对低收入者的补助、增加社会福利等社会保障措施来解决收入分配问题。

而在20世纪80年代之后，新社会保障经济理论将重心转移到了从社会保险和资本积累的关系出发来证明社会保障对宏观经济均衡有重要影响这一论点。1991年美国学者迈克尔·谢若登在《资产与穷人》一书中首次提出的"以资产为本的社会政策"，成为美国一项新的福利政策。其主张的福利政策应该由资产而非收入来衡量。以储蓄、投资和不动产为代表的财富具有收入、支出、消费等所不能替代的资产效应，可以确保通过资产的建设促使福利政策对象进行未来规划，完成自我激励，走出贫困陷阱。他呼吁在传统的收入再分配政策中引入资产社会政策，使其逐渐成为一项具有发展性、可持续性的反贫困政策。这一政策经过"美国联邦独立资产法"确认，从一个数年前的政策议题上升为基本法律。资产社会政策已经在全球范围内得到重视与应用，反映出各国福利政策实践者们都在以重视资产的眼光重新审视社会福利的供给。

20世纪90年代初期，国内学者在翻译《资产与穷人》一书时，将资产建设理论首次引入中国。此后，围绕着该理论的学术交流探讨，使其影响力逐渐扩大。正是由于众多学者的推广，资产建设理论在国内逐渐得到重视，并被尝试在各个领域应用于实践，包括社会保障的构建、新型农保的建立、失地农民的可持续发展、应对城市低保的负向激励等方面。这一理论也被广泛应用于住房这一典型的资产项目研究中，但应用该理论探讨中国住房发展与住房政策，特别是住房保障仍然不够充分。为此，我们试图将资产建设与我国住房保障联系起来，进而推动我国住房保障体系的完善（王贤磊，2013）。

（三）公平与效率理论

公平与效率在住房领域备受关注，尤其在住房保障体系中，通过公共产品供给理论以及公平与效率理论可以明确政府与市场之间的关系。保障房在满足居住属性的基础上，还具备一系列民生保障和促进社会协调发展的社会职能。根据公共产品的界定，保障房具有准公共产品的性质，这一性质决定了政府作为住房保障体系主要组织者的必然性。从住房公平理论出发，作为住房市场主要参与者之一的房地产开发商，往往以自身利益最大化为经营的主要目标，而将处于边缘地位的人群排斥在外。但这些低收入群体又直接关系公平问题，这进一步决定了由政府承担住房保障主体责任的必要性。

效率主要指配置效率，是在既定经济资源与技术条件下，如果能够为消费者提供最优的产品与服务组合以实现效用最大化，那么就认为经济效率是最高的。基于效率理论，应充分发挥市场配置资源的决定性作用，而在住房保障中也应采取必要的市场化手段，避免政府过度直接干预，从而提高住房保障的运作效率。住房保障效率理论包括宏观效率理论和微观效率理论两方面。住房保障宏观效率理论主要研究住房保障对商品房市场的挤出效应最小化，充分发挥住房保障支出的最大经济效应，从而有效促进经济增长和改善民生，认为若政府住房保障仅仅替代本应由市场提供的等量低价住房，未能有效增加总投资和总供给，则此时住房保障是无效或低效率的（张跃松和连宇，2011）。住房保障微观效率理论，则侧重于研究对微观保障对象采取有效的保障方式等。主流研究认为，为实现同等水平的住房保障效果，运用需求方补贴的效率要高于供给方补贴。需求方补贴的优点是减轻政府的债务负担和额外支出，并给低收入家庭最大自由度去选择住房，缺点是刺激房租上涨、申请补助的高失败率以及难以对住房数量和质量产生影响。因此，尽管自20世纪70年代以来，在新自由主义思想影响下，有偏向需求方政策的趋势，但大多数国家仍然采取混合的保障方式。

国内外学者对此也进行了深入研究，1995年耶迪克（Jaedicke）和范利特（Vliet）对比了30多个国家和地区的公共住房政策，认为在住房市场相对发达的国家和地区以市场为主导更利于解决中低收入家庭住房支付能力不足的问题和提高居民住房福利效应，而在住房市场欠发达地区和转型经济体则采取以政府为主导的手段成效更明显。城镇住房制度改革是要通过市场化体制提高住房生产效率，同时通过住房保障控制过度的贫富分化（Lau，2002；Newman and Harkness，2002；陈钊等，2008）。奥肯（2010）曾在《平等与效率——重大抉择》一书中指出，公平和效率都应受到重视；在二者发生冲突的场合，应当达成妥协。公平与效率，牺牲任何一项，必须以得到更多的另一项为代价。美国哈佛大学哲学教授罗尔斯（2009）在《正义论》一书中提出了如下的公平原则："将社会及经济的不平等加以特别安排，以便使处于劣势者能获得最大的利益，并且使所有的人能获得平等的机会"。城镇住房制度改革是要通过市场化体制提高住房生产效率,同时通过住房保障缓解过度的贫富分化。

(四) 住房梯度消费理论

住房梯度消费理论以过滤论和互换论为基础。该理论认为,住房市场的消费呈现出梯级消费规律。随着社会经济的快速发展与城市化进程的加快,购房者对住房的要求越来越高,新建住房由于品质高、户型结构合理、区位优越吸引着高收入阶层购买,而腾空的住房将由相对低收入家庭迁入,由此住房消费市场形成一条消费链。如果把住房按照价格划分等级,那么不同收入水平消费者的住房消费应当对应相应的等级。1925年巴基斯最早提出"住房过滤"的概念,用于解释芝加哥住房规划布局。而麦克唐纳德将住房市场按照不同等级划分为三个子市场,并提出"三市场过滤模型"理论,在理论上给出了一些解释。该理论包含五个假设:"一是所有住房按照消费质量高低在高等级市场、中等级市场和低等级市场中分布;二是住房消费质量等级与居民的收入呈正相关关系,即高收入者居住在高档住房内,依此类推;三是住房市场自发将不同收入水平的居民分配到相应质量的住房中,并决定合理的房价或租金水平;四是不同等级市场之间没有边界限制,在特定条件下市场中的住房可以相互替代;五是高档住房随着折旧逐渐向低等级市场过滤,直至报废拆毁"。基于该梯度消费理论,在供需基本平衡的住房市场,住房应从增量供给为主(新建或全面改造)逐渐转变为存量住房的转化(局部改造),实现住房的分层供给与梯度消费。

但在社会主义市场经济建设进程中,居民在个人能力和机会等方面存在差异。这会导致其财富以及住房消费的贫富差距,也会形成住房梯度消费的客观结果。高收入群体购买新房或面积较大的住房,享受更舒适的住房空间与配套服务;中等收入阶层根据其收入水平和可支付能力选择面积相对较小的住房或二手房,在住房消费和舒适度等方面低于前一群体;收入较低的群体则只能选择购买小户型的住房或者租赁住房;收入更低的群体难以支付住房成本,需要政府提供一定的住房保障。这种住房供应分层"过滤"体现了市场配置资源具有效率优先、兼顾公平的原则,使住房使用价值被充分利用,最大化消费者效用与生产者利润,同时也降低了住房保障方面的补贴水平(郭玉坤,2006)。政府的住房保障作为市场过滤机制的补充,应致力于处于"过滤机制"之外,对于无法凭借自身能力在低等级市场上获得住房的人群,为其提供保障房满足基本住房需求，同时应尽力避免这种非市场化的干预行为对过滤机制产生影响。

（五）社会排斥理论

住房特征、居住区特征不仅影响居民生活质量，还会影响居民的态度、行为、就业、子女教育等方面。其中以位于城市中的贫民窟最为明显，简陋的居住条件一方面会降低邻近房产的价值，另一方面也会导致吸毒、酗酒、抢劫等犯罪问题，并就此形成社会排斥。

社会排斥（social exclusion）起源于20世纪70年代的法国。自1974年法国学者勒内·勒努瓦（Rene Lenoir）首次提出"社会排斥"的概念以来，这一现象已经成为评定社会公正和社会流动的核心因素。一般来讲，个人或者群体的生活方式会因为社会结构的影响发生改变，此时社会排斥就会被用来衡量由于社会基础性变迁以及社会的快速瓦解而带来的一系列社会问题。而现阶段最主流的含义，则是指某类不幸的人不仅在劳动力市场受排斥，在社会保障领域也无法得到接受。

社会排斥有四个关键特征：一是集中性。社会贫困一般集中在城市的某些特定地区。在这些地区，弱势群体与主流社会相隔离，成为社会排斥的一部分。二是持久性。长期贫困和社会剥夺，将会面临社会排斥。三是混合性。通过"贫困陷阱"或者由于社会服务与住房供给的质量较差强化了社会排斥的持久性。四是僵持性。传统的政策解决方案不再有效，因为福利体系缺乏足够的灵活性进行灵敏反应（Room，1995）。

引起社会排斥的重要因素之一是居住空间。从一般意义来看，居住水平和收入水平正相关。而居住区的层次不同反映了社会分层，就算是在贫民区内部也会出现这种社会分层现象。此后，李（Lee，1995）开始就住房与社会排斥之间的关系展开研究。除此之外，巴尔与哈罗认为，每个社会都具有与自身情况匹配的"住房供给结构"，而这种结构存在强烈的社会排斥性。从深层次来看，商品住房和公共住房之间存在不同的社会排斥方式，商品住房的进入途径是收入和财富，低收入者只能被排斥在外；而公共住房的进入途径是需求和等待的能力（Chen et al.，2014；Verdugo，2015；陈杰等，2015），不同国家之间也存在差异。从发达国家和地区保障房建设的实践看，公共住房小区一般低收入、低学历人群集聚，配套社会服务和社会治安差，形成恶性循环，进一步排斥这些弱势群体接受较好的教育和充分参与社会的机会，造成这些阶层的长期性贫困（Shamsuddin and Vale，2017）。而国内也有学者发现，集中建设保障房将加剧城市居住空间的分异与隔离（宋伟轩，2011）。这种分异与隔离又通过住房的邻里效应降低了人力资本与社会资本积累的可能性（陈宏胜和李志刚，2015）。

（六）可持续发展理论

住房制度的可持续发展理论，是指在满足当代人住房需求的基础上，使后代人对地段区位、居住空间以及舒适度等多元化住房需求仍然可以得到满足，实现跨期协调、高效与公平发展。所谓公平性原则，应包含代内不同阶层之间的横向公平与代际之间的纵向公平。房依地建，而土地资源是有限的，其整体规模是相对固定的，土地资源不可再生。在可以预计的技术发展条件下，整体土地规模不能通过人类的努力无限地增加或减少，人类社会所从事的各项活动只能在有限的土地范围内进行。因而未来的城市居民家庭应与当前城市居民家庭有同样能力获得满足居住需求的资源与环境，即各代人都应有同样选择的机会空间。住房领域的持续性原则是指当前住房所占用的土地资源可以通过更新改造、重复利用，以满足未来居民的住房需求。尽管土地资源具有使用的耐久性，在通常条件下可以永续使用，土地资源不可毁灭，但也要注意到，对某种特定用途的土地而言，存在无法被永续使用的可能。为此，必须牢固树立大局观、长远观、整体观，实现土地集约利用以及城市规划管理的灵活性，使土地资源合理开发利用，保持其在未来调整的空间。所谓共同性原则，即指人类要共同促进自身之间、自身与自然之间的协调，降低住房建设和使用过程中对资源环境的负向影响，特别是促进住房领域的绿色发展，实现与生态环境建设目标的有机统一。

二、总体要求

新时代中国特色住房制度的总体要求：发挥中国特色社会主义制度优势，体现"新时代"特征。

制度规定了一个国家或组织的总体目标和行为规则与规范（燕继荣，2014）。中国特色社会主义制度是党和人民在长期实践中探索形成的一个严密完整的科学制度体系，由根本制度、基本制度和重要制度相互衔接和统筹而成（李泽泉，2019）。其中，根本制度是在中国特色社会主义制度顶层设计中具有整体决定性、全面覆盖性和全局指导性作用的制度；基本制度是对国家经济社会发展等发挥重大影响的制度，是政治与经济发展的基本原则，涵盖多个领域和方面；重要制度由上述两种制度派生而来，是国家治理体系中各领域、各方面、各环节的具体制度，也是直接关系到社会生活、与人民群众切身利益相关的具体制度（如图3-1所示）。

重要制度
- 经济体制
- 社会体制
- 生态文明体制
- 政治体制
- 民生保障体制
- 军事外交制度
- 文化体制
- 法治体系
- 党的建设制度

基本制度
- 基本政治制度
  - 中国共产党领导的多党合作和政治协商制度
  - 民族区域自治制度
  - 基层群众自治制度
- 基本经济制度
  - 公有制为主体、多种所有制共同发展
  - 按劳分配为主体、多种分配方式并存
  - 社会主义市场经济体制

根本制度 中国特色社会主义制度
- 根本领导制度：党的集中统一领导制度和全面领导制度
- 根本政治制度：人民代表大会制度
- 根本文化制度：马克思主义在意识形态领域的指导地位
- 根本社会治理制度：共建共治共享
- 根本军事制度：党对人民军队的绝对领导

图3-1 中国特色社会主义制度体系

党的十九届四中全会将住房制度明确为"覆盖全民的社会保障体系"的重要组成部分，并再次强调"加快建立多主体供给、多渠道保障、租购并举的住房制度"。尽管《中共中央关于坚持和完善中国特色社会主义制度 推进国家治理体系和治理能力现代化重大问题的决定》提及字数不多，但仍体现出党中央对住房这一关乎民生问题的充分重视。结合党的十九大以来历次中央会议精神，可以看出新时代中国特色住房制度建设具有以下两个特点。

一是住房制度建设具有紧迫性。党的十九大以来，中央经济工作会议持续关注住房市场的现实问题，将住房制度建设一贯表述为"加快建立"，凸显出党中央对建立和完善以房地产市场平稳发展长效机制为重点的住房制度改革的重视程度之高。十九届四中全会在对各项制度的建设部署中，进一步明确"抓紧制定国家治理体系和治理能力现代化急需的制度"以及"满足人民对美好生活新期待必备的制度"。在当前房地产市场发展转型的关键时期以及全面建成小康社会的决胜阶段，中国住房制度恰恰是当前急需建立并且改善民生保障的必备制度。

二是住房制度建设具有复杂性。住房制度根植于中国特色社会主义根本制度和基本制度，属于社会经济体制中民生保障制度的重要一环。党的十九大报告在表述住房制度时强调"多主体供给、多渠道保障"，这充分体现了住房制度涉及社会经济的多个领域、方面和环节，具有"牵一发而动全身"的特点。住房制度与根本制度、基本制度和多项重要制度（体制机制等）具有天然的关联关系，因此住房制度建设是一项复杂的系统工程。

结合上述特点，应当明确新时代中国特色住房制度顶层设计与建设推进的总体要求，在制度演变创新中形成一系列中国特色社会主义的理论成果、实践成果与制度成果。

第一，新时代中国特色住房制度应当体现和发挥"中国特色社会主义"的制度优势。制度建设应坚持党的集中、统一、全面领导，以中国特色社会主义科学理论指引；坚持以人民为中心的发展思想，保障社会公平与人民群众的基本民生权利；充分调动社会资源和各参与主体的积极性，"集中力量办大事"；随着实践发展而不断完善制度内容，坚持制度改革创新、与时俱进，在保持发展定力的同时提高创新活力。

第二，新时代中国特色住房制度应当具有鲜明的"新时代"特征，体现总结历史与面向未来的统一。新中国成立70多年来，特别是住房市场化改革以来，住房制度取得显著成效，也走过一些弯路，在此过程中总结的许多宝贵经验做法是符合中国国情特点和市场规律的。新时代中国特色住房制度必须立足于住房领域发展的历史成就，着眼于解决前期留下的问题和困难。同时也应认识到，中国改革开放新时代面临着主要矛盾转变、经济增长速度趋于"新常态"、人口结构变化等新的特点和趋势，现行住房制度存在的系统性缺陷逐渐暴露。这也对住房制度的深化改革提出了新的要求。

第三，新时代中国特色住房制度应当"系统完备、科学规范、运行有效"，立足于民生保障和引导市场良性发展，保障人民群众的基本居住权利，落实"房住不炒"的制度定位。与其他制度应当统筹顶层设计和分层对接，实现密切衔接、充分协调、同步建设，提升住房领域发展的效率、公平和可持续性。此外，住房制度建设还应当部分担负起宏观调控的职能，通过住房制度改革促进区域与城市经济的高质量发展。

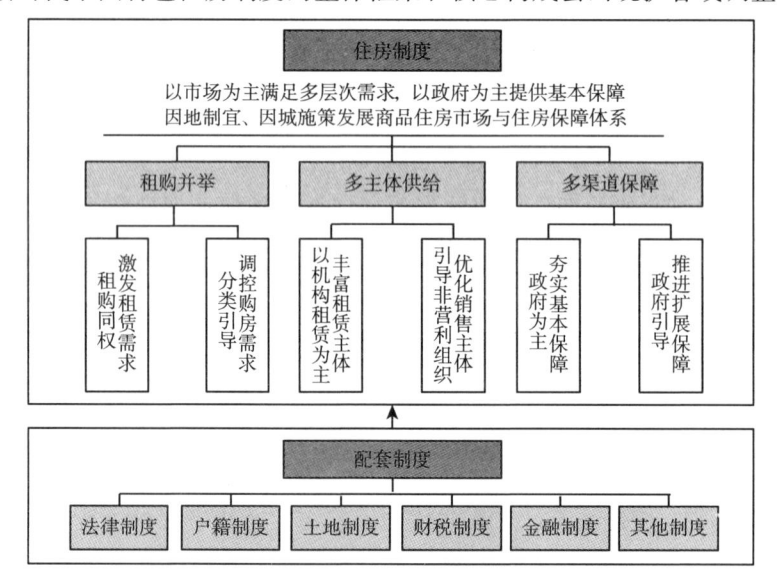

第二节 新时代中国特色住房制度的整体框架与核心构成

新时代中国特色住房制度不是推倒重来建立一套全新的制度，而是继续坚持和巩固经过实践检验的中国特色住房制度，科学把握和正确遵循市场规律，结合当前国情和发展趋势对住房制度进行发展和完善，逐渐形成多主体供给、多渠道保障和租购并举的住房制度。新时代中国特色住房制度既包含以住房本身为主体的基础性制度，也包含土地、金融、财税、法律、行政管理等一系列关联或配套制度（体制），具体内容如图3-2所示。随着实践发展，新时代中国特色住房制度的整体框架和核心构成会出现扩容或调整。

图3-2 新时代中国特色住房制度的整体框架

一、基础性制度

新时代中国特色住房制度的基础性制度：多主体供给，多渠道保障，租购并举的住房制度。

住房制度是以房地产市场为基础，关于住房生产、流通、分配、消费、监管和保障等的基本制度安排。按照党的十九大精神和习近平总书记的系列讲话精神，坚持"房子是用来住的，不是用来炒的"新定位，"多主体供给、多渠道保障、租购并举"是三位一体的制度架构，也是新时代中国特色住房制度的核心内容。其中心目标是通过合理的制度安排，让市场发挥配置住房资源的基础性和决定性作用，更好地发挥政府在住房保障方面的职能与作用，以实现全社会的"住有所居"和居住条件的持续改善（马修文和沈阳，2018）。新时代中国特色住房制度下，应明确"以市场为主满足多层次需求，以政府为主提供基本保障"的政府与市场定位，强调因地制宜、因城施策发展商品住房市场与住房保障体系。

（一）多主体供给

新的住房制度改革目标契合经济体制改革方向，两者之间具有一脉相承的逻辑关系。党的十九大报告指出，"要着力构建市场机制有效、微观主体有活力、宏观调控有度的经济体制"。市场机制有效和微观主体有活力是相辅相成的，"微观主体有活力"是"市场机制有效"的基础。新时代中国特色住房制度中"多主体供给"的内容就是通过培养和培育住房市场多主体，从而形成竞争局面以充分发挥市场在住房资源分配中的决定性作用；通过搞活微观主体，契合居民多层次的住房需求。

住房租赁市场是住房供应体系的重要组成部分，是当前以及未来解决城镇居民住房问题的重要渠道（李克纯，2017）。从住房市场发展实际来看，中国当前更需要加快发展住房租赁市场。针对目前住房市场租购（售）失衡的问题，需要突出加强制度保障、规范发展住房租赁市场，既要提高增量，更要激活存量。而要实现这些路径需要在开发建设与运营管理等环节中，丰富住房租赁市场的供应主体。2019年1月《关于开展中央财政支持住房租赁市场发展试点的通知》下发后，7月确定北京、上海等16个城市试点，并给予奖补资金支持。当前，各试点城市发展住房租赁市场的重点之一是多渠道筹集租赁住房房源，增加稳定小户型租赁住房供给。而机构化、平台化的运作模式（多以长租公寓作为营运主体），在供给端，以与房东签署的长期合同为依据，保证了房源的有效供给；在需求端，改善房屋质量、提高服务水平，以给租赁者提供更好的租住体验。此外，不仅要满足新市民住房需求，也要全面把握住房租赁的多元化需求，采取针对性的住房政策。通过多主体供给、多渠道保障，培育和发展城市住房租赁市场，并重点发展成本型租赁住房（如图3-3所示），以支撑居民特别是低收入群体的基本居住需求（王微等，2018）。但住房租赁市场的发展，尤其要注意租赁住房备案制度与信用系统的绑定，避免出现合同价与成交价有所差别的"阴阳合同"。

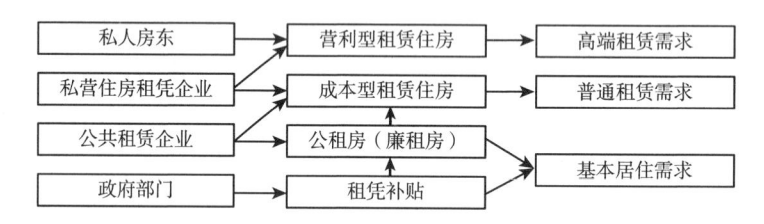

图3-3 住房租赁市场及租赁性保障房供应体系构成

从完善住房供应体系的视角看，中国需要深化发展住房销售市场，坚持"房子是用来住的，不是用来炒的"定位，既要调节增量，也要盘活存量，突出供应主体在住房市场体系优化中的重要作用。在调节增量方面，一方面，需要引导普通商品房开发商增加中小户型住房供应数量，加强分层次的住房市场供应，稳定价格预期，避免售价过快上涨；另一方面，鼓励住房合作社、社会团体等非营利组织加入住房供应中，按照成本销售，增加普通商品住房供应，提高居民的支付能力。在盘活存量方面，完善住房市场交易环节，积极培育专业机构与建立健全商品住房交易平台，引导城镇居民规范交易（如图3-4所示）。

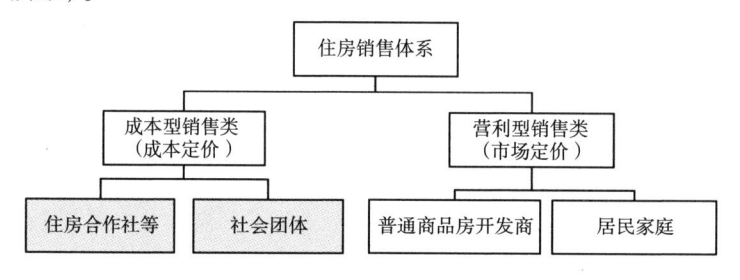

图3-4 住房销售市场参与者优化

（二）多渠道保障

我国住房保障领域暴露的矛盾与问题，可归结为保障范围不充分、保障方式单一。具体来看，一是我国住房保障长期倾向于保障城市户籍中低收入群体，对非户籍中低收入群体的保障力度有限，造成新老市民保障失调。二是保障方式仍以政府主导的实物保障为主，保障方式单一，如公租房、共有产权房的供应。这不仅使老市民中存在"夹心层"，也难以覆盖新市民，形成"悬崖效应"。三是不同区域在保障方式和保障覆盖面上仍然存在"一刀切"的现象，缺乏根据地方经济发展水平与保障对象需求特征的动态调整机制，带来单位投入保障效率低的问题。这些问题的存在已严重影响住房保障体系的运行效率与可持续发展（崔光灿和廖雪婷，2018）。究其原因，一方面是由于经济上财政支持力度有限，而另一方面则是由于社会力量参与住房保障的制度支持不足。因而，夯实政府主导的基本保障与推进政府引导的扩展保障迫在眉睫。

1. 夯实政府主导的基本保障

夯实政府主导的基本保障，其关键在于优化现有住房保障渠道，精准化实物保障与审慎扩大货币保障并行。首先，以"精准理念"完善公租房制度。现行公租房保障方式存在"一刀切"现象，缺乏对保障对象差异化特征和异质性需求的关注，不利于保障效率的提高（程恩富和钟卫华，2011）。为此，可借鉴精准扶贫的做法，把"精准"理念融入公租房保障之中，通过对保障对象实施差异化分类识别、保障标准与保障房源精准匹配以及建设动态监管机制等手段实现"精准保障"，尽可能满足城市中低收入人群的居住需求。低收入家庭的住房困难属于绝对贫困，因此需要提供租赁完全保障，由此来弥补这类家庭的可支付能力与市场基本租金之间的差额；而住房绝对贫困的中等收入以下的家庭（主要为外来稳定就业的技术人才），需要提供租赁轻度保障，以略低于市场价的租金为其提供公租房或对急需引进人才提供适量货币补贴；而住房相对贫困的低收入家庭，则需要支持其购买共有产权房；对住房相对贫困的中等偏下收入家庭，其购买首套住房需要政府提供贴息减税等产权激励支持。其次，细化政府与个人共有产权比例。共有产权住房是从供给端发力，由政府给予支持，推动中低收入家庭通过自身努力逐步拥有住房（陈淑云，2012）。通过对已推行共有产权房城市的观察发现，共有产权份额的确定过于粗略笼统。由于每户家庭的经济状况和家庭负担等情况不一样，实施统一的产权比例不利于满足困难家庭的购房诉求。因而，可根据家庭的特征差异，对共有产权比例的设置进行研究，提供多种可行的产权比例选择方案（姚玲珍和王芳，2017）。

2. 推进政府引导的扩展保障

目前政府主导的住房保障供给主要是小规模深度保障，仍有大量需要保障的住房困难人群被排除在保障之外。为了有效解决新市民、"夹心层"的住房问题，应发展政府引导的大范围适度保障，以解决住房保障中的不平衡、不充分问题。首先，在充分结合我国住房保障现有状况和欧美等国家经验的基础上，一方面，可以考虑利用租房券和补贴住房所有者的形式来提高对新市民的货币化保障；另一方面，建议鼓励各大中城市积极发展产权型住房保障。产权型住房保障在世界各地的住房保障系统中占有重要地位，在保障民众土地权利、降低贫富差距等方面有正面效应。北京、上海在产权型住房保障方面的探索实践为全国大中城市做出了示范，下一步可扩大推广范围。但鉴于京沪两种模式在保障居民住房支付能力方面设计思路的差别，长期来看将形成两种完全不同的区域产权住房市场，即二元市场与一元市场。因此，对相关政策选择的实际运行状况及其成效仍需密切关注。其次，借鉴美国等发达国家的经验，可通过提供建设、运营补贴的方式来借助开发商、国有企业、农村集体经济组织等营利主体与事业单位、非营利机构等非营利主体的力量提供成本型租赁房，推进更多低收入群体实现住有所居。通过政府资金撬动社会力量、激发市场动能，切实利用多元化手段提供更多的保障房源，满足引进人才、新就业大学生和外来务工人员的多样化住房需求。

（三）租购并举

租赁需求不足、购买需求分化明显，是当前住房市场失衡矛盾的主要表现。首先，租赁需求不足是制约我国住房市场发展的重大桎梏，其表现为：一是租购比过低。根据全国第六次（2010年）人口普查数据，我国约有25.8%的城市居民以租赁方式解决住房问题。尽管城市租赁人群规模在扩大，但大部分人将租赁视为临时和次级解决居住的方式，反之将购房视为最佳的居住和投资方式。二是房价租金比失调。根据全球经济数据网公布的《2019年9月中国220个城市房价租金比排名》，220个城市销售价格与租金价格之比均值为435.18。其次，购房需求层面的分化特征体现在需求属性和空间区域两方面的差异：一是投资性需求与自住性需求失调，住房资源在居民群体中的分布极不均匀。随着房价增长，有多套房的富裕家庭越加富裕，无房者购房能力持续下降，"马太效应"持续强化。二是一、二线城市购房投资过旺，房价不断攀升，挤压自住需求，同时住房投资的巨大收益不仅导致住房市场投机盛行，且会带动整个产业资本脱实向虚，流入住房开发和交易市场牟利；而三、四线城市却存在新建商品房滞销、库存积累等现象，系统性金融风险诱发的可能性加大。

引致住房市场需求失衡的因素有多种，有租金上涨压力与房价上涨收益驱动的经济原因；有租户权益保障不力、"租购不同权"等方面的制度因素；更有"有土斯有财"的社会文化原因（Brown and Lafrance，2013；刘洪玉，2017）。此外，伴随着中国社会经济的快速变化，越来越多的青壮劳动力从农村流向城市、从欠发达地区流向发达地区，造成人口结构发生重大变化，使这些地区住房市场的供求关系愈加紧张（Lauf et al.，2012）。

"租购并举"是新时代住房制度的核心构成之一。根据上述分析，当前重点应从需求端入手，激发租赁需求与调控购房需求并重。就激发租赁需求而言，一是夯实保障性租赁，进一步优化实物公租房选址区位，增强租赁货币补贴使用的灵活性，满足被保障对象的差异性需求。二是积极发展市场性租赁，从需求层面而言，可通过租金抵税政策、设置租金上涨限制等解决经济原因；通过社会舆论导向扭转租赁歧视论。其核心在于解决制度桎梏，推行"租购同权"。就调控购房需求而言，可通过金融支持和财税激励，支持原有居民的自住和改善需求以及外来新居民合理的自住购买需求，政策设计上注重将优惠政策与就业、教育培训政策相结合，促进居民自身素质与能力提高以增强购房能力。一、二线城市调控的另一重心在于通过紧缩信贷、惩罚性财税政策及市场管制政策相结合，遏制投机需求。三、四线城市适度支持住房投资需求，对居民投资住房出租的，给予税收减免。其核心在于因城施策、分类引导。同时，也要注重合理区别住房投资与投机行为，适当鼓励住房投资行为，严厉打击住房投机行为（Woo et al.，2016）。

二、配套性制度

新时代中国特色住房制度的配套性制度：法律、户籍、土地、财税、金融等制度系统性支撑。

住房制度要充分发挥作用，需要配套法律制度、户籍制度、土地制度、财税制度、金融制度等加以支撑。具体而言，通过法律制度，完善法制健全、执法严格的市场管理；通过户籍制度，实现新老市民共享公共资源；建立人地挂钩的土地供应体制、差别化的税收政策、扶抑结合的货币政策等促进住房供应体系的优化，稳定预期，落实规划。此外，还需借助互联网和大数据技术，建立定期普查、动态信息更新的数据系统，以便及时应对市场异常波动，做出科学决策。

（一）法律制度

法律是指国家用来规范各方管理的措施。法律制度能否落实到位，决定性因素不在于执行力度，而是法律制度能否适应国情，以及是否具有执行的可行性。事实上，法律制度是房地产市场长效机制建设的重要基础和保障。住房制度的有效运行亟须加快构建完善具有统一性、权威性、协调性的房地产法律体系，强化法律制度建设对住房政策实施的制度保障。法律制度的构建需遵循以下基本思路：一是建立系统完备的住房市场法律体系框架。在现有一系列法规或政策规章的基础上，统筹协调各类法规和政策规章的核心目标，实现整个体系的系统性和完备性。二是出台系统权威的住房法律，强调住房法律制度的权威性和严肃性，并针对不同市场和相应主体，构建形成多层次的法律法规和政策规章，明确调控的长期导向。三是形成强有力的法律监督和执法机制，统一中央和地方各类法律法规和规章制度，进一步明确住房开发、交易、中介服务、物业管理等各个环节的法律监督机制，对住房市场各类失信行为进行约束和监管。

（二）户籍制度

户籍制度是中国特色的社会治理制度，在城市与社区管理中曾发挥重要的积极作用。然而，在相当长的时期内，由于地方政府在户籍改革中的强干预性，户籍制度改革呈现出"碎片化"特征（王清，2015）。由此引发的日益复杂的政治经济现象，加剧了中国城乡二元分割，也导致不同户籍的居民权利存在分化，这也是导致地区之间、城乡之间发展不平衡不充分的内在原因。2019年4月8日，国家发改委印发的《2019年新型城镇化建设重点任务》明确提出，要推动已在城镇就业的农业转移人口落户，"继续加大户籍制度改革力度，在此前城区常住人口100万人以下的中小城市和小城镇已陆续取消落户限制的基础上，城区常住人口 100 万至 300 万人的大城市要全面取消落户限制；城区常住人口 300 万至 500 万人的大城市要全面放开放宽落户条件，并全面取消重点群体落户限制"。户籍制度的进一步深化改革又被提上日程。户籍制度改革的政策设计应更加注重统筹户籍利益差别，通过放宽城市落户条件、全面实行居住证等方式，促进新市民和老市民共享住房相关的城市公共服务，逐步推进户籍制度趋向"一元化"，真正实现居住地公共服务的均衡化和普惠化，增强流动人口住房需求的获得感与幸福感。在当前阶段，应积极进行教育医疗资源分配的配套改革，逐步优化农村基础教育学校布局，建立城乡教育联合体，推动城乡校长教师轮岗交流，提高农村基础教育整体水平（冯皓和陆铭，2010）；建立标准体系，统筹推进城乡公共服务一体化发展，提升农村基本公共服务水平，促进公共服务共享，全面提升公共服务供给能力与质量，保障居民的基本公共服务需求。

（三）土地制度

土地是住房市场发展的核心要素，土地制度对住房制度的有效运行具有直接的决定性作用（Tan et al., 2019）。土地制度是关于土地所有、占有、支配和使用诸方面的原则、方式、手段和界限等政策、法律规范和制度的体系，反映人与人、人与地之间关系，体现土地的经济关系。其基本目标是保证土地资源的合理分配和有效使用。土地制度涉及土地所有制、土地利用、国土资源规划、耕地保护、土地征用、财政税收以及资源管理等多重内容。我国以社会主义土地公有制为基础和核心的土地制度，也包含上述主要内容。在落实"租购并举"方面，应持续创新土地出让模式，遵循人地挂钩、土地供应与库存挂钩的原则，形成"功能—产业—人口—土地"土地调控逻辑链条，通过土地制度的改革和完善，以集体土地入市、工业用地转性和租赁住房用地专项供应等方式增加租赁住房用地入市，协调和优化住房租购市场的平衡，盘活闲置土地与低效用地。

（四）财税制度

财税体制在治国安邦中始终发挥着基础性、制度性、保障性作用。2014 年中共中央政治局审议通过的《深化财税体制改革总体方案》，明确深化财税体制改革的目标是"建立现代财政制度"。党的十九大报告进一步指出，"加快建立现代财政制度，建立权责清晰、财力协调、区域均衡的中央和地方财政关系。建立全面规范透明、标准科学、约束有力的预算制度,全面实施绩效管理。深化税收制度改革,健全地方税体系"。

随着城镇化进程的加快和房地产市场的快速扩张,我国地方政府的土地财政有愈演愈烈之势。土地出让金在地方政府财政收入中占比过高,甚至是个别地方政府最主要的收入来源,这无疑将影响地方政府在落实住房制度及住房市场长效机制建设方面的积极性。为此,财税制度改革首先要解决的是降低地方政府对土地财政的依赖程度,从根本上调整经济发展思路,放弃对土地财政的"饮鸩止渴"。加快改革财税体制,使中央和地方财力与事权相匹配;依法规范土地流转收入,通过税收等政策解决土地暴利问题;培育和建立地方税体系,为公共服务和城镇化提供资金支持。其次要深化住房财税制度改革,促进住房建设和住房合理消费,提高财税收入可持续性。当前房地产税制结构重流通、轻保有,建议减轻流通环节征税,开征房地产税,做到总体税负不增或稳中有降(李梅等,2018)。

(五)金融制度

金融制度是采用法律形式建立的统一金融体系,以及组成这一体系包括银行在内的各类金融机构之间的分工联系。住房金融制度按照经济目的可分为商业性住房金融制度和政策性住房金融制度。商业性住房金融制度是各国住房金融制度的主体部分,主要有建房互助会/储贷协会、合同储蓄、专业抵押贷款银行、商业银行等四类主流的制度模式。

在我国,商业性住房金融以商业银行、信用社为主,合作性住房金融相对较少,除了曾经存在的烟台住房储蓄银行和蚌埠住房储蓄银行,只有2004年由中国建设银行和德国施威比豪尔住房储蓄银行在天津试点开办的中德住房储蓄银行。当前住房金融制度优化和完善的重点应是防止商品房市场过度金融化,加强对居民部门自住型住房需求的支持,提高多套商品房购买者的贷款门槛和成本,防止居民的杠杆率过度上升(张雅淋等,2019)。对企业部门,亟须把好金融流动性进入房地产市场的闸门,落实企业资金来源良性化,满足房地产企业合理融资需求;同时,加强房地产市场信贷资金使用和流向监管,防止企业资金过度流向房地产。

就政策性住房金融而言,美国具有一个比较完善的体系。其突出特征是,政府一般不直接参与住房贷款或住房建设,而是建立若干专门从事住宅金融服务的政府机构或"政府特许机构"(Government Sponsored Entity,GSE),

在住房抵押贷款一级市场上通过为中低收入者提供担保或保险而起到增补信用的功能，在二级市场上通过贷款购买、证券化等方式提高住房抵押贷款的流动性，从而引导市场来实现政府的住房政策或保障目标（刘丽巍和季晓旭，2014）。住房公积金制度是一种标准的政策性住房金融体系。自1991年在上海试点之后，逐步在全国层面推广，已具有中国特色，且取得较大成效，但公积金的政策性效能仍有待继续强化。为此，建议：一是可以住房公积金制度为核心，专业开展公积金按揭贷款，针对流动人口的特点，规范和简化非户籍缴存职工提取使用手续，建立统一高效、权责明晰、高效顺畅的管理体系，适度扩展公积金使用范围；二是鼓励国有企业等以此作为住房建设的主要融资渠道之一，降低企业住房建设的融资成本，规定通过该种方式进行融资的企业在进行房地产开发时，配建一定比例的租赁住房。

（六）其他制度

与时俱进的住房制度改革还有赖于信息和数据的有效支撑。对此，应着力建设真实准确、全国覆盖、互联互通、标准统一的房地产综合信息平台，促进住房供需双方的信息对称。不仅如此，综合运用传统线下数据以及互联网时代大数据分析技术，促进市场交易、价格等信息的透明公开，在保障居民住房消费权益方面有重要意义，也能够为科学有效的住房市场调控决策提供信息保障。

与此同时，互联网技术的发展让"技术+商业"的融合得到空前发展。加上日趋成熟的商业模式和环境，使得这些网络新兴技术不断嵌入房地产市场行为中，传统的房产服务行业在产品、服务上越来越完善，也促进了市场的高效、便捷运行。随着互联网对房地产服务改造的不断深化，很多环节都已经或即将被重构。以链家为例，从2008年开始建立的"楼盘字典"，让真房源的保障逐渐被落实。同时，房产服务企业通过大数据呈现的"用户画像"，也可以更清晰地了解用户需求，为其匹配更精确的住房服务，让整个行业趋向良性发展。另外，在房地产市场监管方面，近年来，杭州等城市突破原有监管服务模式，升级房产交易市场的监管手段，建立了"住房交易监管服务平台"，充分运用互联网技术，整合行业大数据，实现了市区全覆盖，促进了房地产经纪行业的规范经营、诚信服务和二手房市场的信息对称、体验提升，受到了社会各界的高度关注和广大市民的一致好评，并得到住建部的大力推广。以自如、蛋壳为代表的大型长租公寓企业也开始将住房租赁、居家清洁、搬迁等综合服务系统置于线上进行。因此,有必要配套互联网住房交易与信息管理制度,促进因地制宜、因城而异的市场秩序规范化,并实现人—地—房挂钩、所有关系与租赁关系明晰,保障市场交易行为的有序进行。

第四章　新时代中国特色住房制度的改革思路与运行保障

新时代中国特色住房制度的改革最终要引导供给与需求，适应市场规模与结构变化，回归住房基本的居住属性这一"初心"，牢记确保住房市场平稳健康发展、住房保障覆盖精准到位的"使命"，通过从短期到中长期渐进性改革来实现。短期内通过一系列阶段性的行政调控措施，从"满足人民对美好生活的向往"出发，按照"政府市场双到位、商品房保障房双轨并行、供给需求两侧双激活"框架，逐步化解住房领域供需不匹配、租售不平衡、保障不到位、配套制度不完善等结构性矛盾，中长期以建立和完善住房市场长效机制为目标。近期，建议应以力度不减、因城施策、分层分类为原则，实施精准调控，并将制度改革转化为治理效能。

第一节　新时代中国特色住房制度的改革思路

一、引导供给与需求：推进住房供给侧结构性改革，重塑梯度消费观念

创新调控思路，推进住房供给侧结构性改革。把党的十九大提出的"满足人民对美好生活向往"作为出发点和落脚点，将调控目标由稳价格转变为满足人民对住房改善的需要，从当前抑制供给需求发展为激发多主体实现有效供给，以契合多元化、合理的住房需求。住房市场供应结构与实际需求不匹配主要体现在两方面：一方面，房型设计配比不合理。在新增住房供给中，大户型占多数，小户型供应不足，且价格偏高。而现阶段购房群体多为年轻家庭，其住房或租房更倾向于节约居住。需求端数据显示，租赁交易和首套房交易仍以一室和二室户型为主,大户型住房交易占比不到10%。另一方面,区位选择不匹配。城市在扩展过程中,逐渐疏解中心城区人口,居住社区将越来越多地规划到城市外围,是普遍规律。但一般而言,社区越成熟,租赁需求越活跃。供应与需求的区位不匹配,容易造成职住分离。因此,应增加小户型住房供应,尤其是在住房租赁市场,但是租赁房不能只做低配,高、中、低三个档次都要契合。在区位选择上,应适当考虑租房群体与购房群体的区域性需求差异。租房群体对靠近市中心区域的需求更大,这主要与城市公共交通集中于中心区域,而租房群体日常出行更加依赖公共交通有关。因而,在住房产品区位的供给上,可考虑适当在靠近市中心区域的地方增加租赁住房的供给（Sun et al., 2011；孙聪等,2019）。

精准把握居民需求特征,逐步引导居住理念转变,重塑住房梯度消费观念。如前所述,住房梯度消费理论认为,住房市场的消费呈现出梯级消费规律。当前,我国新市民居住问题日益突出,其自主改善居住环境的能力较低、可承受的低价位房源较少。房价的快速上涨引领租金的快速上升。加之,"城中村"等农民工聚居地改造的加速,加剧了进城务工人员在就业市场附近寻找合适房源的难度,从另一个层面降低了其住房可承受能力（郑思齐,2010）。于是,越来越多的人面临住房困难。同时,公积金制度、包含公租房制度在内的住房保障体制等也将这些新市民排除在外,尤其对于农民工。这有悖于"以人为本"新型城镇化的发展要求。在此背景下,居民住房消费需求的引导需以市场化手段为主、以住房保障为辅,促进梯度消费,重点解决大部分新市民的住房问题。其中,新市民中的高收入群体可以通过市场手段自主解决住房问题,政府应采用扩大公积金适用范围等方式实施广义保障。而对于新市民中的中低收入群体,地方政府应将其纳入住房保障规划体系,中央住房保障补助资金也应给予相应的配套支持（郑思齐等,2009）。与此同时,适当放慢城市旧房的拆迁速度,充分利用城市旧房和正规小产权房,为农民工提供过渡性住宅,也可考虑培育保障房二级市场,盘活错配、闲置住房,加强保障房的循环利用。

二、转变调控理念：从"价格型调控"转向"发展型调控"

当前,市场化背景下的房地产业调控机制以供给和需求为调控对象,以土地、财税、金融等政策为主要调控手段,以稳地价为前提、稳房价为结果,历经20年的市场化调控探索，住房市场总体上趋于平稳发展。调控机制具有一定综合性和系统性，但重短期、轻长远，分类与精准调控不足。各地调控政策大多注重短期目标，力求效果立竿见影。例如，部分城市通过取消个人住房贷款优惠利率、提高首付款比例以及开征差别化营业税的方式来抑制房价上涨，取得一定效果（唐旭君和姚玲珍，2012）。再如，一些大城市通过户籍限制购房行为，如规定非本地户籍居民购房须连续缴纳个税及社保达到一定年限，对拥有一套住房居民家庭再次购买自住房设置首付款比例限制，并要求购房人在申请贷款时承诺首付款为自有资金等。政策短期效应非常明显，在该项政策发布一段时期内，部分楼市确实出现"量价齐跌"的状态，开发商也纷纷加快推盘节奏。这种情况屡见不鲜，但尚未建立一套能够维持长期稳定发展的政策机制。

与此同时，当前各项调控手段宏观目标明确，但在具体领域却缺乏较为准确的制度规定。一方面，在市场分类上，目前所有调控手段大多是针对住房销售市场而言，对租赁市场特别是对长租公寓市场发展的规范与激励不够；在如何运用大数据加强对住房租赁线上交易的管理和调控方面，也非常滞后。另一方面，在精准调控上，限购、限贷、首付比例等内容在众多文件中均有所涉及，但在市场实际运行过程中，精准调控的水平尚待提高。

为了适应新时代背景、新常态宏观经济发展形势，住房市场调控应从价格型调控向发展型调控转变。从当前以稳地价为前提、稳房价为结果的住房政策，逐渐过渡为以"稳地价、稳房价、稳预期"这一根本意义上的调控。同时从"不以房地产作为短期刺激经济手段"，逐步转向房地产业"去支柱化"，摆脱政府对土地财政的高度依赖，从购房者的"房住不炒"发展为全产业链的"房住不炒"。具体而言，以行政调控手段为主逐渐转变为市场、行政协调的综合措施，调控手段要越发"适度"，政策应保持稳定性和延续性，对政策效果进行科学全面的后评估与经验总结。在坚持因城施策的同时，促进住房调控在都市圈、城市群范围内统筹，以及成功经验做法的相互借鉴。聚焦我国住房发展目标，并与新时代住房保障历史使命结合起来，根据居民住房诉求和政府财力，探索形成符合中国国情、治理特点以及市场特征，"行得通、真管用、有效率、可推广"且集成住房、法律、户籍、土地、财税、金融等方面的政策工具箱。

三、明确发展方向：从"粗放式增长"转向"精细化治理"

调整和完善政府在住房领域的职能责任，扭转目前政府在市场调控和保障环节的"错位""越位""缺位"局面，明确政府与市场的边界，使不同主体各归其位。从"粗放式增长"模式转变为"精细化治理"模式，规范住房市场秩序，落实住房保障精准到位，使住房制度治理精细化。让"政府做政府该做的事情，让市场做市场该做的事情，让企业做企业该做的事情"。

中国住房制度在经历了从福利化到市场化的变革后，未来住房领域发展应当避免过度市场化或资产化。制度建设应符合国情，适应人口与劳动力结构的长期变化，与时俱进推动住房制度改革，最终实现市场化与福利化的平衡。作为住房供应体系中的重要一环，市场应在住房资源分配中起到决定性的作用。以市场为主导的商品住房供应，应进一步考虑不同群体对住房特征的需求特点，提供增量住房产品或挖掘潜在的租售住房供给源。由于良好的地段和邻里设施条件已反映在房价中（Oates，1969；Richard，1993；程亚鹏，2017），与租房者倾向于市中心和生活设施配套较好的地段相比，多数投资者会偏好待开发的地段。因而，就租赁住房供给而言，供给主体更应注重借助城市更新改造的机会盘活存量住房资源。例如，市中心的老旧社区建成年代较久远，居住空间狭小，居住舒适度往往偏低，但其周边生活休闲设施和公共交通设施通常较好。这些特点与租房者的住房需求特征存在较多契合点，说明老旧社区具备成为租赁住房供应来源的潜力。对此，可考虑设计合理的机制，妥善安置老旧社区原住居民的住所，将经过基本改造的老旧住房提供给部分住房困难家庭短期租赁使用，满足其基本居住生活需求，并通过长期更新改造形成新的租赁住房社区。

当前我国城镇住房保障标准基本适度，宏观层面后续扩容能力有限，微观层面则需分层分类实施精准保障。鉴于经济下行等因素，作为住房保障的主体担当，政府部门应在以下三个方面进一步加强。一是严格保障对象。继续在当前保障范围的目标边界中实现对中低收入且住房困难的城镇常住家庭的覆盖。二是保障基本居住水平。从住房困难程度出发，优先保障基本租赁需求，其次支持其购房需求。转变以户籍作为住房保障优先条件的思想，从包容性增长和保障无歧视的理念出发，沿着户籍中低收入居民租赁保障——常住中低收入居民租赁保障——户籍中低收入居民购房保障——常住中低收入居民购房保障的路线，稳步解决。三是分类精准保障。对住房绝对贫困的低收入家庭，提供租赁完全保障，补足其可支付能力与市场基本租金之间的差额；对中等偏下收入的住房绝对贫困家庭（主要为外来稳定就业的技术人才），提供租赁轻度保障，以略低于市场租金水平提供公租房或对急需引进人才提供适量货币补贴；对住房相对贫困的低收入家庭，支持其购买共有产权房；对住房相对贫困的中等偏下收入家庭，对其购买首套住房给予贴息减税等产权激励支持。

第二节 新时代中国特色住房制度的实现路径

一、短期：行政调控不放松，为长效机制建设预留时间窗口期

基础性住房制度及其关联与配套制度的改革规模涉及面广，内容复杂，不能一蹴而就。面对住房领域供需不匹配、租售不平衡、保障不到位、配套制度不完善等结构性问题，现阶段仍需通过一系列短期的、阶段性的行政调控手段，从"满足人民对美好生活的向往"出发，按照"政府市场双到位、商品房保障房双轨并行、供给需求两侧双激活"框架，坚决落实"房住不炒"，为住房领域长效机制建设预留重要的时间窗口期。各地应坚持调控力度不减，继续以因城施策、分层分类调控的方式，努力实现精准调控。

（一）推进供给侧结构性改革，解决供需不匹配问题

一是建立和形成土地市场多元供给的竞争机制，落实人地挂钩政策，合理增加土地供应，化解局部热点城市压力和三线、四线城市的库存压力，并构建合理的土地定价机制。二是构建和完善以公租房、共有产权住房和商品住房为主的供应体系，分层次满足城市低保、低收入家庭、外来务工人员、中等偏下收入家庭、刚需家庭、新就业职工和改善型住房需求等。同时，积极实施人才优先发展战略，鼓励各地制定出台"加强大学毕业生安居保障实施意见"等特殊优惠政策，促进新市民在城市安家落户。三是合理运用"限购、限贷、限售、限价、限土拍、限商改住"的"六限"调控措施，刚需优先，坚决抑制投资投机性购房行为，引导合理住房消费。重点加大房地产开发企业和房地产中介机构发布虚假信息、恶意炒作、哄抬房价、捂盘惜售等

违法违规行为查处力度。四是契合多样化的需求差异，优化供给产品，满足居民从"有房住"向"住好房""住得绿色""住得健康"的需求转变。继续紧紧围绕中央"稳地价、稳房价、稳预期"调控目标，突出房地产业"改善民生、改善人居"方面的重要作用，实现"住有所居""住有宜居"。

（二）加快补齐住房租赁短板，解决租售不平衡问题，满足新市民居住需求

首先，在人口流入量大、住房价格高的特大城市和大城市，积极增加租赁房源供应。在总结试点经验基础上，可采取集体土地新建、国有土地新建、非居住房产改建三种模式。集体土地新建需加强规划引导和项目监测，严防变相转化为小产权房；国有土地新建应以配建取代集中新建；非居住房产改建重点在于发展机构租赁。目前我国机构租赁仅占2%，远低于美国、日本的30%和80%，亟须突破政策、资金两大瓶颈。针对不同类型的集中式公寓企业，分别鼓励以下两种方式的直接融资：持有出租房屋产权的房地产租赁企业即重资产租赁企业，发行房地产投资信托基金（REITs）；而无房屋产权的租赁企业即轻资产租赁企业，则适合发行资产证券化（ABS）产品。

其次，采用差异税制，引导合理购房需求。根据加快培育和发展住房租赁市场的要求，按照住房租赁的场景，全面梳理住房租赁税收体系，避免重复征税，提高征收效率。同时，进一步降低租赁市场中各类主体的税负。

（三）加快解决中低收入群体住房困难，解决保障不到位问题

将解决中低收入群体住房困难作为包容性"人民城市"建设的中心任务，明确以下三个基本点：一是关于中国特色的城镇住房保障功能定位、覆盖范围和发展模式。"市场经济体制下的社会型住房保障"是其功能定位，覆盖范围可从保障的广度与深度两个维度考量，而支付能力是覆盖深度的确定依据。住房保障的发展模式，必须以保障居住需求为导向，考虑政府保障能力和区域住房市场供求状况，将确保商品住房市场价格平稳和保持市场效率作为前提，从政府与市场、增量与存量、实物与货币、配租与配售四个维度进行系统安排。二是关于责任主体。政府是住房保障的责任主体，但央地政府须分工协作、社会力量须充分发挥。由于地区不同和财政收支在各级地方政府之间的差异，须遵循"央地协同、分级管理、属地负责"的原则，使财权与事权达到一致、将中央与地方政府联合工作机制的责任界定清楚。同

时，可考虑通过PPP、合作建房等模式充分发挥社会力量的作用，尤其在住房供求基本均衡的城市，政府必须从"主导"转为"引导"。三是关于如何认定保障对象。须统筹考虑住房贫困和支付能力不足两个因素。我国城镇居民住房保障目标就是消除住房绝对贫困、缓解住房相对贫困。测算表明，参照城镇居民住房租赁支付能力和住房消费收入比不高于25%的国际标准，我国租赁补贴对象的收入准入线约等于地区低收入标准；根据城镇居民住房购买支付能力和房价收入比6倍的国际标准，我国购房支持对象的收入准入线约等于地区中等收入标准（姚玲珍等，2017）。而在一类和部分二类城市[①]，住房价格偏高，可适当提高收入准入线。财产准入线则以家庭所持财产可支付该家庭5年的租房开支为基本思想进行设计。

值得注意的是，住房保障供给体系应以发挥市场效能、建立动态调整机制为原则，理想模式为以货币补贴为主、实物补贴为辅，租购并举；现阶段则以租为主，未来随着政府保障压力的缓和，再逐步提高产权保障的比重（姚玲珍和王芳，2017）。

（四）加强组织建设，推进制度建设和落实

针对配套制度不完善问题，近期可考虑成立房改领导小组，下设不同职能部门，对相关问题进行统筹协调和安排。重点考虑解决以下三个方面的问题：一是监督监管房地产市场乱象，重点关注热点城市、潜在热点城市、热点周边城市，对于工作不力、市场波动较大、未能实现调控目标的地方，予以约谈问责，从而不断提高住房市场的法制化管理水平。二是从"银根"入手，支持"住"、抑制"炒"，采用稳健的房地产投融资政策，以微观信贷政策支持合理自住购房，严格限制信贷流向投资投机性购房，同时配套合理的财税政策，减少刚需住房的税费。三是对一些利用高杠杆开展经营活动的大型房地产企业加强融资监管和风险监控，有效把控企业资产负债率与负债规模。

短期内住房领域结构性矛盾应通过行政调控手段予以化解。在各项调控

[①] 从供给水平、需求特征和保障能力三个层面，此处对我国35个重点城市的城镇住房保障适用性水平进行聚类分析，并将重点城市划分为三类。其中，一类城市为深圳、上海、北京、厦门；二类Ⅰ城市为天津、杭州、大连、宁波、南京、武汉、青岛、乌鲁木齐、沈阳、广州、长春、郑州、长沙；二类Ⅱ城市为济南、贵阳、昆明、银川、成都、呼和浩特、福州、西安、南昌、合肥、重庆、太原；三类城市为海口、兰州、哈尔滨、南宁、西宁、石家庄。

政策执行过程中，也要坚持因地制宜、综合施策、长短结合、标本兼治，把"稳地价、稳房价、稳预期"的责任落到实处，制定住房发展规划，提出具体的调控措施，加强供需双向调节，强化舆论引导和预期管理，确保市场稳定。

二、中长期：建立基础性制度，强化治理能力现代化建设

住房的基础性制度应是使制度能够长期运行并发挥预期功能的制度体系和运行机制，更加重视政策稳定性、连续性和可预期性。相应的调控机制应是指有利于中国城镇化长期发展、人口合理聚集以及空间分布的机制，有利于住房市场供求、短期均衡和长期均衡不断趋近的机制，具有更强的治理能力现代化的制度。从这个意义上来讲，建立和完善住房市场长效机制是必然要求。2010年，国务院首次提出"加快建立促进房地产市场健康发展的长效机制"；2013年"长效机制"被写入政府工作报告；2016年12月，中央经济工作会议强调，要坚持"房子是用来住的，不是用来炒的"的定位，综合运用金融、土地、财税、投资、立法等手段，加快研究建立符合国情、适应市场规律的基础性制度和长效机制（吴桂兴和张婧，2019）；2017年4月25日，中共中央政治局会议提出，"要加快形成促进房地产市场稳定发展的长效机制"；同年10月18日，党的十九大再次强调"房住不炒"的定位。"长效机制"成为房地产市场发展的重要目标和落脚点。

推进基础性住房制度，强化治理能力现代化建设，同时完善住房领域的长效机制建设，需要准确把握新常态下该市场运行的新特征和新趋势，厘清主要问题和矛盾。这是一项系统工程，仅从一方面出发很难解决根本问题，需要遵循市场运行规律，将中央政府、地方政府、购房者、开发商和商业银行等多元利益群体纳入有序框架，综合经济、社会、法律等各领域的机制体制建设，相互配合，协同发力，从根本上化解中国住房市场的脆弱性，以促进住房市场的可持续发展。机制构建需要从需求出发、由供给来适应、用手段来保证。基于法律所具有的规范性、强制性、稳定性和长期性特点，决定了建立基础性住房制度和强化治理能力现代化的核心在于法律保障。但法律的滞后性和房地产市场复杂性、多样性之间的矛盾，加上市场信息的不对称，又决定了还应当配合协调经济手段和行政手段，完善和改进房地产税、推进城乡户籍和土地制度综合性改革等内容。

在此过程中，必须要清楚地认识到，实现"全体人民住有所居"这一目标要求，需要将制度建设作为一项具有全局性、战略性的重大改革来加以推进，依靠市场和保障两大体系的协同配合，在设定其目标时，要有清晰的边界，防止长效机制承担过多而不堪重负。同时，现有调控体系中有益的内容也应包含在其中，而并非是隔离在现有的调控体系之外。两者之间存在如下三点区别：一是基础性制度将更着力于通过市场机制来发挥政策作用；二是通过立法等手段，将更具有基础性地位；三是将从相机抉择走向稳定规则，通过明确的规则来引导和稳定市场的预期。因此，其目标将更具有全局性、战略性，与其他制度改革之间将具有更强的关联性。

总而言之，建立基础性制度，强化治理能力现代化建设是一项系统性、全局性工程，需要多方共同发力，特别要在住房政策、土地政策和货币政策等方面进行全方位改革。在当前宏观经济形势下，必须坚持以总量均衡、结构协调、价格合理为目标，以增加有效供给为抓手，形成市场机制有效、微观主体有力、宏观调控有度的运行体制，推进住房供给侧结构性改革，重点发展租赁市场，切实落实租购并举。通过建立起一套能够自动稳定房地产市场价格的制度，提高房地产市场韧性，从而为房地产市场泡沫及相关金融风险的化解、实体经济的振兴以及人民居住条件和福祉水平的改善创造有利的条件。

第三节　新时代中国特色住房制度的运行保障

一、思想保障：相关利益主体提高站位，达成共识

实践证明，中国特色社会主义制度和国家治理体系是以马克思主义作为指导思想、植根于中国广袤大地、具有深厚中华文化根基、深得人民拥护的制度和治理体系，已体现出"中国特色"，具有强大的生命力和巨大的优越性。面对未来的诸多不确定性，中国特色社会主义制度和国家治理体系仍可以持续推动我国经济进步和发展，确保实现"两个一百年"奋斗目标进而实现伟大复兴。新中国成立 70 年来，我们党经过住房制度的一系列改革和探索，已取得巨大成就，人民居住条件已得到显著改善，人均住房面积显著提高。这从根本上离不开中国特色社会主义制度和国家治理体系。

新时代中国特色住房制度应具有时代特征和中国特色。直面当前群众对美好居住生活的向往，充分体现和发挥"中国特色社会主义"的制度优势，体现鲜明的"新时代"特征。新时代中国特色住房制度的建立和推进需要政府、市场等多方利益主体协同配合，这就要求各相关利益主体强化认知、达成共识。坚持党的全面领导，不断完善国家治理体系、提升治理能力，使中国之治不断跃上新台阶，让新时代中国特色住房制度优势更加充分发挥，早日实现"全体人民住有所居"。

二、组织保障：央地政府统筹协调，社会组织广泛参与

（一）中央政府

中央政府，是最高国家行政机关，与地方政府相对。负责统一领导全国的行政工作，集中掌握国家的立法、国防、外交、财政、内政等行政职权。在我国，中央政府又称"国务院"或"中央人民政府"。政府职能体现着公共行政活动的基本内容和方向，是公共行政本质的反映，具体包含政治职能、经济职能、社会职能、文化职能等多方面。在我国社会主义市场经济体制中，政府承担的经济职能包含三方面：一是宏观调控职能，即政府采取各类政策措施以特定发展目标对宏观经济运行进行调控；二是提供公共产品和服务职能，即政府通过政府管理、制定产业政策、计划指导、就业规划等方式对整个国民经济实行间接控制；三是市场监管职能，即政府为确保市场运行畅通、保证公平竞争和公平交易、维护企业合法权益而对企业和市场所进行的管理和监督。契合其职能，依据新常态的时代背景和国家转型发展的战略需求，中央政府在住房市场中应承担以下三种角色，首先，应作为弥补住房市场失灵的核心主体，推动市场更好地发挥配置住房资源的作用。其次，制定住房制度改革的总体目标和基本内容，并确定金融、财税等各项配套制度的核心。最后，全面规划，统筹安排，兼顾长期与阶段性目标，加快推进住房制度改革。

在住房制度改革过程中，建议：一是设立中央住房制度改革领导小组，统筹安排、分类指导，在全面推进住房制度改革的基础上，重点关注一线城市的住房制度改革成效。二是设立跨部门的协调机构（银行、其他政府部门等），会同有关部门，及时总结经验，不断完善政策规定和配套措施。三是构建跨城市的协调机制，建立资源共享、信息互通、工作联动的机制，打破

地区分割、各自为政的弊病，实现政府各类资源整合、功能聚合、措施综合；同时，形成纵向贯通的治理体系，上层统筹有力、中层运行高效、基层做实做强，提高及时响应、精准施策的能力。四是充分运用决策研究机构与高校智囊团，针对改革过程中出现的偏差进行科学评估和趋势预判，以便及时调整改革措施。五是明确中央与地方的关系，包括财权事权，特别是住房市场、住房保障统一和分类管理的边界等。此外，应抓紧住房制度改革立法工作，协调解决深化改革中出现的诸多矛盾与问题。

（二）地方政府

地方政府在推动房地产市场平稳健康发展中承担主体责任，具有优化土地与住房供应结构、推进配套措施和提供公共服务的重要职责。地方政府应当与中央保持一致，树立科学正确的政绩观，明确房地产发展的权责关系，结合本地区社会经济发展水平，充分发挥地方的主动性、积极性，因地制宜、适时适度的采取调控措施，配合中央下达的住房发展与调控目标，避免调控政策限制"过紧"也不能"放松"（沈悦和刘洪玉，2004）。地方政府应同步进行行政机构优化与合作，将房地产市场管理纳入城市综合治理体系，多管齐下规范城市住房市场秩序，加快推进城镇住房制度改革。逐步建立应对市场异常波动和风险的决策机制，监测房地产市场的供需变化及运行状况、识别和应对潜在风险，严控信贷流向和投机性购房行为，加强市场违法违规行为的打击力度（郭克莎，2017）。

不仅如此，地方政府更是住房保障的责任主体，保障低收入且住房困难家庭实现"住有所居"。一是要继续提高保障房比重，扩大住房保障覆盖面，以底线思维做到保基本，真正普遍性落实住房权，这是实现包容性增长的内在要求和必要组成部分。二是在保障房的具体供应形式上，应以公共租赁房为主体，以货币保障为主要手段，廉租房要与公共租赁房全面并轨运行，同时尽量摒弃产权式的保障房。三是在保障房的供应方式上，要以需定供，根据地方实际情况科学测度保障房的实际需求，切忌盲目建造，建立保障房需求登记与轮候机制，避免保障房的空置浪费。为确保住房市场有效、平稳、可持续运行，应进一步明确和强化地方政府的主体责任，形成科学、灵活、有效的决策机制以及考核机制，其住房制度改革实施方案需报批上级政府，在改革过程中应按年度报中央有关部门备案。

(三) 社会组织

社会组织能够承担诸多公共服务等职能，社会组织的广泛参与可以优化住房产品的供给，通过多元化路径进一步促进住房市场的供求均衡。从各国经验来看，社会组织在满足居民的住房需求方面承担着重要角色。尤其在住房保障方面，应在政府的主导下，通过实施积极的财政支持政策大力吸引社会组织参与保障房的建设、运营和管理。社会组织大致由营利机构和非营利机构组成，前者由住房开发商和私人投资者组成，后者则是住房协会和住房合作社等机构的组织。例如，美国公共住宅的供应，早期主要依靠政府提供，其后更加注重开发商和非营利机构的作用，非营利组织多以住房合作社为主。合作社住房的产权归住房合作社所有，社员拥有一定的份额来控制其居住的住房和财产，虽然不以营利为目的，受到政府的干预很少，但仍按照市场规律运作（倪虹，2013）。住房合作社在德国已存在200多年，其中德国住房建设的主要组织形式就是合作社共同建房。相关数据表明，合作建房总量占全国每年新建住房总数约30%。英国以住房协会作为主要的社会组织参与住房建设和运营，作为一个非营利性部门，主要是以较低的价格向收入低的工人们提供住房。

在发达国家，政府与合作社、私人公司等其他主体的共同努力是解决住房问题的关键途径，他们共同建房、租房、管房。各国住房保障方式的变化趋势反映出当住房市场的供给关系从供不应求转为基本平衡后，政府对住房供应干预的主要方式也从直接干预转变为间接干预，政府通过积极的政策优惠来达到让住房开发商和私人投资者参与到住房供应端中来的目的。由此可见，社会力量有必要、有能力成为构建住房保障体系的主体，为此承担一定的社会责任，但其定位是在政府引导下的积极参与（姚玲珍，2009）。其主要作用应是提供介于政府主导的住房保障供应体系和市场主导的商品住房两者之间处于中间过渡形态的住房，以成本型的租赁房或商品房为主要供给产品。一方面，以此填补当前住房供应体系的空缺，使得只想通过购房方式来解决居住问题的"夹心层"群体不会被逼去买房、炒房，分流住房需求，化解社会矛盾，让住房真正回归消费属性。另一方面，也为政府保障房提供支持。具体而言：一是针对不同类别的保障房，多元多样化供应土地。例如，鼓励集体经济组织利用集体土地、企事业单位利用闲置存量土地建设保障房。二是因资金压力主要在于出租型保障房，除政策性金融支持外，可借鉴英国、韩国的做法，通过财政补贴、发行公租房投资信托基金（REITs）等方式引导社会资本参与。三是除新建、配建提供保障房房源外，大力发展社会机构代理经租、住房所有人出租以及闲置厂房、办公楼等改建。

三、资源保障：规范资本市场，实现信息透明，培养专业人才

（一）资金保障

作为资金密集型产业，房地产业的发展需要发达规范的资本市场作后盾，金融市场的发达程度对于住房市场的发展至关重要。从需求端角度，一方面，对于大多数家庭来说，住宅购买可能是最大的一笔支出，但很少有人能够用现金一次性支付；另一方面，对于企业来说，购置办公楼或厂房同样需要支付巨额资金。因此，金融市场的支持为家庭和企业提供了支付的可能。最常见的形式为贷款，申请贷款的难度和成本极大地影响了房地产需求，而这又取决于贷款比例、贷款期限、利率水平以及支付渠道等诸多因素。对于企业来说，还可以通过融资租赁、售后租回等合同安排来满足其房地产需求。除此以外，由于房地产本身可以作为抵押品，充当归还贷款或债务的保证品，这一特性也使得金融市场在房地产市场的运行中发挥着重要作用。从供给端角度，信贷成本是住房供给间接成本的主要部分，其具体由贷款利率水平和贷款可得性两个因素决定。

为确保住房制度改革的有效实施，有必要创新房地产金融。例如，通过资产证券化、房地产信托投资基金等方式实现房地产金融产品创新，通过设立政策性住房金融机构实现房地产金融组织创新，通过实施住房信贷担保制度等方式实现房地产金融制度创新，通过房地产抵押初级市场、二级市场及市场体系的构建等实现房地产金融市场创新，通过房地产预警体系的构建与完善等方式实现房地产金融监管创新。

（二）信息保障

区别于其他消费品，住房市场具有典型的信息不对称特征。所谓信息不对称性，一般是指"在市场交易中，产品的卖方和买方对产品的质量、性能等所拥有的信息是不对称的，通常产品的卖方对自己所生产或提供的产品拥有更多的信息，而买方对所要购买的产品拥有很少的信息"（王汉，2011）。根据国内外学者的研究，住房市场中的信息不对称，可归纳为权属、价格、

质量三个层面。房地产市场信息不对称是影响房地产市场发展的重要因素。比如，地方政府出于增加财政收入等方面的考虑，对房地产市场的动态信息仅向内部小范围开放，消费者对市场动向把握不清；部分开发商出于盈利动机，蓄意扭曲市场供给信息等。当今，市场信息发布渠道众多，各利益主体出于自身目的，消费者有时可能会接收到相互矛盾的信息，这也是信息不对称现象的一种表现。

如前所述，网络新兴技术改变了房地产市场交易和监管行为，也缓解了市场信息的不对称。目前很多城市在住房租赁市场与住房保障方面已将相关信息系统与各类政府部门的信息共享，未来应当进一步拓展信息共享的范围和内容，将地理信息系统（GIS）和管理信息系统（MIS）两者结合，规范管理行为，统筹考虑将金融机构所掌握的居民家庭资产与财产相关信息整合进来，形成一套完整的基于居民家庭信息的系统平台和管理体系，通过定期普查数据，进行信息动态更新，并据此研究建立市场监测、风险识别和预警的动态指标体系，提高政府管理部门开展相关工作的效率，提高抗风险能力，同时也能够为居民提供更高水平和质量的服务，提高效率，并促进公平。

（三）人才保障

"致天下之治者在人才"。随着国家经济社会发展、住房制度深化改革的需要，对高层次房地产经营与管理人才的需求也在急剧增长。

住房制度的改革具有牵一发而动全身的影响。房地产专业是一门应用性很强的学科，高等院校是该专业人才培养的集中地。在房地产人才培养中，需要集成社会资源，通过校际联动、校企联动、校政联动等方式，共同培养理论扎实、熟悉市场、具备实战能力的复合型人才。为了更好地推进住房制度的改革，还可重点吸引国际人才和培养专业人才，在充分借鉴其他国家住房制度先进经验的基础上，依据我国经济、社会、文化等发展的实际对住房制度改革的路径进行科学分析，并对可能出现的改革效果做出合理预判。

四、支持机制：激励机制与竞争机制并存，促进社会参与

（一）激励机制

中国住房供应体系中所涉及的主体包含政府、市场和非营利组织三大类，分别定位服务于不同群体，满足其住房需求。其中，以政府为主导的保障房

的功能应明确定位为：保障中低收入住房困难家庭，以满足其基本居住需求，提供形式可以是实物形态，即只租不售的廉租房，也可以是货币形态，即货币化租赁补贴。以市场为主导的商品住房应满足高收入家庭的高端居住需求和投资需求，提供形式具有多样性。而由非营利组织所主导的住房，则是在政府制定的约束性规则下，以满足基本居住需求和高端居住需求之间过渡的改善型居住需求，服务于两者之间的所谓"夹心层"群体，形态上可租可售（陈杰，2014）。

为确保住房供应体系运行持续有效，需要构建良好的激励机制，以提升住房制度在供给端的治理能力，强化制度执行力。首先，对政府而言，财政收入是其进行公共资源配置、保障房建设的重要资金来源。当前，土地出让金成为其财政收入的重要来源，但过度依赖土地财政，则会增加地方财政和经济风险（贾俊雪等，2016；闫先东和张鹏辉，2019）。为此，对政府的激励机制设计应以降低地方政府对土地财政的高度依赖为核心，这是一个既艰巨又复杂的系统工程。那么，在短期内推出房地产税阻力较大的情况下，考虑到消费税与各地方消费活动直接相关，因而消费税是比较适合培育为地方主体税种的。其次，对市场而言，由于土地和资金是住房建设最核心的两大要素，因而对市场的激励机制应从这两大要素着手。最后，应在政府主导下，运用PPP等模式，增强吸引社会资本的能力，认识并利用社会组织自身既能承担社会责任又具有灵活性和独立性的特点，切实参与到建房、租房和管房的过程中来。

（二）竞争机制

市场交易关系的形成，须具备交易主体、交易客体和交易媒介三个部分。交易主体即从事房地产交易的当事人或利益相关者，主要包含政府、市场与社会三方；交易客体主要指房产、地产及其相关服务；交易媒介包含交易场所与货币媒介两部分，其中交易场所通常指房地产交易中心、网络市场等为房地产交易活动所提供的固定场所。在房地产投资、开发等过程中，各部分之间相互作用形成有机整体，构成房地产市场的运行机制，主要包括动力机制、供求机制、价格机制、信贷利率机制和竞争机制（姚玲珍，2019）。其中，竞争机制是房地产商品经济活动中优胜劣汰的手段和方法。竞争的作用贯穿于市场运行全过程，体现与动力机制、供求机制、价格机制和信贷利率机制之间的相互作用，是各机制充分展开并充分发挥功能的保证。

（三）社会参与机制

市场在资源配置中起决定性作用，如何引导市场配置是新时代以人为中心中国特色住房制度建设的重要问题。住房市场和住房保障问题的解决，不能仅仅依靠政府行政管理的力量，多渠道保障的住房制度在实施、评估等环节需要动员和鼓励社会力量的广泛参与，"以最广大人民群众的利益为根本出发点和归宿点"，更好契合"人民群众对美好生活的需要"。

多年来，住房问题均列于全国"两会"的关键词中，体现出民众对住房问题有着强烈的关注。那么，推进"公众参与"的城市与社区治理格局，可考虑以房地产领域为试点突破，遵循"民主、广泛、协商"的原则，在住房制度改革与推进过程中构建公众参与机制，将公众意见进行梳理采纳，以促进政策决策等在执行过程中能够得到及时反馈和优化。事实上，社会参与机制在住房领域发展较为成熟的发达国家已积累较为成熟的经验，这也将为我国新时代住房市场的高质量发展提供借鉴。

为了更好地实现公众参与住房制度改革，可考虑设立面向公众的社会组织，形成一系列为了社会特定需要和维护公众利益而行动的特殊机构，如慈善团体、专业协会、社区组织、非政府组织等。在政策扶持下的社会组织与政府良性互动，有利于供应渠道的拓宽，分类满足不同城市、不同阶层的住房需求，提高社会整体的福利水平。不仅如此，当前在住房领域推动公民社会组织的建构，可在政府和市场之间形成一定的缓冲空间和补充系统，进而引导中低收入居民进行自我服务和管理，满足其自有住房需求。

第二部分

以租购同权为核心构建住房需求引导机制

第五章　我国住房租购需求结构失衡的表现与原因

第一节　住房租购需求结构失衡的主要表现

我国居民家庭的住房来源与产权构成状况复杂,但购买或租赁日益成为主流。从住房来源来看,居民家庭可通过自建、市场交易、福利和保障等多渠道获取住房,因此相应形成较为复杂的产权构成状态,居于某处住房里的居民家庭可能完全拥有该住房的产权或与政府共有产权,或者该住房产权完全隶属于其他家庭或政府。个人自筹资金建造住房在城镇和农村地区较为普遍,农村地区自建房占比高达94%左右,居住于镇区的家庭自建住房比例亦超过50%。但城市自建住房家庭历来较少,并且逐年下降,从2000年的26.78%降为2015年的17.04%。企事业单位的公房私有化改造大部分已经完成,从全国层面来看,一是表现为租住单位公房的家庭锐减,租用公有住房的比例从2000年6.11%降至2015年1.35%[1];二是购买单位公房的家庭占比也呈现下降,从2000年9.50%降至2015年6.51%。基于保障方式购买住房的家庭占比也呈现明显下滑,从城市来看,该占比从2000年6.54%减少至2015年的3.89%,而租赁公有住房的家庭在2010~2015年间基本持平。在自建和获取公有住房比例下降的同时,购买和租赁商品住房的家庭日渐增多,特别是在城市,市场已然成为住房资源配置的主要决定力量。2015年,购买和租赁商品住房的城市居民家庭占比已达55%[2]。

由此判定,住房市场供需是否平衡,取决于租赁和购买需求的构成比例

---

[1] 2015年租用公有住房的,大体由廉租房住户和公租房住户构成。
[2] 本节数据见表5-1。

以及其内部结构是否合理。当前我国住房市场失衡矛盾的基本判断为：租赁需求不足，购买需求分化明显。

一、租赁需求：意愿不足

（一）租购比过低

历年来，租赁群体规模小于购房群体，租购比明显下滑。从全国层面来看，2000年租用商品住房的家庭数占购买商品住房家庭的比例为70.18%，2015年该比例显著降至47.13%。若是包含租购非市场化住房的家庭，则整体上2000年租房住的家庭占购房住的家庭的数量比例明显降低，为55.13%，且在2015年进一步下滑至37.38%。考虑到中国住房市场化进程的推进以及自建住房未来可能流入二手房市场的情况，若以国际上通用的自有率来衡量租购比，则表明我国租赁群体历来占比极少，自有比例也极为稳定，约在85%以上（见表5-1）。

表5-1　历年中国家庭住房来源和产权构成状况　　单位:%

年份	自建住房①	购买商品房②	购买经济适用房③	购买原公有住房④	租用公有住房⑤	租用商品房⑥	其他⑦	住房:租赁/购买(⑤+⑥)/(②+③+④)	商品房:租赁/购买⑥/②	自有率(①+②+③+④)
全国										
2000	71.57	3.85	2.64	9.50	6.11	2.70	3.62	55.13	70.18	87.57
2010	62.31	14.07	2.18	6.83	1.45	10.50	2.66	51.75	74.59	85.39
2015	60.33	18.06	1.82	6.51	1.35	8.51	3.42	37.38	47.13	86.71
城市										
2000	26.78	9.21	6.54	29.44	16.33	6.89	4.80	51.38	74.77	71.98
2010	16.43	31.00	5.05	17.30	2.66	23.11	4.46	48.29	74.54	69.78
2015	17.04	37.06	3.89	15.94	2.55	17.84	5.68	35.84	48.15	73.93
镇										
2000	52.24	8.37	4.88	12.53	10.87	4.73	6.39	60.51	56.50	78.01
2010	56.19	18.79	2.45	5.77	2.10	11.19	3.51	49.19	59.53	83.20
2015	59.56	21.35	1.71	4.34	1.64	7.99	3.40	35.16	37.42	86.96

续表

年份	自建住房①	购买商品房②	购买经济适用房③	购买原公有住房④	租用公有住房⑤	租用商品房⑥	其他⑦	住房：租赁/购买 (⑤+⑥)/(②+③+④)	商品房：租赁/购买 ⑥/②	自有率 ①+②+③+④
					乡村					
2000	93.41	0.77	0.62	0.97	1.06	0.62	2.56	70.95	80.22	95.77
2010	94.22	1.33	0.23	0.51	0.42	2.11	1.17	122.05	158.72	96.30
2015	94.25	1.63	0.27	0.33	0.28	1.56	1.68	81.75	95.29	96.49

注：历年租用公有住房的数据对应于2000年的"租用公有住房"、2010年的"租赁廉租住房"、2015年的"租赁廉租房、公租房"。历年租用商品房的数据对应于2000年的"租用商品房"、2010年和2015年的"租赁其他住房"（租赁其他住房为本户住房向私人、单位或房地产开发部门租借，并按市场价格交纳房租的）。历年购买经济适用房的数据对应于2000年和2010年的"购买经济适用房"、2015年的"购买经济适用房、两限房"。2010年和2015年购买商品房的数据为相应"购买新建商品房"与"购买二手房"数值之和。

资料来源：摘编于2000年、2010年全国人口普查数据和2015年全国1%人口抽样调查数据。

城市地区家庭租赁住房的比例相对于镇和乡村地区明显偏高。2015年，城市家庭住房自有率为73.93%，而同期镇和乡村家庭分别为86.96%和96.48%。

相比于经济发达国家和地区，我国居民家庭的租购比过低、自有率偏高。恒大研究院2019年对典型发达经济体住房自有率的调查显示①，除新加坡住房自有率为90.9%外，美国、英国等近年来一直稳定在60%左右；而德国、我国香港地区则更低，不到50%（如图5-1所示）。

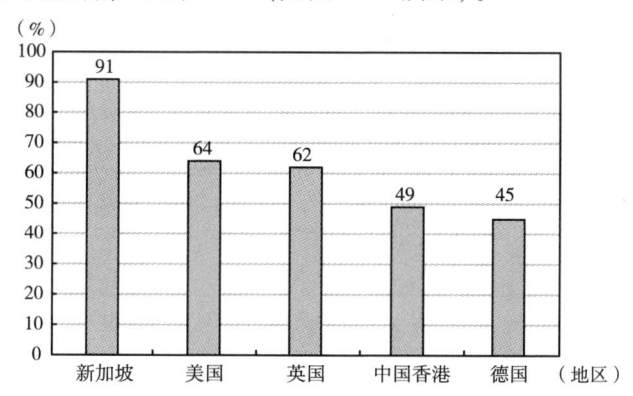

图5-1 典型发达经济体住房自有率对比

资料来源：恒大研究院．发达经济体住房自有率有多高？http://www.fangchan.com/data/13/2019-04-25/6527101697448547278.html.

---

① 恒大研究院．发达经济体住房自有率有多高？http://www.fangchan.com/data/13/2019-04-25/6527101697448547278.html.

(二) 房价租金比失调

房价租金比是国际上用来衡量某地区住房市场运行是否良好的指标之一。房价租金比计算有多种方法,以每平方米售价与月租金之比计算,是较为普遍使用的方法(吴福象和姜凤珍,2012;况伟大,2016)。合理的房价租金比为 200~300,即在一个健康的住房市场中,房产所有者通过出租回收购房投资成本的静态周期为 200~300 个月。房价租金比高于 300,意味着静态投资回收期变长,房产的投资价值相对变小,市场可能存在泡沫;反之,则表明房产投资潜力较大,租金回报率较高,房价后期可能上涨(马冬和孙秀娅,2008)。

近年来,我国大中城市房价租金比明显偏高,超出国际合理房价租金比 300 的警戒上限。中国社会科学院《房地产蓝皮书》显示,2006 年我国部分大城市中心城区的房价租金比已高达 270~400;2018 年,大中城市的房价租金比失调现象更为严重,其中厦门、廊坊、惠州、石家庄、合肥、南京、上海、深圳、天津、济南、青岛、苏州、广州的房价租金比已超过 600(见表 5-2)。

表 5-2 2018 年 1 月部分城市房价租金比

城市	房价租金比	城市	房价租金比	城市	房价租金比	城市	房价租金比	城市	房价租金比
厦门	1 100	廊坊	883	惠州	844	石家庄	824	合肥	746
南京	653	上海	644	深圳	627	天津	613	济南	609
青岛	608	苏州	606	广州	600	北京	594	武汉	589
东莞	550	成都	517	中山	492	杭州	489	佛山	435
烟台	434	长沙	433	西安	417	沈阳	395	重庆	380
大连	339								

资料来源:中国社科院,《中国房地产发展报告 2018》。

二、购买需求:分化明显

购房需求层面的分化,主要体现为不同性质购房需求的比例失调和住房市场需求的空间差异。

(一) 投资性需求与自住性需求失调

住房需求的释放促使房价飙升,不断上涨的房价使住房投资属性凸显;

而投资需求又进一步推动房价,导致普通居民的购房能力急剧下降。

利用近几年的统计数据可描述我国城镇居民房价收入比的最新状况(见表5-3),其中,收入指标选用国家(地区)家庭年均可支配收入,由人均可支配收入与家庭户均人口的乘积表示;房价为该地新建商品住房年均销售价格,分别计算60平方米与90平方米两种面积的住房总价。60平方米为经济适用房面积标准,以此代表当前城镇居民家庭的最基本购房消费水平;90平方米代表城镇居民家庭住房平均水平,因为近年来城镇人均建筑面积在30平方米以上(姚玲珍等,2017)。①

表5-3　　　　　　　2015~2016年我国城市居民家庭的房价收入比

60平方米住房

地区		平均	低收入户	中等偏下户	中等收入户	中等偏上户	高收入户
全国		5.20	13.37	7.57	5.56	4.19	2.49
一线城市	北京	10.43	23.30	14.48	11.13	8.59	5.39
	上海	9.62	21.77	14.07	10.78	8.35	5.23
二线与三线城市	重庆	3.51	8.00	4.89	3.82	3.04	1.98
	郑州	4.73	10.93	6.30	4.86	3.78	2.42
	贵阳	3.92	8.08	5.07	3.96	3.17	2.11
	兰州	4.33	8.48	5.33	4.25	3.29	2.30

90平方米住房

地区		平均	低收入户	中等偏下户	中等收入户	中等偏上户	高收入户
全国		7.80	20.05	11.36	8.33	6.29	3.73
一线城市	北京	15.64	34.96	21.72	16.70	12.88	8.09
	上海	14.43	15.00	21.10	16.16	12.52	7.84
二线与三线城市	重庆	5.27	12.00	7.34	5.74	4.56	2.97
	郑州	7.09	16.40	9.44	7.29	5.67	3.62
	贵阳	5.88	12.12	7.60	5.93	4.76	3.17
	兰州	6.49	12.72	8.00	6.38	4.93	3.45

资料来源:基于2016~2017年《中国统计年鉴》和相关城市统计年鉴的数据计算所得,重庆的计算基于2015年数据,其余为2015年、2016年两年的平均值。

---

① 尽管房价收入比指标有很多的使用局限,但"如果说有哪个单一指标传递了住房市场整体运行状况的最丰富的信息的话,那就是房价收入比"(Angel and Mayo,1996),因而学术界广泛使用该指标测度我国城镇居民的住房购买能力。

由表5-3计算表明，我国城镇居民住房购买支付能力普遍不佳（陈杰，2009；丁祖昱，2013）。首先，就全国平均水平而言，比照"6倍"标准，只有中等收入及以上家庭具有60平方米住房购买能力，部分中等偏上收入和高收入家庭才具有90平方米住房购买能力。其次，地区结构特征明显，一线城市居民住房购买力低于二、三线城市。在一线城市，对于90平方米住房，高收入家庭平均房价收入比也会超过"6倍"。

尽管普通家庭购房困难，但由于房产具有较好的投资价值，再加上其他投资渠道匮乏，且没有持有环节税收的调节，富裕家庭偏好超配住房资产。早在2012年，西南财经大学发布《中国家庭金融调查报告》，基于住房微观调查数据统计表明，我国城市家庭拥有2套住房的家庭比例为13%，拥有3套住房的占比2.51%（甘犁等，2013）；2017年《中国家庭金融调查报告》的数据显示，上述两个占比分别上升至15.44%和3.63%，远高于发达国家水平。

（二）住房市场需求的区域性差异

一、二线城市购房投资过旺。房价不断攀升，挤压自住需求，同时住房投资的巨大收益不仅导致住房市场投机盛行，且会带动整个产业资本脱实向虚，流入住房开发和交易市场牟利。中国指数研究院数据显示，一、二线城市自2011年以来，成交量大、规模亦趋于稳定（如图5-2所示）。

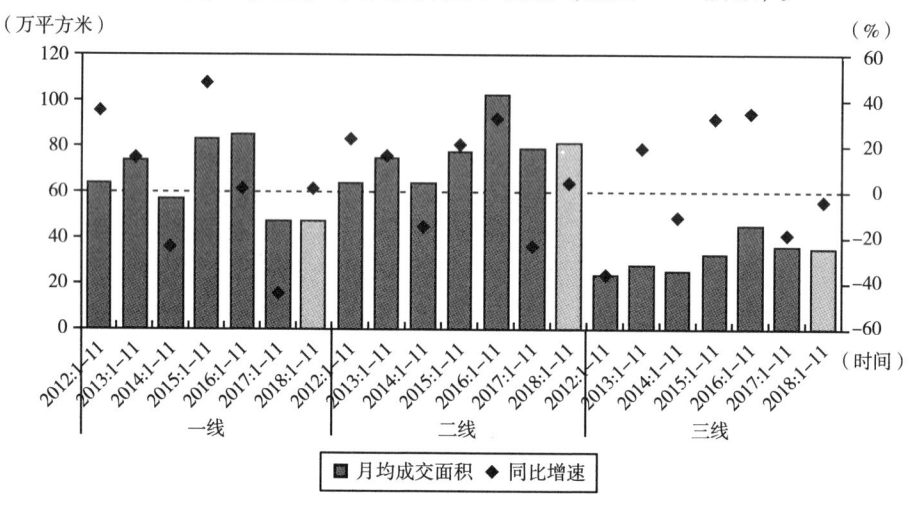

图5-2 2011年1月~2018年11月不同级别代表城市住宅月均成交面积及同比增速

资料来源：中国指数研究院，《中国房地产市场2018年总结与2019年展望》。

三、四线城市购房需求不足。同样由中国指数研究院数据显示，2011年以来，三线代表城市的月均住宅成交面积仅为一、二线城市的1/2甚或1/3。2016年以来，市场仍然延续下滑趋势。由于新建商品房滞销，导致库存积累，这加剧了系统性金融风险爆发的可能性。早在2014年，我国部分三线及以下城市就已出现库存高企现象，在近几年促消费、去库存的总基调下，市场整体库存治理效果良好，但区域结构仍存在较大的差异，部分三、四线城市库存高企，甚至一些三、四线城市在"去库存"过程中反而出现"补库存"的现象（盛松成和宋红卫，2018）。

第二节 住房租购需求结构失衡的内在原因

导致住房市场需求失衡的原因是多方面的，有租金上涨压力与房价上涨收益驱动的经济原因，有租户权益保障不利、"租购不同权"等方面的制度因素，也有"有土斯有财"传统观念的影响。此外，人口总量、结构与跨区域流动也是影响住房需求的重要因素。改革开放以来，中国社会经济的快速变化推动了青壮劳动力从农村流向城市、从欠发达地区流向发达地区，导致经济发达城市住房市场的供求关系愈加紧张。

一、经济层面：租金上涨压力与房价上涨收益双轮驱动

居民家庭获取住房可通过租赁与购买两种形式。租赁仅能满足家庭的居住消费需求，但购买可以同时满足居住消费和投资需求。在房价上涨期间，买房不仅能解决居住问题，同时还可以实现家庭财产的保值升值，获取丰厚的资本回报。

1998年住房制度改革以来，就全国平均水平而言，住房购买和租金均呈现单边上涨趋势，且房价涨幅显著超过租金涨幅。1999~2018年，城市居民住房租金价格指数年均值为104.42，而住宅销售价格指数年均值为108.12（如图5-3所示）。在租金上涨压力和价格上涨收益驱动下，购房决策明显占优。

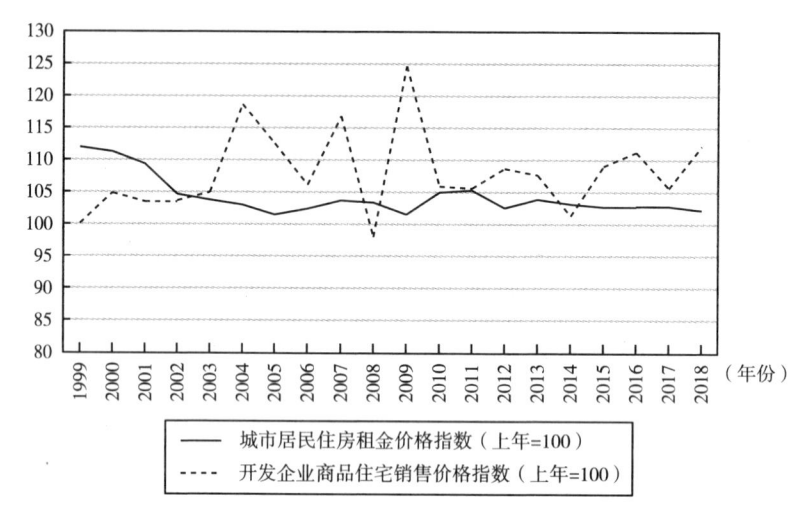

图 5-3　1999~2018 年商品住宅销售价格指数和租金价格指数同比增速情况

资料来源：中经网统计数据库。

二、制度层面：租购不同权

简单而言，所谓"租购不同权"，是指与购房居民相比，租房居民不能平等享受公共服务。

从理论角度看，现代社会不应出现"租购不同权"现象。现代政治哲学认为，公共服务不同于商品，其属性应是普惠和共享的。因此，虽然公共服务的价值来源于税收，但税收贡献程度不同的居民理应拥有平等享受公共服务的权利。进一步在法理上，购房居民为了取得土地和房屋产权（或维持物业价值）而向城市课付地价和税费，而租房居民也在城市工作、创造价值并纳税，两者共同为城市公共服务的供给做出贡献，相应租房和购房居民在享受公共服务方面不应有差别。

从中国实践看，"租购不同权"的形成有其客观原因，并导致住房租购需求的进一步分化。现阶段，中国城镇化建设快速发展，公共服务供给尚未满足需求。正因如此，有必要对需求各方的资格和优先级加以确定，然后对其进行有效配置。已有学者研究认为（林梦柔等，2019），稀缺资源的配置方式有权力分配、竞价、排队和随机抓阄四种形式。但一是因为现实中权力分配和抓阄往往是不透明、不公平的，易激发矛盾。二是由于公共服务设施具有空间不可移动性，资源分配时除考量居民有无价值贡献外，必须考虑空间的可达性（通勤成本），因此"就近优先"成为不得不采用的原则，进而必须以价格竞争获得临近地块的空间产权，这种以邻近住房产权界定的"身份"就自然而然成为采用的需求排序工具。相反，租赁住房对城市建设支付的费用相对较低，且流动性大、租房合同的可变造性强，租赁者在公共服务享有群体的排序中只能靠后。尽管公共服务本身具有非排他性，但获取公共服务的便利性却存在差别。在绝大多数国家和地区，通过竞价取得公共设施邻近区域的住房产权而优先或独占享有稀缺公共服务的方式广泛存在，但公共服务供需不匹配的矛盾在"租购不同权"的背景下更为突出。由此，一是形成了前面所述的房价租金比失调问题。如果住房市场的供求平衡，租购所享受公共服务的权利平等，那么房价租金比应当较为稳定合理。然而，事实上在中国很多城市，特别是公共服务质量较高的大中城市，房价租金比远高于世界其他城市的水平，其主要原因是住房产权中包含了对教育、医疗、养老、社保等其他附属的权利，这些实际上加强了中国城市居民对自有住房的需求（高波等，2013）。二是这种制度也导致住房市场形成"重购轻租"的需求结构。那些捆绑邻近优质公共服务资源的住房需求旺盛，溢价明显，其中又以"学区房"最为典型（胡婉旸等，2014；张牧扬等，2016）。

三、社会层面："有土斯有财"与无房社会鄙视倾向

传统文化的积淀进一步形成中国人对购房居住的偏好。李睿（2008）指出，两千多年农耕文明培养了中国人吃苦耐劳的美德，同时也植下了中国人眷乡恋家的精神信仰，"居者有其屋"成为人们普遍的梦想。王先柱等（2017）更是阐明文化会对人们的行为产生作用，作者通过实证阐明儒家文化圈国家在文化规范效应的影响下具有更高的住房自有率。"有土斯有财，有财斯有用"则出自2000多年前的《礼记·大学》，并被广为流传，由此住房又成为居民投资致富的主要方式，并进一步强化我国居民的购房偏好。

现代社会"无房鄙视"倾向引致被迫买房需求。早在2014年，由对外经济贸易大学和社会科学文献出版社联合发布的《青年蓝皮书》调查显示，房子已经代替职业，成为社会分层新标准，住房的身份化象征愈发明显[①]。

[①] 调查：超半数中国青年认为"住房身份化象征愈发明显"[EB/OL]. 中国网，2014-04-29.

住房似乎不仅关系到个体的经济社会地位,其重要性也会在婚姻市场中显现。例如,同一阶层通过以"住房"为标志的"门当户对"的婚姻来增强其阶层的内聚性和身份排斥性(廉思和赵金艳,2017)。楼市的"丈母娘"效应和普遍的社会对"无房者"的歧视,迫使个人以买房作为最佳的居住和投资方式,而将租赁视为临时和次级解决居住的手段。

四、人口层面:人口总量、结构与跨区流动变化

国内外研究表明,从长期来看,人口是影响住房市场需求端的重要因素之一(刘学良等,2016)。人口总量的增加在过去相当长一段时期内造成住房需求的井喷,并为未来持续创造需求提供支撑。一是新增人口的基本住房需求具有刚性。新中国成立以后,我国人口总量从1949年的54 167万人直线增长至2018年的139 538万人。在福利住房制度时代,为解决住房问题,我国倾国家之力,但由于人口激增至1949年的3倍多,使1978年的人均居住面积仅为3.6平方米,反较1949年下降了20%[①]。住房市场化改革以来,居民住房需求全面释放,新房年交易量从2000年的1亿平方米增长到近几年的17亿平方米[②]左右。2010年以来,虽然人口增长率明显下降,但2010~2018年仍保持0.50%的增幅[③]。二是随着经济的发展和居民富裕程度的提高,住房改善性需求仍有较大空间。住房市场化改革以后,居民居住条件和环境获得持续、巨大改善,2016年人均建筑面积达到36.6平方米,并于2013年实现"一户一房"的重要目标。但与发达国家相比,人均居住水平仍有差距。早在20世纪90年代,美国人均住房面积已达60平方米,欧洲发达国家在40平方米左右。当然也需指出,人均居住水平与各国资源禀赋、人口密度有关,并非衡量居住幸福的绝对指标[④]。

人口结构对住房市场需求也会有周期性变化。从微观层面看,个人的住房需求具有生命周期特征,从单身阶段开始,经历新婚期、满巢期、空巢期,

---

① 智库观点:以精准住房制度设计满足新时代群众居住需求[EB/OL]. https://www.jfdaily.com/news/detail? id =145983.
② 黄奇帆演讲:未来十年中国房价走势[EB/OL]. http://3g.163.com/news/article/EKNKNI4F0518PVE5.html.
③ 基于中经网统计数据库查找数据计算所得。
④ 住建部长畅想2049:不光要住有所居 而且要建成美丽中国[EB/OL]. http://m.people.cn/n4/2017/1022/c204525 - 10013755. html.

最后到退休养老阶段，每个阶段住房需求特征各不相同；子女数量、代际居住特征等也会影响家庭的住房需求。从宏观层面看，如果某一时期各个家庭的特征趋同，则市场需求受该类家庭的影响显著。国外的诸多研究显示，个体对居住的需要在20岁以后开始显现，"婴儿潮"能够很好地解释其20年后房价的快速上涨（Mankiw and Weil，1989；Green and Hendershott，1996）。刘学良等（2016）也指出，在1981~1991年，中国也经历了一次明显的生育高峰，实证分析表明该"婴儿潮"是2004年以来中国城市房价快速上涨的重要因素之一。作者同时指出，这种婚姻和成家立业引起的住房刚性需求历经高峰后将减弱并对房价施加向下的压力。按照24年的滞后期，这一变化的时间点在2014~2015年。因此，我们应关注由人口年龄结构变化所导致的住房市场需求的周期变化。

人口的跨区域流动导致地方住房市场需求发展的不平衡。随着城镇化的进一步推进以及户籍制度的改革，人口流动愈加频繁。人口流动的整体趋势是从中西部经济较不发达地区流向东部经济发达地区，这就加剧了地区间的住房需求差异。另外，2018年我国城镇化率水平已达59.58%，城镇化已跨越从农村向城市流动的阶段，继续向从小城市流向大城市的深度城镇化阶段演进。相应地，人口的持续流入造成一、二线城市购房投资过旺；相反，人口的持续流出导致三、四线城市购房需求不足。

第六章 住房租购需求微观分析与需求培育机制创新

基于住房市场需求失衡的市场表现，新时代住房需求引导政策体系的核心在于租购并举，既要激发租赁需求，又要调控购房需求，两者并重。租赁需求的激发，关键在于解决制度桎梏，推行"租购同权"。一是夯实保障性租赁，进一步优化实物公租房选址区位，增强租赁货币补贴使用的灵活性，满足被保障对象的差异性需求；二是积极发展市场性租赁。从需求层面而言，可通过制度改革保障租购群体平等拥有公共服务的享有权；设计租金抵税政策、设置租金上涨限制来消除对购房需求的经济利益刺激；优化相应租赁住房与销售住房的空间分布，培育多元供给主体提供契合需求差异的住房产品；通过社会舆论导向扭转租赁歧视论。

第一节 住房需求差异性特征及其定量识别

一、住房租购需求差异的表现与原因

租购两类群体对于住房特征的需求理应有所差异。早在 20 世纪 80 年代，亨德森和约安尼斯就给出了关于住房租购模式和住房消费量的综合模型（Henderson and Ioannides，1983）。后续文献则进一步探讨了租购模式与住房物理特征、区位特征、邻近设施特征以及多套房占用的联合选择行为（Hernández and García，2007；Skaburskis，2014）。

租购群体的住房需求之所以存在差异，原因可归为三类。

一是租购群体的整体异质性。家庭人口、经济特征、心理归属感、就业特点等都会影响家庭的租购选择（Zorn，1988；Wood et al.，2006；Brown and Lafrance，2013；刘洪玉，2017），租购群体在这些特征上的差别会使其对住房特征的偏好出现差异。收入是决定租购选择最重要的因素，大多数学者认为持久收入越多、稳定性越好的家庭购房的可能性越大（Goodman and Kawai，1982；周京奎，2011；陈杰和金珉州，2012），而且对住房舒适性的要求越高。消费者因受预算约束而需要权衡住房的多种特征，优先考虑对自己效用影响最大的特征（Shelton，1968）。比如，租房群体主要是外来就业者，区位上的工作可及性和交通设施的邻近性通常是其优先考虑的因素（刘涛和曹广忠，2015）。

二是住房的投资属性。房龄和面积是住房最重要的两个物理特征（Sirmans et al.，1982）。在升值预期下，面积越大、房龄越小的住房，预期投资收益越大，购房者对这类特征住房的支付意愿较强。住房投资需求不仅体现在购买多套房者身上，受预算约束只能购买一套房的家庭也会倾向于购买较大面积的住房（Cao et al.，2018）。另外，由于良好的地段和邻里设施条件已反映在房价中（Oates，1969；Richard，1993；程亚鹏，2017），与租房者倾向于市中心和生活设施配套较好的地段相比，投资者会偏好待开发的地段（黄烈佳和张萌，2015）。

三是"租购不同权"。公共服务享有方面存在的差异，推动了租购群体对住房特征需求的分化。其一，购房群体特别偏好邻近有优质公共服务资源的住房，在国内又以优质教育资源最为典型。大量实证研究显示，"学区房"购买需求旺盛、溢价明显，但租房者却不会对"学区"特征额外付费（冯皓和陆铭，2010；胡婉旸等，2014；张牧扬等，2016）。其二，其他一些公共服务，如医疗、养老、就业等尽管对租房者并不存在严格的排他性，但是"租购不同权"仍会增加其生活成本，降低生活便利性，并引致社会歧视（谢志强和黄磊，2017）。这会减少租房群体对住房物理特征舒适性的支付意愿。

二、微观层面城市住房租购需求的特征分析：以上海市为例

（一）住房租购需求分析的数据基础与实证设计

考虑到数据获取性，这里以上海为例进行租购需求差异的微观分析。当然，该方法也可拓展至全国其他地区和城市。实证分析所使用的数据包括住房销售交易数据和住房租赁交易数据两部分，均采集于连锁房地产中介企

业——链家地产经纪有限公司发布的线上数据,空间覆盖上海市(除崇明区)全市域范围,时间跨度为2015年至2017年2月①。在研究期内发生销售交易的存量房小区共有7 231个,而发生租赁交易的共有10 001个住房小区。住房销售样本选择存量房作为代表,主要原因在于研究期内上海住房市场已由新建商品住宅为主转向为存量房交易为主。

基于上述住房微观交易样本进行需求分析,所采用的是显示性偏好法中的特征价格模型(hdonic price/rent model)。特征价格理论认为,异质性商品是由多种不同特征/属性组成的一篮子商品,因而消费者对异质性商品的需求可分解为对各种特征/属性的需求。由于这些特征对消费者具有效用,相应地其各自都具有隐含的价格。住房是典型的异质性商品,通常将其各类特征划分为三类:物理特征、邻里设施与区位条件。住房价格可表示成各个特征数量与其价格乘积的总和。基于上述住房交易的微观样本和包含各类空间信息的上海城市空间数据库,采用半对数的方程形式进行估计,如下式所示。

$$\ln(price_{idt}) = \alpha_0 + \alpha_1 \mathbf{X_i} + \alpha_2 \mathbf{L_i} + \alpha_3 \mathbf{N_i} + controls_{idt} + \eta_t + \lambda_d + \varepsilon_{idt}$$
$$\alpha_1 \mathbf{X_i} = \alpha_{11} X_{1i} + \alpha_{12} X_{2i} + \cdots + \alpha_{1m} X_{mi}$$
$$\alpha_3 \mathbf{N_i} = \alpha_{31} N_{1i} + \alpha_{32} N_{2i} + \cdots + \alpha_{3n} N_{ni} \tag{6-1}$$
$$\ln(rent_{idt}) = \beta_0 + \beta_1 \mathbf{X_i} + \beta_2 \mathbf{L_i} + \beta_3 \mathbf{N_i} + controls_{idt} + \theta_t + \gamma_d + \mu_{idt}$$
$$\beta_1 \mathbf{X_i} = \beta_{11} X_{1i} + \beta_{12} X_{2i} + \cdots + \beta_{1m} X_{mi}$$
$$\beta_3 \mathbf{N_i} = \beta_{31} N_{1i} + \beta_{32} N_{2i} + \cdots + \beta_{3n} N_{ni} \tag{6-2}$$

其中,$price$和$rent$分别以存量房销售成交价格和租赁住房的成交租金表示,作为被解释变量。$\mathbf{X}$、$\mathbf{L}$、$\mathbf{N}$分别表示住房的m个物理特征、地段位置和n个邻里特征(各类设施)组成的向量组。$controls$表示其他影响住房价格或租金的控制变量,α_0和β_0为常数项。下标i、d、t分别表示住房成交样本、所在区域以及住房成交时间。城市在不同时间点上住房价格和租金受住房市场整体供需关系的影响,在上述模型中η_t、θ_t通过控制时间固定效应提取和剥离这种整体性变化,也可通过系数估计结果获取同质化住房价格/租金指数,区域固定效应γ_d、λ_d用于控制区域之间难以捕捉的其他差异性因素。ε和μ是随机误差项。

---

① 链家网线上数据在2015年前的数据缺失较多。

（二）住房物理特征及地段位置的细分需求识别

1. 住房物理特征的细分需求分析

基于物理特征的住房租购需求分析结果，如表6-1所示。

表6-1　　　　　　　　　　住房物理特征的需求分析

被解释变量	销售样本	租赁样本
	ln（住房价格）	ln（住房租金）
住房房龄	-0.0101*** （0.001）	-0.00173* （0.001）
住房面积	-0.000570*** （0.000）	-0.00574*** （0.000）
住房所在楼层区域（"低区"为默认组）		
中区	0.0112*** （0.002）	0.0279*** （0.003）
高区	-0.0197*** （0.004）	0.0132*** （0.003）
住房总楼层数	0.00185*** （0.001）	0.00453*** （0.001）
住房装修状况（"毛坯"为默认组）		
简装	0.012*** （0.005）	
中装	0.036*** （0.005）	
精装	0.089*** （0.004）	
豪装	0.144*** （0.006）	
是否分季度付租金		0.086*** （0.013）
常数项	10.25*** （0.024）	4.452***
空间固定效应	控制	控制

续表

被解释变量	销售样本	租赁样本
	ln（住房价格）	ln（住房租金）
年度固定效应	控制	控制
N	71 210	243 917
R^2	0.817	0.535

注：括号中为板块聚类标准误；$*p<0.10$，$**p<0.05$，$***p<0.01$。

房龄与住房价格、租金均体现出显著的负相关关系。住房房龄每增加 1 年，住房价格和租金分别降低 1.01% 和 0.17%，前者是后者的 5.8 倍。这说明购房群体更关注房龄增加导致的住房价值折减。租房群体由于不拥有产权，对年代较为相近的住房并没有表现出明显的房龄需求差异。

作为住房的另一个重要物理特征，住房面积每增加 10 平方米，单位面积销售价格和租金分别下降 0.6% 和 5.7%。也就是说，租房群体对面积增加的边际支付意愿显著下降。这表明，租房群体只需要满足自身基本的居住空间，并不需要更大的居住空间。

在其他特征方面，一是所在楼层区域方面，两组样本体现出明显的差异性。购房样本中，中层价格最高，高、低楼层价格略低且差异较小。租房样本中，高楼层的价格相对更高，低楼层价格相对较低。二是随着装修等级的提高，住房价格呈现出明显的阶梯性变化特征。相对于毛坯房而言，从简装、中装、精装到豪装四类装修等级的住房溢价逐步增大。三是在其他因素相同的情况下，按季度支付的租金显著高于按年度约定租金的平均水平。

2. 住房地段位置的细分需求分析

环线区域特征的住房租购需求分析结果，详见表 6-2。

表 6-2　　　　　　　　住房环线区域特征的需求分析

被解释变量	销售样本	租赁样本
	ln（住房价格）	ln（住房租金）
住房所在环线区域		
外环以外（默认组）		
内环以内	0.314 *** (0.0606)	0.660 *** (0.0421)
内环与中环之间	0.275 *** (0.0487)	0.462 *** (0.0437)

续表

被解释变量	销售样本	租赁样本
	ln（住房价格）	ln（住房租金）
中环与外环之间	0.164***	0.263***
	(0.0464)	(0.0366)
住房物理特征	控制	控制
常数项	控制	控制
年度固定效应	控制	控制
N	71 210	243 917
R^2	0.820	0.474

注：以上各列中物理特征变量包含住房房龄、住房面积、住房所在楼层区域、住房总楼层数、住房装修状况、是否分季度付租金；括号中为板块聚类标准误；* $p<0.10$，** $p<0.05$，*** $p<0.01$。

从环线区域上对住房租购群体进行需求异质性分析的回归结果表明，总体上，无论是单位面积的住房价格还是租房租金，在自内而外的各类环线区域中表现出明显的递减特征。值得注意的是，三类环线区域在住房租金中的相对溢价均高于住房价格，但随着向外围环线区域扩展，两者的差距不断缩小。这说明，租房群体比购房群体对靠近市中心区域的需求更大。这主要与城市公共交通集中于中心区域，而租房群体日常出行更加依赖公共交通有关（谷一桢和郑思齐，2010）。

（三）住房邻里设施的细分需求识别

1. 基础教育资源的租购需求差异分析

将各类教育设施引入前述公式（6-1）和前述公式（6-2），回归结果详见表6-3。其中，在住房销售样本和租赁样本回归中，第一列主要关注优质教育设施（重点学校）的需求分析，第二列在此基础上也关注一般学校的需求分析。从基础教育资源来看，重点初中/小学对住房售价的影响显著而对住房租金影响并不显著，这突出反映了教育资源所具有的"租买不同权"特点。这也与现有其他文献的研究结论相一致（冯皓和陆铭，2010；胡婉旸等，2014；张牧扬等，2016）。住房与重点初中/小学距离每缩短10%，住房售价平均提高0.29%，学区房溢价效应明显（石忆邵和王伊婷，2014；哈巍等，2015；Black，1999；Bayer and Mcmillan，2007；Chung，2015；Imberman and Lovenheim，2016）。

表6-3　　　　　　　　城市主要教育设施的需求分析

被解释变量	销售样本		租赁样本	
	ln（住房价格）		ln（住房租金）	
ln（到重点初中/小学的距离）	-0.029*** (0.008)	-0.028*** (0.008)	-0.005 (0.009)	-0.005 (0.008)
ln（到示范性高中的距离）	-0.020** (0.008)	-0.021** (0.009)	-0.016* (0.008)	-0.015* (0.008)
ln（到原985、211大学的距离）	0.006 (0.012)	0.006 (0.013)	0.010 (0.013)	0.012 (0.013)
ln（到非重点初中/小学的距离）		0.008 (0.005)		0.0007 (0.005)
ln（到一般高中的距离）		0.003 (0.007)		-0.014 (0.007)
住房物理特征	控制	控制	控制	控制
住房与市中心的距离	控制	控制	控制	控制
常数项	控制	控制	控制	控制
行政区固定效应	控制	控制	控制	控制
年度固定效应	控制	控制	控制	控制
N	71 210	71 210	243 917	243 917
R^2	0.827	0.827	0.544	0.544

注：以上各列中物理特征变量包含住房房龄、住房面积、住房所在楼层区域、住房总楼层数、住房装修状况、是否分季度付租金；括号中为板块聚类标准误；* $p<0.10$，** $p<0.05$，*** $p<0.01$。

示范性高中的邻近性对住房销售价格和住房租金的影响均显著存在，住房与示范性高中的距离每缩短10%，住房价格和租金分别提高约0.2%和0.15%。前者的影响略大于后者，这可能是由于住房价格中包含着预期未来增值的因素。相比之下，重点大学周边的住房并没有明显的溢价。非重点初中/小学、一般高中属于基础性教育服务设施，在空间分布上较为分散，对周边的住房价格和租金的影响均不显著。

此外，如果将优质基础教育设施邻近性区分为公办和民办两类进行比较，回归结果如表6-4所示。从结果来看，公办重点初中/小学在周边区域产生的溢价效应显著存在，居民对"学区房"仍然有着较强的需求和支付意愿。住房与重点初中/小学距离每缩短10%，住房价格平均增加0.36%。相比之下,民办重点初中/小学周边却没有出现类似的现象,这是由于民办学校市场化程度较高,招生范围不限于周边区域,因此传统的"学区房"溢价影响并不存在。在租金样本回归中,公办和民办重点初中/小学周边都没有显著的溢价,进一步验证了租房群体在整体上对优质教育资源在空间邻近性方面的需求较弱。

表6-4 城市公办和民办基础教育设施的需求分析

被解释变量	销售样本	租赁样本
	ln(住房价格)	ln(住房租金)
ln(到公办重点初中/小学的距离)	-0.036*** (0.009)	-0.004 (0.011)
ln(到民办重点初中/小学的距离)	0.015 (0.012)	-0.002 (0.013)
住房与市中心的距离	控制	控制
其他教育设施变量	控制	控制
住房物理特征	控制	控制
常数项	控制	控制
行政区固定效应	控制	控制
年度固定效应	控制	控制
N	71 210	243 917
R^2	0.829	0.544

注:以上各列中其他教育设施变量包含ln(到示范性高中的距离)、ln(到原985、211大学的距离)、ln(到一般高中的距离)、ln(到非重点初中/小学的距离),物理特征变量包含住房房龄、住房面积、住房所在楼层区域、住房总楼层数、住房装修状况、是否分季度付租金;括号中为板块聚类标准误;* $p<0.10$,** $p<0.05$,*** $p<0.01$。

2. 医疗设施的租购需求差异分析

采用类似的方法,也可以对城市优质医疗服务设施的需求进行分析。一般认为,三级综合类医院的医疗条件较好且空间分布不够均匀,故以这类医院作为研究对象,回归结果如表6-5所示。结果显示,优质医疗服务设施对周边住房价格和租金产生了一定程度的影响,设施空间邻近性的影响弹性大小约为0.04。事实上,溢价效应可能存在高估,因为大型综合性医院周边的生活配套设施相对丰富,这使得难以完全剥离得到居民对医疗设施这一类独立设施的需求。

表 6-5　　　　　　　城市优质医疗服务设施的需求分析

被解释变量	销售样本	租赁样本
	ln（住房价格）	ln（住房租金）
ln（到三级综合类医院的距离）	-0.039*** (0.010)	-0.037*** (0.010)
住房与市中心的距离	控制	控制
其他邻里设施变量	控制	控制
住房物理特征	控制	控制
常数项	控制	控制
行政区固定效应	控制	控制
年度固定效应	控制	控制
N	71 210	243 917
R^2	0.828	0.545

注：以上各列中其他邻里设施变量、物理特征变量与前表相同；括号中为板块聚类标准误；* $p<0.10$，** $p<0.05$，*** $p<0.01$。

3. 公园绿地的租购需求差异分析

城市公园一般分为收费和免费（或廉价）两类，分别为旅游景点设施和日常休闲服务设施。考虑到居民较长时段的住房需求，后者为主要研究对象。采用距离和周边是否拥有此类设施两种方式表示邻近性，回归结果如表 6-6 所示。

表 6-6　　　　　　　城市免费开放公园的需求分析

被解释变量	销售样本	租赁样本
	ln（住房价格）	ln（住房租金）
ln（到城市免费公园的距离）	-0.012 (0.007)	-0.028*** (0.007)
周边 1 公里内是否有免费公园	0.010 (0.010)	0.014* (0.009)
住房与市中心的距离	控制	控制
其他邻里设施变量	控制	控制
住房物理特征	控制	控制
常数项	控制	控制
行政区固定效应	控制	控制

续表

被解释变量	销售样本	租赁样本
	ln（住房价格）	ln（住房租金）
年度固定效应	控制	控制
N	71 210	243 917
R^2	0.828	0.545

注：以上各列中其他邻里设施变量、物理特征变量与前表相同；括号中为板块聚类标准误；* $p<0.10$，** $p<0.05$，*** $p<0.01$。

从系数符号来看，住房销售价格和租金都会随着与免费公园距离的增加而下降，周边一公里以内有公园的社区住房价格和租金都会高于其他社区。相对而言，租赁样本中的上述特征更加显著，这说明租房群体对此类休闲设施有更明显的需求。这种差异的内在原因，在于购房群体在住房选择中需要考虑的邻里设施难以完全顾及，不同邻里设施之间存在一定程度的挤出效应（Sirgy et al.，2005）。例如，购房群体更关注优质基础教育设施，就会放弃对公园等休闲设施的需要。反之，租房群体无法享受重点学校"学区"带来的优质教育服务，那么对此类设施的需求则可能更强。

第二节 创新租房需求培育机制的核心与路径

一、核心：明确需求端的住房租购同权

"租购同权"属于需求端的改革，目的在于使租房群体与购房群体不因产权差异而享受不同的其他民生权利。如上所述，"租购不同权"中权利差别的实质，是在公共服务供给稀缺、城市发展不充分的阶段不得已采用的权宜之计。因此，促进"租购同权"并非是对租房居民的赋予和"恩赐"，而是对现行不完善的住房权利体系的"矫正"。

（一）"租购同权"的国际经验

1. 打破身份歧视，确保全体居民平等享受公共服务权利

西方国家住房租赁市场兴起于20世纪初，政府通过打破身份歧视、健全法律和保障体系、建立独特高效的房地产金融模式等手段，促进住房销售市

场和租赁市场的平衡发展，实现承租人和产权人无差别享有各种社会福利（祝军，2018）。如日本和很多欧美国家，租房也可以与买房一样同等入学（Kuroda，2018；Zhang and Chen，2018）。表6-7列示了典型国家租购权利对比情况。

表6-7　　　　　　　　典型国家租购权利对比

国家	立法	产权	教育	医疗
德国	《房屋建设法》《租房补助金法》《住房租赁法》《私人住房补助金法》	永久产权和70年期限	产权房和租房权利对等	强制全民医保，社会健康保险为主、商业保险为辅
美国	《美国房屋租赁法》	永久产权	学区以实际入住为准	买房和租房享受同等医疗服务
英国	《英国房屋租赁法》	多为永久产权	靠购房合同或租赁协议确定居住地就近入学	强制性全民医保
法国	最高房租标准强制限制房租	多为99年产权	就近入学	全民覆盖
日本	《借地借屋法》	产权归个人	公立学校以实际居住为准	全民医保

资料来源：国金证券研究所内部研究报告。

2. 完备的法规体系，保护承租人合法利益

住房租赁市场的发展需要完善的法律法规体系予以支撑，且法律保障偏向于在市场交易中的弱势一方——租房群体。相关的法律制度包含租金涨幅限制、居住权利保护以及税费减免等内容。

一些国家对租金涨幅有明确限制。例如，德国法律规定，三年内房租涨幅不得超过20%；若超过20%，租房者有权向法院提起诉讼；如若超过50%，则构成"房屋暴利"罪，最高可被判处3年有期徒刑（孙丹，2011）。

合法居住权利在许多国家受到法律保护。例如，美国法律规定，房东应当向租房者提供安全、卫生的住所，若因房屋出现问题导致租房者遭受人身损害，房东需承担相应责任。如果租房者未能及时支付租金或没有按合同时限搬离，房东也不能采用断水、断电等强制手段驱离租房者。

此外，租赁相关费用也可以在税前进行抵扣。例如，美国的税法规定租赁房屋的维修费用和各项使用维护支出以及每年的折旧部分都可以用来抵税（包振宇，2010），这有效降低了承租人的生活负担。

（二）"租购同权"的理论解析

基于国际经验和理论分析，对"租购同权"可从以下三个方面来理解。

1. "租购同权"符合宪法上公民的基本权利

平等权是公民在政治、经济、文化和社会各方面享有平等的基本权利，这是现代社会公平原则的集中体现。"租购同权"强调住房所有者（房东）与承租者对于特定住房在产权以外的其他权利上是基本平等的，特别是享有与住房所在区域和城市基本公共服务的同等权利，包括基础教育、就业服务、社区卫生和医疗服务、文化体育空间和设施服务等。这符合宪法对于公民权利的基本保障，也应当在法律制度与公共政策中突出体现。此外，部分流动人口通过租赁住房享受与本地户籍居民同等的基本公共服务，也有助于消除户籍制度造成的社会分割与居住隔离，能够为城市间劳动力流动和区域协调发展提供直接保障。

2. "租购同权"明确全体居民应公平享受社会公共福利

住房租赁市场的发展没有得到重视，长期滞后于住房销售市场的发展。这与租房群体的权益没有得到有力保障，在租赁关系中处于弱势位置，通过租房无法享受特别是教育、医疗、养老和社会保障等公共福利密不可分。通过立法明确租赁关系中双方的权责义务，以"租购同权"保障各方，特别是租房群体的合法权益，借鉴其他国家经验建立起稳定租期和租金水平等制度，推动租房群体在基本公共服务方面享有与自有住房群体同等待遇（刘金祥和邢远阁，2018），将有助于强化住房租赁关系双方的公平地位。

3. "租购同权"是公私权益的分离，有助于推动住房市场稳健发展

"租购同权"旨在消除公共服务权益的属地化和属房化特征，使之真正属人化，推动社会公平。同时，这将使住房成为商品服务市场的纯粹交易品种，使综合住房需求不再基于自有住房的前提，引导租赁市场在良性发展前提下住房需求的租购结构合理化，从需求端有效降低房价租金比，推动住房市场理性回归，有助于实现租购并举的住房市场协调、可持续发展。

二、路径：优化保障性与市场化租赁供给

（一）保障性住房租赁重在夯实基础

当前由于以政府为主导提供的住房保障资源有限，因而在保障领域呈现出随着保障范围扩大保障水平依次下降的特征。目前政府对中低收入户籍居民保障水平最高，提供租（公租房）和售（共有产权房）相结合的保障，应保尽保；大部分城市将中低收入常住人口纳入公租房的保障体系，但由于公租房数量有限，实际覆盖水平并不高；对收入低、住房困难的流动人口支持最少。由此，应当依据财政能力和公平原则，地方政府应以保障租赁需求为基础，递进提供租赁保障解决住房绝对贫困，相对贫困的解决以租赁保障为主、产权保障为辅①。

租赁保障可采用货币补贴和实物补贴。政府可通过新建公租房或收储社会房源提供实物租房，但都需避免大规模集中提供，以减少贫困聚集。政府对住房贫困的低收入家庭提供完全保障，补足其可支付能力与市场基本租金之间的差额，补贴数额随家庭收入的变化而动态调整。对于产权保障，则以实物的共有产权房为主、货币补贴为辅，但各地政策差异较大。如何完善制度、提高共有产权房的保障效率和公平一直是社会热议话题。建议未来取消产权的实物保障，代以货币补贴。产权货币保障在保障住房基本权的同时还可重激励，将住房资助与就业、教育培训政策相结合，促进居民自身素质与能力提高以增强其购房能力，并进而实现打破阶层固化的最终目标。这里可借鉴美国的家庭自给购房计划，接受租赁保障的家庭通过教育和培训后，如果达到就业和收入提高的目标，其在首次购房时才能获得政府的资助。

---

① 绝对住房贫困是指住房条件达不到维持基本生存需要的最低量。住房基本生存需求，一是要安全卫生；二是应保证居民基本居住权益，即要基本舒适。基本舒适，包含具有基本居住功能、基本私密保障和基本公建配套。相对住房贫困是指某家庭的住房条件虽能达到或超过维持生存需要的标准，但与社会其他成员的住房条件之间仍存在着较大差距。姚玲珍和王芳（2017）指出，当前我国城镇居民住房条件普遍改善，但住房绝对贫困现象仍不容小觑。整体而言，城镇居民平均住房水平远超住房绝对贫困标准，但与发达国家相比仍有较大差距；同时，城镇居民平均住房水平的地区和群体差异显著。

表 6-8　　　　　　　　　　　保障对象分类补贴标准

住房支付能力	绝对住房贫困	相对住房贫困
低收入	租赁完全保障	产权轻度保障
中等偏下收入	租赁轻度保障	产权激励支持

资料来源：姚玲珍，刘霞，王芳．中国特色城镇住房保障体系研究［M］．北京：经济科学出版社，2017．

（二）市场化住房租赁应当积极推进

第一，通过制度改革根本上明确租购群体具有平等的公共服务享有权，强调对租房者权益的保护。

这方面可借鉴德国经验。德国《民法典》和《租房法》在租金价格管制与承租人权利保护的高度结合方面非常完善，从居住者利益角度看，租房和买房的差别不大，有效保障了租房需求。

在租金价格管制方面，一是房租定价有指导。德国公共住房的租金由政府决策；市场租金虽然由租赁双方协商，但并不是任由市场供求关系自由确定。根据法律，德国各地方市政建设部门与承租人协会、房屋中介机构，定期根据当地实际房租情况制定一张"租房价格表"，详细列示不同类型、不同地段房屋的合理房租建议，具有公认的权威性。二是房租涨价有上限。法律规定，出租人不得随意涨房租，在涨价之前须书面陈述理由，而且租金调整幅度须与同期物价指数相匹配。如果出租人涨租幅度在三年内超出合理房租的 20%，就会构成违法行为。承租人可向法庭起诉，其结果不仅可以使房租立刻下降，而且出租人将受到最高 5 万欧元的罚款。如果出租人涨租幅度超过合理房租的 50%，就有可能构成暴利罪。

在租约管理方面，一是合约签订程序化。法律重视细化租房合同及相关程序，以最大限度避免风险和分歧，保护租赁双方权益。租房合同可分为有限期和无限期两种。其中，无限期合同保证租房人能够长久租住一处房产。任何一方如果想终止合同，通常需要根据实际租期来定提前通知时间。签署租房合同前，承租人须向出租人出具信用等级证明（即此前支付租金记录）、工作状况以及财务状况 3 项证明（李忠东，2011）。二是合约履行有保障。房屋出租后，如果没有承租人允许，任何人（包括出租人）无权进入该房屋。法律规定，出租人如想解除租约，只能在有正当理由的情形下提出，如承租人违反租约和出租人能够证明自己由于客观原因需要而收回住房。另外，即使承租人一时无法支付房租,出租人也不能直接要求承租人搬走,而须向法庭提起诉讼来进行相关处理。

在严格市场监管方面,一是转租行为被禁止。法律明确禁止出现"二房东"现象,承租人不能将整个房子转租他人,但承租人在有正当理由并事先征得出租人同意的前提下,在居住期间可将部分房间转租他人。二是租赁违规零容忍。德国政府部门和行业协会对租房信息的核实以及对相关机构的操作流程实行严格监管,房屋中介若提供虚假信息或有其他违规行为,一经发现将受到重罚,甚至因此倒闭。

第二,契合租购需求差异,优化租售住房的空间分布,培育多元供给主体提供契合需求差异的住房产品。

前述实证分析表明,租房群体的住房需求倾向于靠近市中心的区位,偏好休闲生活设施和轨道交通设施;而购房群体的住房选择在空间上相对分散,并关注住房周边优质公立教育资源的可达性。政府在新城开发和旧城更新改造时,可根据租购需求偏好差异,综合考虑其他各种因素优化住房或土地供给。在住房产品方面,面向中低收入居民以租为主,提供经济实用住房。通过财政、税收优惠政策引导市场多提供小面积租赁住房。考虑中低收入人口的流动主要受就业驱动,改建、新建的租赁用房要优先布局于产业园区附近,并增加生活设施的配置。面向中高收入居民租售结合,推动美好居住。在大力发展租赁市场的同时,也不应完全忽视购房家庭的合理性改善需求。另外,在租赁住房市场上,尽管整体上租赁群体对住房的舒适性要求不高,但随着租赁人口的构成日渐复杂,高收入人群的流动、独立养老趋势以及青年住房消费的新观念,也会使租赁群体对住房品质的要求提高,因此有必要考虑多样化租赁产品的供给。

第三,通过社会舆论导向扭转租赁歧视论。

链家地产研究院发布的《2016居住生活报告》显示,从2013~2016年,北京、上海地区居民的首次购房年龄从30岁推迟到34岁,即每年推迟一岁。这说明即使房价再高,倾力买房仍是中国人的首选。政府、教育行业和媒体都应有责任承担起引导社会舆论的重任,改变传统观念,破除"没房子就不结婚""没房没地位"和"啃老买房"等不良社会风气,利用各种媒介,宣传依靠自身奋斗、通过"租购并举"实现居住幸福的社会新风尚。

第七章　城市住房需求宏观分析与需求调控机制建设

调控购房需求的核心在于分类引导，实行"精准调控"。各城市可通过金融支持和财税激励，支持原有居民的自住和改善需求以及外来新居民合理的自住购买需求，政策设计上注重将优惠政策与就业、教育培训政策相结合，促进居民自身素质与能力提高以增强购房能力。一、二线城市调控的另一重心在于通过紧缩信贷、惩罚性财税政策及市场管制政策相结合，遏制投机需求。三、四线城市适度支持住房投资需求，对居民投资住房出租的，给予税收减免。

第一节　我国主要城市购房需求的典型特征

一、购房需求空间分化的表现

"十三五"时期，结构分化的现象开始在我国各地住房市场显现。2015年至今，尽管在促消费、去库存的总基调下出台了一系列市场宽松政策，但市场分化仍较为明显。核心一、二线及周边城市轮番领涨，量价高位运行；而部分二线及多数三、四线城市库存依然严峻。

从图7-1商品住房的具体成交情况，可以看出一、二、三线城市购房需求之间的差异。基于套总价，结合成交量，将30个城市不同层次的楼盘分为中低价位、中高价位和高价位三类。具体划分方式为：首先根据套总价对所有新房楼盘进行降序排列，成交量占前10%的属于高价位楼盘，10%~40%属于中高价位楼盘，后60%属于中低价位楼盘[①]。

---

① 资料来源：贝壳研究院。

（万元）

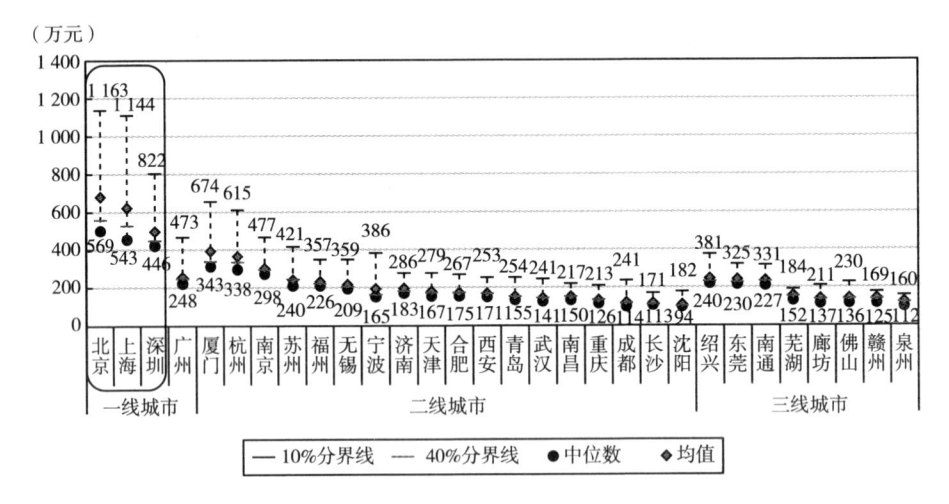

图 7-1 2019 年 30 个城市楼盘单套住房总价成交结构

资料来源：CREIS 中指数据。

2019 年各类城市各层次楼盘套总价均值及中位数总体呈现上升趋势，但在"房住不炒"和以稳为主的政策基调下，房地产调控效果显现，多数代表城市各类楼盘价格涨幅有所回落。一线城市中低价位楼盘销售金额占比提升，二、三线城市居民置换需求不减，改善型需求继续稳步释放。与此同时，在限售、限贷等政策影响下，市场投资需求明显减少，大户型产品成交下降。展望未来，在土地供给结构和住房制度改革的趋势下，重点一、二线城市以租赁住房和政策性住房为主的刚需类产品供给将会继续提升；而对于大多数普通二、三线城市来说，改善型住房需求仍将是市场成交主力，且人口年龄结构的变化也会加速此类需求释放，未来高性价比、品质突出的产品更易受到市场青睐。

二、宏观层面购房需求的特征分析

（一）城市购房需求分析的数据基础与实证设计

实证分析的数据来源于国家信息中心的国信"宏观经济与房地产数据库"，查询获取得到 2000~2015 年 35 个大中城市住房市场和相关宏观经济变量的年度数据。由于上海和重庆施行房产税试点，故在研究样本中予以剔除，实际为 33 个城市。如表 7-1 所示，市场均衡需求量 Q_{Dt}（或 Q_{St}）用城市年度商品住房销售面积表示，房价 P_{Ht} 采用商品住房年度平均销售价格，住房投资收益率 θ 取商品住房平均销售价格年增长率，收入 Y 采用城镇居民人均可支配收入，地区人口数 N 采用年末总人口。城镇存量住房总面积 H 的确定方法为：用 2000 年 33 个城市各自的城镇居民人均住房建筑面积与城市非农业人口数相乘①，再加上历年商品住房销售面积。建筑成本 P_{CONM} 没有直接的统计数据，以年商品住房竣工价值除以商品住房竣工面积后的商替代。地价 P_{CONL} 用城市居住建设用地地面均价衡量，由于未取得专用于住房开发的购置土地面积，这里以房地产开发购置土地面积 Q_L 替代。以上变量如属名义变量的，用该城市 2000 年作为基期的定基比居民消费价格指数进行调整。为消除异方差影响，除投资收益率 θ 外，全部取对数。

表 7-1　　市场供求弹性估计的变量含义和描述性统计

变量名	变量含义	均值	标准差
Q	市场均衡需求量（万平方米）	734.216	517.822
P_H	新建商品住房房价（元/平方米）	5 729.664	4 008.231
θ	商品住房房价年增长率	0.119	0.112
Y	人均可支配收入（元）	21 000.390	9 892.877
N	年末总人口（万人）	600.485	290.035
H	存量住房总面积（万平方米）	9 993.524	7 485.073
P_{CONM}	建筑成本（元/平方米）	2 234.820	1 020.485
P_{CONL}	居住用地地面均价（元/平方米）	5 171.786	6 503.265
Q_L	住房开发购置土地面积（万平方米）	333.185	273.688

经济学分析认为，商品供需是一组典型的有相互联系的方程，即联立方程组。陈强（2014）指出，即使研究者只关心单个方程，但如果该方程包含内生解释变量，仍有必要建立完整的联立方程组进行估计。对相关研究进行梳理，可以发现前期较多文献采用单方程方法估计住房供需弹性（Jin et al.，2006；高波和王斌，2008；刘洪玉和杨帆，2012），采用联立方程估计的相对较少，邹至庄和牛霖琳（2010）以 1987~2006 年全国层面住房市场时间序列数据建立供需联立方程组，估计了城镇住房存量需求价格弹性和存量供给价格弹性。基于前者的研究，可采用联立方程组估计相关供需弹性。除了相互

---

① 数据库中查询得到的是城镇居民人均住房使用面积，在该数据基础上乘以 1.333 换算为建筑面积。

决定的住房价格 P_{Ht} 和住房需求量 Q_{Dt}（或供给量 Q_{St}，模型设定市场是均衡的）外，在需求方程中加入了影响市场自住购房需求的主要因素有居民收入 Y_t、总人口和该地区存量住房量（沈悦等，2004；况伟大，2009；Case and Shiller，1989），加入影响购房投资的主要因素为住房投资收益率（况伟大等，2012），未考虑租金收益率；在供给方程中，加入了建造成本，建造成本主要分为地价和建筑成本两类，另考虑了对住房供应具有硬约束的土地供应量。面板联立方程模型设定如下：

$$\ln Q_{Dt} = \beta_0 + \beta_1 \ln P_{Ht} + \beta_2 \theta_t + \beta_4 \ln Y_t + \beta_5 \ln N_t + \beta_6 \ln H_{t-1} \quad (7-1)$$

$$\ln Q_{St} = \gamma_0 + \gamma_1 \ln P_{Ht} + \gamma_2 \ln P_{CONt} + \gamma_3 \ln Q_L \quad (7-2)$$

（二）主要城市购房需求识别与特征归纳

联立方程模型的估算首先需要判断可识别性。由于本处模型为过度识别的联立方程模型，故采用三阶段最小二乘法 3SLS。估计前，先对变量进行平稳性检验。由于数据的时间维度 T 较小，这里采用了 HT 和 IPS 两种检验方式。如表 7-2 结果表明，关键变量和部分控制变量均为平稳序列，只有控制变量 $\ln H$ 和 $\ln P_{CONL}$ 是一阶单整过程，因此可认为单位根问题对研究的合理性影响不大（郭步超和王博，2014）。

表 7-2　　　　　　　　　　面板单位根检验的结果

变量名	HT 检验	IPS 检验
$\ln Q$	0.7103 ***	-1.8475 ***
$\ln P_H$	0.7248 ***	-1.9684 ***
θ	-0.0576 ***	-3.7532 ***
$\ln Y$	0.6266 ***	-1.7976 *
$\ln N$	0.7697 ***	-1.7644 *
$\ln H$	0.8296	-1.2827
$\ln P_{CONM}$	0.4791 ***	-2.4189 ***
$\ln P_{CONL}$	0.9199	-0.6673
$\ln Q_L$	NA	-2.8967 ***

注：***、**、* 分别表示在 1%、5%、10% 的水平上拒绝面板单位根假设。

由于面板数据存在截面维度上的特定差异，先对各城市相关变量去中心化，剔除个体效应，再进行 3SLS 估计。模型（1）为全样本估计，模型（2）

仅包含一、二线城市的样本，模型（3）仅包含三线城市的样本。实践中对35个大中城市等级的划分没有统一定义，普遍认可的是北京、上海、广州和深圳为四个一线城市。但如果把一线城市单独列出，数据太少，不利于估计的稳健。结合基于房价的面板聚类结果、是否属于副省级城市以及数据的平衡性，可将33个城市（不包括上海和重庆）分为两类：一、二线城市包括北京、广州、深圳、厦门、杭州、宁波、大连、天津、南京、成都、济南、青岛、武汉13个城市；剩余20个城市为三线城市。

如表7-3结果显示，模型（1）在33个城市平均水平上，市场增量购房自住的需求价格弹性为-1.013，购房投资需求收益率半弹性为0.967，住房供给的价格弹性为1.597。邹至庄和牛霖琳（2010）给出的供给价格弹性为0.831，需求价格弹性在-0.7~-0.3，但作者指出这些弹性是基于全部住房存量的，包含新建住房和已存于市场上的住房，该框架下估计结果的绝对值会小于新房的需求和供给弹性水平。

表7-3　　　　　　　　　市场供求弹性估计的结果

变量	模型（1）全体样本	模型（2）一、二线城市	模型（3）三线城市
需求方程：被解释变量 $\ln Q_{Dt}$			
$\ln P_H$	-1.013 *** (-4.060)	-2.159 *** (-3.561)	0.297 (0.935)
θ	0.967 *** (6.017)	1.685 *** (4.504)	0.480 ** (2.595)
$\ln Y$	1.999 *** (8.005)	2.170 *** (3.965)	1.230 *** (3.781)
$\ln N$	1.064 *** (4.445)	2.038 * (2.529)	0.466 ** (2.819)
$\ln H_{-1}$	0.238 (1.744)	1.393 *** (3.810)	-0.114 (-1.228)
常数项	0.067 ** (3.259)	0.118 ** (3.193)	0.075 *** (3.384)
供给方程：被解释变量 $\ln Q_{st}$			
$\ln P_H$	1.597 *** (12.689)	0.982 *** (7.161)	1.858 *** (10.872)

续表

变量	模型（1） 全体样本	模型（2） 一、二线城市	模型（3） 三线城市
$\ln P_{CONM}$	-0.118 (-1.083)	0.143 (1.034)	-0.245* (-2.200)
$\ln P_{CONL}$	-0.547*** (-6.567)	-0.550*** (-6.066)	-0.314** (-2.810)
$\ln Q_L$	0.124*** (4.428)	0.101** (2.657)	-0.007 (-0.311)
常数项	0.035 (1.706)	0.009 (0.344)	0.082*** (3.332)
样本量	431	171	260
拟合优度 R^2	0.562	0.138	0.717

注：（1）***、**、*分别表示在1%、5%、10%的水平上显著；（2）括号里为z值。

另外，本节基于城市宏观层面面板数据估计的购房自住需求价格弹性的绝对值，大于上章基于家庭微观层面横截面数据的估计结果。对于时序数据和横截面数据在估计住房需求时的差异，郑思齐（2007）指出，利用前者估计的弹性属于短期弹性，后者属于长期弹性。对于住房这类耐用品，从绝对值水平看，短期弹性会大于长期弹性。本节所估计的购房投资需求收益率半弹性小于第四章的估计结果，原因之一在于后者衡量的是投资收益率对家庭投资需求的影响，前者衡量的是投资收益率对市场整体需求的影响，整体市场需求中的投资需求可能占比较小；第二个可能的原因在于第四章数据来源于2010年的调查数据，数据时间跨度为2000~2015年，2010年后35个大中城市普遍实行限购限贷政策以抑制住房投资需求，这使得受限的投资需求应对收益率的敏感性下降。

模型（2）和模型（3）分别估计了一、二线和三线城市的住房交易市场供求弹性。在一、二线城市，市场增量购房自住需求的价格弹性为-2.159，购房投资需求收益率半弹性为1.685，需求弹性的绝对值均高于33城整体平均水平；住房供给的价格弹性为0.982，低于平均水平。三线城市的估计结果基本相反，市场增量购房自住需求的价格弹性不显著，购房投资需求收益率半弹性为0.480，低于33城整体平均水平；住房供给的价格弹性为1.858，略高于33城平均水平。这与对不同地区市场的观察基本一致。进入2014年，我国各地住房市场开始出现结构分化，三、四线城市库存高企，部分二线城市的库存亦不容小觑；而在一线和部分热点二线城市，住房市场供需仍较为紧张。尽管在去库存政策推动下，市场行情有所好转，但却也说明了市场需求趋于饱和的事实，因而三、四线城市购房需求对价格信号不敏感、市场供给弹性大是有依据支撑的。

第二节 完善购房需求调控机制的要点与路径

基于居民家庭住房财富的不平等和地区市场住房需求的差异，这里的"分类引导"主要指因购房需求性质和地区不同分别施策。购房需求因性质不同，可分为消费需求、投资和投机需求；地区市场主要依据供需状况分为两大类，即一、二线住房需求较旺的城市和三、四线及以下住房需求萎缩的城市。

一、根据购房需求性质实施差异化政策

（一）继续支持中低收入家庭购房自住需求

当前我国对符合条件的保障家庭提供的购房保障补贴方式主要有两种：一是直接给予一次性购房补贴。如常州，2015年对符合户籍且实际居住3年以上、家庭人均月可支配收入在3 290元（含）以下、无房或家庭人均住房建筑面积低于18平方米三项条件的家庭，在购买新建成套普通商品房一套时，发放10万元补贴[①]。这种方式对补贴对象的要求较为严格，但补贴力度非常大，实际上是经济适用房政策的货币体现。国际上采用这种大额一次性直接补贴方式的案例也较少，住房保障体系完善的国家中仅见于新加坡的中央公积金住房资助计划（"CPF Housing Grant" Scheme），政府对于符合条件的新加坡居民购买二手组屋提供直接资助。因而建议尽量减少使用这种方式。二是采用共有产权房的方式。与经济适用房相比，共有产权房这种保障方式具有极大的优势。首先，与经济适用房一样，可有效解决低收入家庭的住房困难。其次，这种方式极大压缩了保障房与商品房之间的价格差距，避免了"福利陷阱"。最后，以"有限产权"的方式，让居民实现了"买房梦"，使

---

① 详见《2015年常州市市区经济适用住房货币补贴政策指南》。

家庭财富随房价的增长而增值。与此同时，对中低收入群体通过税收或货币政策实行产权激励保障。这种方式补贴标准低、受众面广、政府财政压力低并能促进中低收入群体通过自身努力解决住房问题，是住房保障体系完善国家最常用的方式。

（二）限制奢侈性自住与投资性购房需求

针对奢侈性自住需求，应考虑在住房交易环节征收一次性消费税，并在住房保有环节适当征税。这样设计既符合抑制高收入家庭奢侈性住房消费、缩小住房财富差距的调控目标，也符合税收支付能力原则，能缩小社会纳税范围和降低税收负担，起到减少税改推进阻力的作用。

这一思路的重点，在于甄别和抑制投机性购房需求。自住、投资和投机性需求其实并不存在明显界限，它们之间存在转化的可能性，很难锁定"谁是投机性需求"（张书海和刘文勇，2010）。在住房政策的调控中，对合理的自住需求应予以支持。合理的投资性需求对市场也是必要的，因为租赁需求的满足依赖于住房投资；同时，投资性需求也为住房市场提供必要的流动性。纯粹的投机需求过多，则会挤占合理消费需求，异化持有住房的财富效应，形成市场泡沫，并可能带来市场危机。因此，基于便利原则，在交易环节仍通过套数来界定家庭购房的性质，即不管家庭是否是第一次贷款，只要购买的是第二套住房，则一律按"非自住"处理。在持有环节，可以通过住房的使用状态来判断家庭购房的性质，即是否用于自住消费、是否用于出租获取投资收益，若空置则判断其为投机行为。在性质界定基础上，分别适用不同的金融和税收政策，如采用二套及以上住房的抵押贷款利率上浮、首付比例增加、征收差异房产税等政策增加投机性需求的成本。

二、结合各地住房供需差异特征精准施策

在市场供需基本稳定的背景下，减少政策调控，主要以规范市场行为为主，更多地发挥市场机制的自发调节作用。

在市场供不应求、房价可能大幅上涨的背景下，如一、二线城市，从供需两端入手进行调控。一方面，增加和优化供给体系，限制开发商利润，控制住房成本；另一方面，加重投资和投机的税收负担、收紧信贷政策，甚或结合行政管制手段，减少住房投机的利润空间，抑制过热需求。

在市场存在高库存、住房有价无市或价格可能大幅下跌的背景下，如部分三、四线城市，亦应供需两头发力予以调节。在供给层面，适当控制土地供给节奏，给予开发商信息对称，减少盲目开发。在需求层面，实施较为宽松的财税、货币政策鼓励居民购房，也可适度支持住房投资需求，对居民投资住房出租的，给予税收减免；另外，还可考虑将库存的商品住房转化为保障房，增强地区住房福利水平。

第八章 以租购并举为目标的住房配套制度改革要点

租购并举的住房需求引导政策体系的有效实施，依托于重大制度改革的配套。一是推进"租购同权"。"权"包含稳定的居住权和附着之上的衍生权利——公共服务的均享权。我国城镇居民享有的公共服务项目繁多复杂。初步研究表明，现时完全同权，将加剧居住空间分化的结构矛盾。优质公共服务供给区域将产生巨大的虹吸效应，致使租赁价格上涨、带动房价上升、加剧优质公共服务供给不足等矛盾，进一步拉大地区间、地区内差距。现时约束同权，则视约束程度对住房市场的调控效果不一。为此，应适时逐步推进"租购同权"，主要包含：第一，户籍制度改革的深化，以促进社会人群自由流动；加快建立均等化的公共服务供给制度，以提高公共资源配置的效率；破除公共资源与住房捆绑，通过受益性的财税政策与精准化的转移支付制度，推进社会公平。第二，重塑房地产税收体系，实行差异纳税。房地产税收体系的改革是建设住房市场调控长效机制的重要一环。当前需变革"重开发流转、轻持有"的体系结构，加快保有环节房产税的立法与逐步推进。房地产税收的差异化设计，以实现对自住需求的全力支持、投资需求的适度支持与投机需求的遏制为目的。第三，因城市、人群不同，实行差异化货币政策。重点是发展政策性住房消费金融，适度拓宽住房公积金使用范围，满足中低收入群体住房租购需求。第四，在住房市场长效机制的构建过程中，相机使用行政手段进行搭配，行政管制措施逐步退出住房市场。

第一节 推进住房领域租购同权的重点内容

一、加大城市户籍制度的改革力度

户籍制度是中国最为独特的社会治理制度之一。户籍制度的本质,在于户籍背后附加了许多行政的、经济的、福利的功能,人为地造成了城乡和区域间的差异和不公平。虽然在特定的历史时期,城乡二元户籍制度为我国经济发展、社会稳定做出了积极贡献,但是随着城镇化的快速发展,城乡一体化越来越成为社会发展的必然趋势,剥离黏附于户籍制度上的各项福利待遇和权利保障也成为现阶段我国社会发展的迫切需要(钟荣桂和吕萍,2017)。如图8-1所示,中国城市户籍制度改革一直伴随中国城镇化的进程而演进,然而在相当长的时期内,由于地方政府在户籍改革中的强干预性,改革呈现出"碎片化"特征(王清,2015),但近期改革力度明显加快。2019年4月8日,国家发改委印发的《2019年新型城镇化建设重点任务》明确,要积极推动已在城镇就业的农业转移人口落户(戚奇明,2019)。该文件指出,在此前城区常住人口100万人以下的中小城市和小城镇已陆续取消落户限制的基础上,继续加大户籍制度改革力度:城区常住人口100万~300万人的大

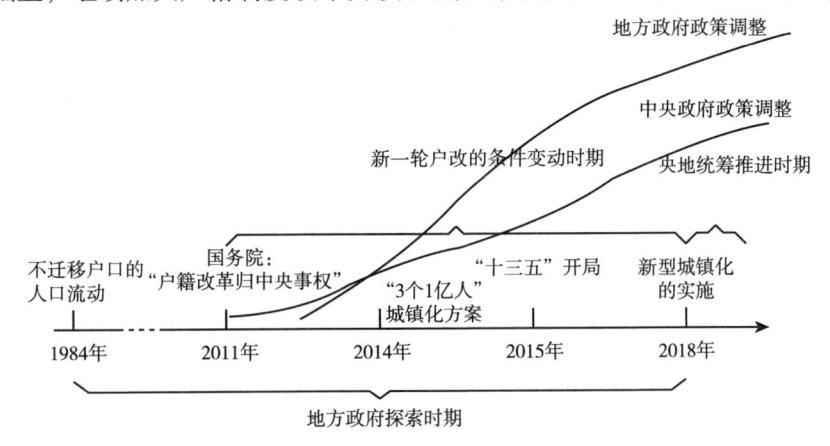

图8-1 城市户籍制度改革路线

资料来源:陈波,张小劲.内部激励与外部约束——新一轮城市竞争中的户籍制度改革逻辑[J].治理研究,2019(2):88-97.

城市要全面取消落户限制；城区常住人口300万～500万人的大城市要全面放开放宽落户条件，并全面取消重点群体落户限制（陈月芹，2019）。户籍制度改革的政策设计应更加注重统筹户籍利益差别，真正实现居住地公共服务的均衡化和普惠化。

（一）放宽城市的户籍准入条件，优化超大城市落户政策

城市落户准入条件的总体准则应以公平正义、以人为本为导向，统筹考虑各类城市综合承载能力、经济社会发展需要、民意集中诉求等，据此制定具体标准，尽快实现居住地常住人口与户籍居民享受同等社会保障和公共服务。在实施路径上，一方面，除极少数超大城市外，全面放宽落户限制，优先解决城市存量非户籍人口的落户问题，逐步带动新增非户籍人口落户。另一方面，重点调整优化特大和超大城市的落户政策，不仅要进一步降低落户门槛和区分城市不同区域落户条件，还可探索开放单项福利准入，满足一部分未达到落户条件的常住人口可获得单项或部分基本公共服务权益（赵军洁和范毅，2019）。

（二）全面实行居住证制度，逐步推进基本公共服务普惠化

新一轮户籍制度改革的目标是统筹居住地城乡户籍利益差异，促进农业人口转移。各地要加快推进居住证制度，为未落户的居住地常住人口提供与本地户籍人口同等的基本公共服务和社会保障，在覆盖基本公共服务基础上，逐步延伸至所有公共服务，为最终取消户籍制度创造条件（赵军洁和范毅，2019）。

以上海为例，2016年4月25日上海市政府发布《关于进一步推进本市户籍制度改革的若干意见》，提出"完善居住证和落户政策体系，稳步推进基本公共服务覆盖符合条件的常住人口"。在此基础上，进一步落实积分落户政策，根据积分高低，居住证持证者享有不同程度的公共服务。比如，达到标准分值120分的外来人员，就可以享受包括同住子女参加高考等市民化待遇，但调研显示，即便是达到最高等级的120分以上，居住证持证人与户籍人员仍有区别之处。且目前在办理居住证方面，各区、各街道也有不同的要求，有的区域要求一套房子只能办理一个居住证，有的要求办理居住证必须业主本人出面。这些规定可能导致居住证的办理不够便利，对此应在大城市统一居住证申领程序，实行属地化人口管理。针对不同群体，应逐步优化

积分制度，细化居住证转常住户口及落户政策及其之后的教育资源分配问题，特别需要逐步弱化基础教育资源与住房的关联度。

（三）建立以常住人口为依据的各级政府财政分担机制并进行配套改革

建立以常住人口为依据的不同层级政府财政转移支付制度，有利于进一步优化公共服务。一方面，要明确中央、省、市（区、县）不同层级政府的责任内容（张林山，2015）。中央政府制定指导性、引领性、统一性的户籍政策，确定基本公共服务标准，同时，应支持流动人口转入大省；省级政府制定本省（区、市）的公共服务标准和要求，既要负担省级部分的公共服务成本，也要支持流动人口转入大市；市（区、县）级政府主要承担需本级政府分担的原发性公共服务成本、城市基础设施建设和运营维护成本。另一方面，财政转移支付要向跨省、跨市流动人口较多的城市倾斜。此外，可依据财权与事权匹配的原则，给予基层政府一定自主权（赵军洁和范毅，2019）。

根据城市常住人口变动、经济发展情况等进一步确定和优化地方政府的行政机构和人员配置。对经济发达的省份和地区，可试点探索"省直管县"，甚或"省直管镇"。

在保障农民财产权益的前提下，构建城乡要素双向流动机制以便利劳动力的流动。政府可以在尊重农民意愿的前提下，出台土地承包经营权、宅基地和集体资产股份有偿流转或退出等相应制度；相关部门可搭建集体经营性资产的市场交易平台，允许各类经营性集体资产在平台上进行规范、开放的公开交易。

二、落实居民平等的居住衍生权利

资源高度紧缺的大城市解锁住房产权与受教育权的捆绑，其他城市则全面落实"租房落户"。2017年以来，已有部分城市先行先试，广州提出租房者和购房者子女享有同样就近入学的权利，无锡、郑州、济南和扬州等地提出"租房落户"措施。《无锡市户籍准入登记规定》修订版明确增设了租赁住房落户政策，"在本市有经房产管理部门办理租赁登记备案的租赁住宅，且在本市依法缴纳社会保险并申领（签注）《江苏省居住证》均满5年的人员（宜兴市为均满3年），准予本人、配偶和未成年子女来本市落户"。

稳步推进租房者与购房者平等享有优质公共服务。盘和林（2017）指出,在"租购同权"落实过程中,一是应该妥善处理好出租人与承租人的权利关系。假如承租人的子女入学、入户等市民化权利是通过与出租人的权利分割来实现的话,必然造成两者的冲突,或者使得"赋权"无法真正落地。为此,除了社保年限,像济南、无锡等城市的租房落户政策还有一个要求——"房屋所有权人同意落户"。二是要在"赋权"的同时增加公共服务能力和改善公共配套设施的供给能力。因为如果某项公共服务具有稀缺性,即使实行"租购同权",也必然会因为租赁的附加价值上升而引发局部租金飞涨,从而影响居民福利①。

三、促进教育等公共服务均衡发展

公共服务供给均衡是推进"租购同权"的关键(陈杰和吴义东,2019)。从上节租购需求差异的实证分析中可看出,其中最为关键的是优质基础教育资源的合理配置。除了优质中小学的空间区位优化配置外,优质教育资源的配置还取决于优质教师的合理分配、流动和入学机会的平等。

(一)统一核定教师编制,实行统筹和动态管理

2016年1月26日,教育部下发的《关于做好2016年城市义务教育招生入学工作的通知》明确提出,"对于群众高度关注的热点学校,要加快推进学校联盟、集团化办学、校长教师交流轮岗,发挥其辐射带动作用,扩大优质教育资源覆盖面"。2018年1月,北京市编办、市教委联合印发《关于切实解决中小学校缺编问题的通知》,明确将乡村中小学教职工编制按照城市标准统一核定,实行教职工编制城乡、区域统筹和动态管理。这些政策的目的就是为了打破城乡差别,保证城乡学校在教师编制标准上享有同等待遇;而实行教师编制动态管理,则是为了打破教师固化身份,促进教师在城乡间正常流动。各地区对城乡教师编制实行统一标准、动态管理的政策,让优质教师真正"动"起来,促进城乡教师的交流使用,实现优质教师的正向流动,才能真正助力教育的合理配置。

---

① "租房落户",租房"赋权"须防房租暴涨 [EB/OL]. http://guancha.gmw.cn/2017-08/02/content_25383132.htm.

（二）提升优质教师待遇，吸引更多优秀教师

名校的竞争优势在于其所拥有的优质的教育教学资源。若要提升弱校的吸引力，必然要先提高其教育教学水平，这就需要政府相关部门加大教育投资力度，对弱校给予一定的财政补贴，完善教师薪酬福利制度和培训体系，引培结合提升教师队伍的水平。

（三）稳步推进"公民同招"，加强对民办学校的规范化管理

2018 年，教育部在《关于做好 2018 年普通中小学招生入学工作的通知》中要求，统筹制订招生入学办法，要将民办学校招生入学工作纳入当地教育行政部门统一管理，并与公办学校同步招生。这个规定给各地实施"公民同招"提供了明确的依据和要求。部分城市迅速响应，在当年便试行公办、民办小学同步招生，并取得较好效果。民办学校生存与发展的立足点应是学校的内涵建设，包括办学理念、整体办学质量、精细化的管理服务模式和鲜明的特色与响亮的品牌等。稳步推进"公民同招"政策，有助于引导民办小学通过提高自身办学特色和办学质量，为学生和家长提供可供选择的教育，这无疑是对当前教育资源配置的一大突破。建议通过区域试点方式快速验证政策推行效果。与此同时，加强对民办学校的规范化管理，建立星级评估制度，对通过相应等级评估的民办学校给予表彰和奖励。

第二节 加快住房领域税收体系改革的思路

一、塑造"轻流转、重持有"的税收体系

（一）我国当前房地产税制现状

1994 年，我国进行结构性税制改革，逐步形成了现行的房地产税收制度。我国房地产税收涉及房地产的开发、流转和保有三个环节，涵盖 13 个主要税种，其中房产税、城市房地产税（2009 年 1 月 1 日起废止）、土地增值税、城镇土地使用税、耕地占用税、固定资产投资方向调节税（2000 年 1 月 1 日起新发生的投资额，暂停征收）及契税等 7 个税种是直接以房地产为课

税对象的。与房地产经营管理相关的其他税种还包括营业税（自2016年5月1日起全面实施营改增）、企业所得税、个人所得税、印花税、城市维护建设税、教育附加费等6种，税种繁多复杂。

房地产开发环节分为取得土地和设计施工环节，税种多，计税和征管复杂（见表8-1）。

表8-1　　　　　　　　　我国房地产开发环节的税种

环节	税种	备　注
取得土地环节	城镇土地使用税	计税依据：实际占用的土地面积 税率：从量征收 纳税环节：由受让方从合同约定交付土地时间的次月起开始缴纳，以下各环节均需缴纳
	耕地占用税	计税依据：实际占用耕地面积 税率：从量征收 纳税环节：一次性税收
	印花税	计税依据：土地出让或转让合同所载金额 税率：0.5‰
	契税	计税依据：土地出让或转让合同所载金额 税率：3%
设计施工环节	印花税	计税依据：勘测设计、建筑安装工程费和借款等合同所载金额 税率：分别为0.5‰、0.3‰、0.05‰
	增值税及附加	增值税：计税依据为勘测设计、施工方营业额，一般纳税人的税率分别为6%、11%；小规模纳税人税率为3% 附加税：计税依据为增值税税额，实行地区差别税率
	企业所得税	计税依据：设计、施工方企业应纳税所得额 税率：基本税率25%

新建商品房的交易税包括在房产预售环节和竣工交房环节所要征收的多个税种，包括增值税及附加、土地增值税、企业所得税、印花税、契税等（见表8-2）。

表8-2　　　　　　　　　我国商品房交易环节的税种

子环节	税种	备　注
房产预售环节	增值税及附加	增值税：计税依据为销售不动产金额，一般纳税人基本税率为11%，小规模纳税人或简易征税率为5% 附加税：计税依据为增值税税额，实行地区差别税率

续表

子环节	税种	备注
房产预售环节	土地增值税	预征：预售额 2%~3%
	企业所得税	预征：按预计毛利额计入当期应纳税所得额
	印花税	计税依据：商品房销售合同所载金额； 税率：0.5‰
竣工交房环节	土地增值税	清算 计税依据：土地增值额；税率：30%~60% 四级超率累进税率
	企业所得税	清算 计税依据：房地产开发企业的应纳税所得额 税率：基本税率 25%
	印花税	权证印花税：5 元/本
	契税	计税依据：不动产价格 税率：3%~5%，个人首次购买 90 平方米及以下普通住房的，税率下调 1%

二手房的交易税较为复杂，住房与非住房的政策又不相同。以住房为例，随着国家对房地产市场宏观调控政策的密集出台，对多套、非普通和持有年限较短的住宅在转售时，施以重税。以上海为例，在二手房交易税项中，尤以增值税（营改增前为营业税）的调整最为频繁（见表 8-3）。

表 8-3　　　　　　　　二手房交易税项（以上海市为例）

税种名称		出售方	购买方	备注
合同印花税		总房款×0.05%	总房款×0.05%	—
权证印花税		—	5 元/本	
契税	首套住宅	—	首套≤90 平方米， 总房款×1.0%； 首套>90 平方米， 总房款×1.5%；	—
	非首套住宅	—	总房款×3%	—

续表

税种名称			出售方	购买方	备注
增值税及附加①	普通住宅	2年内	总房款÷105%×5%×1.12	—	
		2年以上	—		
	非普通住宅	2年内	总房款÷105%×5%×1.12		
		2年以上	差额÷105%×5%×1.12		
个人所得税	普通住宅		房价×1%或利润×20%	—	满五唯一的住房可免征
	非普通住宅		房价×2%或利润×20%	—	

房地产保有环节的税制较为简单。对于企业而言又分为经营性房产和非经营性房产区别征收（见表8-4、表8-5）；对于个人而言，除了上海、重庆房产税试点之外，自用住房在保有环节零税负。用于出租的住房适用从租计征房产税，但在实际操作中大多有税收优惠政策。

表8-4　　　　　　　企业非经营性房产保有环节税收

税种	备注
房产税	从价计征 计税依据：房产原值一次减除10%~30%后的余值 税率：1.2%
城镇土地使用税	计税依据：实际占用的土地面积 税率：从量征收

表8-5　　　　　　　企业经营性房产保有环节税收

税种	备注
房产税	从租计征 计税依据：租金收入 税率：12%
增值税及附加	按照不动产的取得时间、纳税人类别、不动产地点等，实行差别征收政策

---

① 个人出售住房涉及的增值税政策延续原营业税相关政策，其中计税金额应换算成不含税销售额：增值税销售额=计税金额÷105%；增值税附加税为增值税的12%，其中城市维护建设税7%、教育费附加收入3%、地方教育附加收入2%。

续表

税种	备注
所得税	企业（个人）所得税
城镇土地使用税	计税依据：实际占用的土地面积 税率：从量征收

（二）现行房地产税制的特征

1. 税种繁多，整体税负较重

如前所述，我国房地产税收体系贯穿开发、流转和保有全环节，涉及流转税、所得税、财产税、行为税等多个税类，共13个税种，整体税负较重。粗略测算，房地产开发环节的税负占13%以上，持有期限短、非普通的二手房流通环节税费也在10%以上（见表8-6）。

表8-6 房地产开发企业税额粗略测算（月销售收入以100万元计算）

销售收入（万元）		100	
税额（万元）		13.15	
增值税（简易计税，税率5%）	5	城市建设维护税（税率7%）	0.35
教育附加费（税率3%）	0.15	地方教育发展费（税率2%）	0.1
企业所得税（预缴，税率2.5%）	2.5	土地增值税（预缴，税率5%）	5
印花税（税率0.05%）	0.05		

2. 存在重复征税

繁多的税种，致使征管复杂，又不可避免地造成重复课税现象。如对土地课税设置耕地占用税和土地使用税两个税种；对房屋租金收入既征房产税，又征收增值税；对房地产转让既按取得的土地增值额计征土地增值税，又按取得的纯收入征收企业所得税；对房地产产权转让签订的产权转移书据或契约，承受方既要缴纳印花税，又要缴纳契税。

3. 重开发和流转环节，轻保有环节

住房市场化改革后，商品房开发发展迅猛。在这个过程中根据税源特点，政府将房地产税主要集中在开发环节征收；又伴随市场深化，绝大多数城市居民从无房到有房后，出现改善需求，故商品房二级市场转让逐步增大，政府又适时将税收机制的调控力度主要放于房地产的流通环节。而一直以来，

在房地产保有期间设计的税种只有房产税和城镇土地使用税，税负低，且个人住房暂免征收，造成房地产税费分布非常不合理。近年来，上海市保有环节税收占地方税收比例保持在3%左右，而开发流转环节仅土地增值税、契税和耕地占用税三税合计占比超过11.33%（见表8-7）。

表8-7　　　　房地产业流转环节和保有环节部分税收收入情况
（以上海市为例）

年度	流通环节						保有环节				税收总收入⑥（亿元）
	土地增值税①（亿元）	占比①/⑥（%）	契税②（亿元）	占比②/⑥（%）	耕地占用税③（亿元）	占比③/⑥（%）	房产税④（亿元）	占比④/⑥（%）	城镇土地使用税⑤（亿元）	占比⑤/⑥（%）	
2011	168	5	181	6	15	0.48	74	2	29	1	3 173
2012	233	7	146	4	12	0.35	93	3	32	1	3 427
2013	197	5	215	6	12	0.32	93	2	31	1	3 797
2014	266	6	214	5	14	0.34	100	2	35	1	4 219
2015	253	5	271	6	7	0.15	124	3	37	1	4 858
2016	334	6	346	6	5	0.10	171	3	43	1	5 625
均值	242	6	229	6	11	0.30	109	3	35	1	4 183

资料来源：《中国财政年鉴》（2012~2017年）。

（三）现行房地产税制的评价

1. 我国房地产税制的历史进步性

我国房地产税制是应房地产制度的改革和市场化程度的提高而适时调整的。改革开放后，我国确立了土地使用权和房屋所有权的双轨产权制度，这就使得国家在重启房地产税时，选择了房地分离征税，即分别计征房产税和城镇土地使用税。在房地产业开发与流转热潮背景下，房地产税制自然选择，形成了重开发流转、轻持有的税制结构，并促进了当时社会、经济的发展。但随着社会对房地产权制度认识的深入、市场发展热点的切换和财税体制改革的推进，继续深化房地产税制体系的改革势在必行。

2. 我国房地产税制的当前局限性

第一，税负过重导致未来房地产税收扩容的空间有限。

第二，重复征税，降低了居民和企业对房地产税的纳税遵从，使得偷逃税行为的发生率增大。

第三，重开发流转、轻持有推动房价高企，住房需求失衡，并可能引致财政危机。首先，导致开发和经营环节税负过重，加大了企业的经营成本，导致成本推动型的住房价格上升；其次，在供不应求的市场环境下，所有税收最终转嫁至住房消费者，这会抑制中低收入者的购房能力，抵消交易税收对投机者的约束效力；再次，房地产具有保值增值的特征，缺失个人住房保有税，也会拉大财产所有者和劳动者的收入差距；最后，重开发、流转环节征税，也使得税收的涨落与市场开发、流转两个环节的景气程度相关联，但发达国家和地区的经验表明，在大规模开发后，市场将进入较为稳定的存量市场，若不予以改变房地产税制，必然影响税收收入。

（四）我国房地产税制的完善建议

1. 开发环节明租清费

首先，明租。这里的"租"指地租，即土地出让金。既然土地使用者已经缴纳了土地出让金，则不应再次缴纳地租性质的耕地占用税和相关费用，如耕地复耕基金、土地复垦费、土地青苗补偿费等。其次，清费。在房地产开发流通环节，还存在大量的行政事业性收费和经营性收费。这些费用多为地方政府预算外收入，规范性较房地产税收差，乱收费现象严重，存在区域差异，各地与房地产有关的收费项目从几十种到上百种不等。因此，未来的改革势必要取消所有不合理收费，除保留必要的行政规费外，将具有经营性质的房地产收费分离出去。

2. 流转环节适当征税

第一，重复环节适当减税。土地增值税与企业所得税、个人所得税存在重复征税；且从实际操作看，土地增值税的征收阻力大，计征烦琐，实际征收效果较差。建议将土地增值所得并入个人或法人综合所得计征所得税。

而印花税与契税都是对房地产转移金额征收的财产行为税，存在重复征税。考虑契税是一个相对独立、自成体系的税种，可取消印花税中关于财产转移书据的内容。

第二，部分税种适当增加。增加奢侈住房消费税、遗产税与赠予税，这些税种的设置，有利于税收公平的实现和社会财富分配的调节，但当前在我国还是空白。增设此类税种，也是我国未来财产税制完善的必然发展方向。

第三，相机调税。营改增后，增值税和所得税作为流转环节的两大税种，计征依据重叠，但对房地产市场的调节具有显著作用。由此，可根据市场环境相机抉择。

3. 保有环节扩大征税

从发挥税收效应的原则来看，需增强在住房保有环节的征税力度；从考虑居民纳税接受度、平衡居民税负和财政收入的角度来看，保有环节的扩容需与其他环节房地产税收、整体财税体制改革相伴。对此，下面初步设计了三套房地产税改革方案，它们所产生的政策效应，对居民税收负担及住房市场的影响有所差别。

方案一，住房保有环节税收的扩容。在保有环节合并城镇土地使用税和房产税构成新的房产税，简化企业房产税的征税方法，统一按房地产市场价值计税，对个人征收的房产税在试点基础上扩容。改革后，取消的城镇土地使用税和旧房产税的税额由新房产税的征收额代替。

方案二，系统调整房地产税收体系结构。在房地产税制整体改革方案中，建议采用合并现有的房产税和城镇土地使用税为新房产税，取消耕地占用税、土地增值税和房地产印花税的整体方案。改革后，取消的耕地占用税、土地增值税和房地产印花税均为房地产开发流转环节税收，这部分减少的税额及保有环节取消的城镇土地使用税和旧房产税的税额都由新房产税的征收额补足。在整体房地产税收体系中，体现为开发流转环节税收后移至持有环节，这可扭转当前房地产税收体系"轻持有、重开发流转"的特征。

方案三，将土地出让金纳入房地产税收结构。除了房地产税费收入外，土地出让金是地方土地财政最重要的构成，因此不少学者将土地出让金和房地产税改革联系起来，主要的思路是改变土地出让金70年一次性征收的方式，将土地出让金按年分摊，纳入持有环节的房产税中征收。此方案即是在上一套方案的基础上，再将土地出让金按年分摊至新房产税中。改革后减少的土地出让金，亦由新房产税的税额补足。

二、改进房产税收方案以引导购房合理需求

影响国家（地区）采用单一或差异税制房产税的因素很多。发达国家一般从考虑资源的利用、市场调节或推动税收公平等因素出发，实行差异税制（Bourassa, 1994）；而在发展中国家和转型国家，设置差异税制也可能源于客观条件限制。土地的非私人所有制、管理技术及成本、居民的纳税能力和接受能力等都会促使政府采用单一税制房产税。

房产税对购房需求具有抑制效应（Ihlanfeldt，1984），因而当社会购房需求平均水平较低时，房产税应当适用较低的基准税率水平；当社会购房需求平均水平较高时，可以采用相对较高的基准税率水平。另外，考虑税收对经济的扭曲作用，在满足财政需求的前提下，房产税税率的绝对水平也不宜过高。

差异税制房产税对不同类型的购房需求具有调节作用。当社会购房需求结构分化严重时，如出现投资需求旺盛、挤占自住需求或高收入与低收入家庭住房需求差距较大，房产税应当采用差异税制模式；反之，综合考虑房产税的各项效应，房产税可以采用单一税制模式（见表8-8）。

表8-8　　　　　社会购房需求状态与房产税税制模式选择

税制模式		社会购房需求平均水平	
		低	高
社会购房需求结构分化程度	低	单一税制、较低基准税率	单一税制、较高基准税率
	高	差异税制、较低基准税率	差异税制、较高基准税率

当前我国社会购房需求发展不充分、不平衡问题较为突出，为了缓解这一矛盾，近期应采用差异化的房产税税制，并制定较低的基准税率。

（一）明确税基，促进公平与效率

1. 采用房地产评估值作为计税依据

目前，我国房产税的计税依据是房产原值。这种方式的弊端，在于既没有考虑到房地产后期的增值，也没有考虑到房屋本身的损耗，房地产税收收入缺乏弹性。科学合理的计税依据，是影响房地产税征收的重要因素，也是维持公平和效率的关键。根据国际惯例，房产税以评估价值计税更为合理。按照评估价值计税，房产税的缴纳每年呈动态变化，税收收入会随着房产的增值而增加，政府可以参与增值部分的再分配，确保财政收入的稳定和持续性，同时也解决了不同地段、不同年代房产的级差收益问题，体现税制的公平性。参照国际经验，房产税评估周期可选在3~5年进行一次。

2. 存量房应纳入计税范围

上海房产税改革试点方案并未考虑存量房。这一做法从长期来看，不符合税收公平原则。因为房地产价值量巨大，对房屋和土地的课税，必须体现公平原则。财产税是对社会财富存量的课税，这是房产税最重要、最基本的特征，而对存量房不征税，房产税就失去了意义（魏雅华，2012）。房产税的征收对象，要具有普遍性，同时要兼顾到对特殊人群和用途的照顾。如对公共部门、慈善机构等所有的房产可实行免税，对于老年和中低收入群体要采取适当的税收减免。

（二）差别税率，平衡住房资源分配

1. 根据房产类型采用差别化税率

房产税的征收税率由于不同类型的房产在经济活动中获取的收益不同，具有不同的承税能力，因此不应"一刀切"。从住房来源上说，要有差别地对不同住房来源制定税率政策，使之与住户的收入水平相适应，保证税负的公平性。对于不同类型房产可采用不同税率，比如经营用房的税率应大于住宅用房的税率。住宅用房的税率应按照别墅、高档住宅、普通住宅分别设置，采用划定档次，实施差别税率，"套数越多、面积越大"税率逐级提高的累进计税方式征收房地产税，对家庭的首套房不征税或少征税，以减轻低收入者的负担，同时对拥有多套住房和住房面积超标的富裕家庭多征税，以体现税收的收入分配调节功能（牟森和刘敬英，2011；朱宇，2010）。

2. 不同地域采用差别化税率

如前所述，由于地区市场需求特征差异，地方政府可基于本地住房市场发展目标实施差异税率。

在城市内部，考虑不同区位采用差别化税率。国内多数大中城市中心区域与外围区域的住房价格差距明显，新建商品住房供给区位远离城市中心区域。同时，对前期房产税试点效应的分析表明，试点对主城区住房交易的抑制作用要强于郊区县。基于这种思路，未来房产税改革推进时适合采取市级层面制定总则、增大区级权限的税制管理模式。结合规划分区设计税率水平，对有人口导入需求的新城开发区和产业园区实行优惠税率。

3. 根据住房价值确定税率分档

事实上，高收入家庭的住房价值稳健地高于低收入家庭，没有必要以收入来划分不同的税率档次，住房本身的价值可作为调节房产税税负的决定性因素。若为了进一步加大房产税的累进性，体现对自住需求的支持，可基于住房价值设置分档累进税率。

（三）面积减免，界定居住奢与适

上海试点方案对家庭人均住房建筑面积 60 平方米实行减免优惠，而这与当前人均住房建筑面积 36.1 平方米的水平相比力度过高，且按照当前减免标准，纳税家庭仅占城市居民家庭总数的 8.89%。纳税面狭窄，不利于分摊税负、增大财政收入效应，对住房市场的影响范围也偏小。针对减免标准，建议可结合住建部政策研究中心《中国全面小康社会居住目标研究》报告及联合国欧洲经济委员会（UNECE）等组织的研究资料进行具体分析，选取合理住房需求与奢侈住房消费的分界标准。面积减免标准直接调控居民住房消费行为，居民需求的改变也会间接影响开发行为，鼓励开发商供给小面积住房。

三、优化住房出租、承租的税收优惠政策

（一）加强顶层设计，设计系统性税收政策

长期以来，我国住房租赁市场未受到足够重视，相应税收政策也缺乏全面系统性设计。对此，根据建立"租购并举"住房制度、加快培育和发展住房租赁市场的要求，应按照住房租赁的场景，全面梳理住房租赁税收体系。简化合并有关税种，将现有的房产税、印花税、增值税、企业所得税、个人所得税、土地增值税、城市维护建设税、教育费附加等若干税种简化合并为房产税、增值税和所得税，避免重复征税，提高征收效率。

（二）给予税收优惠，降低各类住房租赁主体税负

住房出租涉及房产税、增值税、城镇土地使用税、教育费附加和所得税等多个税种，综合税负过高。对专业化租赁企业而言，在企业经营租赁业务收益率已经很低的情况下，还要承担高额税负，难以实现盈利，无法实现良性循环和规模化经营，不能承担稳定租赁市场"压舱石"的角色。同样，税收对盈利的侵蚀也会影响个人投资者的需求和行为。为此，需要进一步落实国家有关培育和发展住房租赁市场的政策，降低租赁市场中各类供给主体的税负。具体如下所述。

1. 市场发展初期免征个人出租房的个人所得税，后期则调整为差别税率

目前因缺少登记备案基础，在实际操作中，对个人出租住房的租金收入

的个人所得税征收很少。此项来源的个人所得税数额不大，因此全国范围内对个人出租住房免征个人所得税，并不会对总体税收有较大影响。

在有较多个人出租住房登记备案、市场进入规范化发展阶段之后，可按照不同的租期设置差别税率。例如，对超过3年的长租行为进行免税，对租期为1~3年及1年以内的设置逐档提高的税率，以引导长租理念。

2. 对租赁企业减免企业所得税，降低增值税税率

用税收政策引导住房租赁企业提高规模化、集约化、专业化水平。对于住房租赁企业，可根据《中华人民共和国企业所得税法》第二十五条"国家对重点扶持和鼓励发展的产业和项目，给予企业所得税优惠"。例如，自获利年度起，第一年至第三年免征企业所得税，第四年至第六年减半征收企业所得税。此外，在住房租赁市场发育完善之时，可适当降低增值税税率。

3. 对个人及企业出租住房的房产税按房租收入的统一标准征收

既体现政府对住房租赁税收征管的权力，也体现支持住房租赁市场发展的倾向，对个人或企业出租住房执行象征性税率。

（三）落实"房租抵税"，推广住房租赁登记备案

住房具有保障居住权利的重要属性，从改善民生的角度考虑，加快推出个人承租住房的租金支出抵扣个人所得税政策，让承租人得到税收方面的实惠，引导承租人积极参与租赁合同备案和缴税流程，全面打通住房租赁业务税收链条的各个环节，实现收益与税收负担相匹配，推动市场的良性发展。

第三节 完善住房领域政策性金融体系的途径

住房消费金融是指金融机构通过多层次、多渠道向经济个体或家庭提供融资，帮助其购买、建造、改造以及维修住房，从而提高居民居住水平，继而促进经济增长、维持社会稳定（周中明，2013）。从西方发达国家的发展历程来看，各国依据自身经济发展水平、住房市场和金融体系发展状态，其住房消费金融在资金来源、融资总量、服务体系、产品创新以及政府参与程度等方面均有明显的差异，并整体上形成资本市场型、强制储蓄型、互助合同型三种主要模式（见表8-9）。

表 8-9　　当代西方国家主要住房消费金融模式的特点比较

项目	资本市场型	强制储蓄型	互助合同型
定义	通过资本市场筹集资金	政府用强制手段筹措资金	通过契约筹措资金
代表国家	美国、加拿大、丹麦等	新加坡、巴西等	英国、德国、日本等
操作主体	住房按揭贷款公司	中央公积金局、就业保障基金会	住房合作社、信贷合作社
资金来源	资本市场	工资收入	股本投入、储蓄
业务特征	通过资本市场达到存贷平衡	通过强制手段达到存贷平衡	存短、贷长
利率	市场化	与市场利率挂钩或固定	低进低出，相对固定
政府作用	较弱	强	较强
运作特征	开放式	封闭为主、市场为辅	封闭式
市场作用	强	较强	弱
中心难题	公平性和保值增强	如何解决存短贷长	标准化和机构投资者数量
发展趋势	利用资本市场	打破封闭运行	多样化和全球化

资料来源：周中明. 对当前我国住房消费金融模式发展的思考和探讨 [J]. 环渤海经济瞭望, 2013 (5): 16-19.

我国房地产金融体系建设以 1998 年《关于进一步深化城镇住房制度改革加快住房建设的通知》的发布为标志。之后，《个人住房抵押贷款管理办法》《住房置业担保管理试行办法》以及《住房公积金管理条例》等文件的印发，不断推动促进我国住房消费金融业务的规范发展，形成了当前"以商业按揭贷款为主，住房公积金为辅，其他形式为补充"的商业性与政策性相结合的住房消费金融模式。

伴随着住房市场的快速发展，当前住房消费金融模式面临新挑战。一方面，随着购房人群结构的多元化和消费需求层次的提升，现有住房金融服务机构和产品在支持更多的人进行住房消费上面临不足。另一方面，购房消费信贷融资规模的日益增大和保障性安居工程建设的快速推进，使目前住房消费金融服务体系在利用金融市场分散信贷风险、拓展融资渠道、提高支持力度等方面存在不足（周中明，2013）。

一、建立面向住房消费的政策性金融机构

一般而言，住房金融机构包括商业性住房金融机构、合作性住房金融机构和政策性住房金融机构三类。我国目前的住房金融机构体系是以各类商业银行、信用合作社等商业性机构为主体。合作性住房金融机构只剩下中外合资的中德住房储蓄银行，曾经的烟台住房储蓄银行和蚌埠住房储蓄银行均已重组改制为商业银行。另外，中国目前还没有真正意义上的政策性住房金融机构。住房公积金管理中心承担了部分政策性住房金融的职能，但其为事业单位，还不具有合法金融牌照，只能视为准政策性住房金融机构（刘卫等，2019）。

2013年11月发布的中国共产党十八届三中全会公报首次明确提出，要"研究建立城市基础设施、住宅政策性金融机构"。其后的2013年12月中央城镇化工作会议公告、2014年3月《国家新型城镇化规划（2014～2020年）》、中央经济工作会议公告等重要文件中也多次提出在住房领域"推进组建新型政策性金融机构"的构想。

从国际经验来看，美国的政策性住房金融是一个比较完善的体系。其突出特征是，政府一般不直接参与住房贷款或住房建设，而是建立若干专门从事住宅金融服务的政府机构或"政府特许机构"（Government Sponsored Entity，GSE），在住房抵押贷款一级市场上通过为中低收入者提供担保或保险而起到增补信用的功能，在二级市场上通过贷款购买、证券化等方式提高住房抵押贷款的流动性，从而引导市场来实现政府的住房政策或保障目标（刘丽巍和季晓旭，2014）。

借鉴国际经验，可成立单独的政策性住房金融机构，建立规范的公司治理结构和资本金制度，一方面确保以政府为主导的住房自住消费支持的资金供应；另一方面引导市场化企业拓展住房消费信贷业务，以满足居民的基本住房自住需求和合理的改善性需求。

二、提升住房公积金制度的政策效能

住房公积金制度从1991年在上海试点至全国范围内推广已经有20余年的发展历程，在中国住房制度市场化改革的历史和当前住房保障中发挥了十

分关键的作用。

根据住建部 2019 年 6 月发布的《全国住房公积金 2018 年年度报告》，2018 年末，全国住房公积金实缴单位 291.59 万个，实缴职工 14 436.41 万人，分别比上年增长 11.15% 和 5.09%（余今，2019）。国家统计局发布的《2018 年国民经济和社会发展统计公报》相关数据显示，截至 2018 年末，全国就业人员 77 586 万人，其中城镇就业人员 43 419 万人。按照城镇就业人口的统计口径计算，住房公积金制度的覆盖率为 33.25%。从地区层面来看，截至 2018 年末，实缴人数前三位的省份及人数为广东省（1 910.83 万人）、江苏省（1 321.58 万人）、山东省（938.76 万人）；而末三位的地区及人数为青海省（52.83 万人）、西藏（31.92 万人）、新疆生产建设兵团（23.79 万人）。广东省的实缴人数是新疆生产建设兵团的近 80 倍，造成这种巨大差异的原因与两地经济发展的差距不无关系，但是也应该看到越是经济发展较差的地区，需要政策性住房金融支持的人越多；而且随着我国城镇化程度的深入，其需求会越来越紧迫。

以上数据可以看出，大多数居民购买商品住房都得不到低利率公积金贷款的支持。尤其是中低收入的家庭，由于就业的层次低、单位经济效益差、没有缴存公积金等，几乎被排除在住房公积金体系之外，难以获得公积金贷款的资助。同时，这些家庭因为其收入低以及收入不稳定的特点，即使是购买保障房，都很难得到商业性银行的支持。而面向中低收入家庭的保障性住宅建设与运营以及密切相关的棚户区改造，最大的困扰也是面临资金供应短缺的难题。

以住房公积金个人住房贷款为基础资产，质量安全，风险小，信用好，小额分散，评级高，是理想化的证券化资产类型，可作为保险资金、社保基金等稳健型投资人参与投资证券化品种的可选配置。

因此，为支持中低收入群体以及城市新居民购房，应适度拓宽住房公积金使用范围，以住房公积金制度为核心，专业开展公积金按揭贷款，针对流动人口的特点，规范和简化非户籍缴存职工提取使用手续，建立统一高效、权责明晰、高效顺畅的管理体系（刘卫民，2017）。

第四节　增强住房领域行政调控科学性的做法

一、重视行政手段制定与实施的事前评估

住房领域与社会经济的诸多方面有着密切的联系，一旦出现外部冲击可能会牵一发而动全身。对于掌握行政资源的城市政府而言，其直接参与住房领域的行政调控会直接作用于住房市场进而产生一系列的连锁反应。从过去经验来看，尽管一些城市在政策摸索过程中所采取的行政手段，出发点是好的，但并未达到其预期效果，甚至产生衍生问题，部分原因在于具体措施实施之前没有进行充分的研究和评估。具体包括三个方面，一是调控措施制定时对市场主体的行为响应考虑得不够完备，其中存在疏忽和漏洞，使部分住房投资者能够"有机可乘"绕过行政的约束，导致调控效果减弱甚至消失。二是对住房领域与其他领域之间的关系把握得不够全面，使住房调控对社会经济其他方面产生"难以预期"的联动影响。三是对行政调控时效性的考虑不够充分，在住房市场发生变化时调整的灵活性不足，使部分时间窗口期的调控产生反向效果。在完善城市治理体系和提高城市治理能力的背景下，更应做好行政措施的事前研究评估，保证政策精准到位且稳妥施行。

从早期中央主导的住房领域统一行政调控，到此后推行因城施策的分类调控，逐渐明确的是，应当结合城市住房及相关领域发展的实际进行房地产市场监管。相应地，行政调控应当结合实际，相机决策。以限购政策为例，考虑短期内抑制住房投机需求的积极作用，对于住房市场需求过热的城市或阶段，应采用这一政策，必要时"限购、限售和限价"多管齐下。但在同时务必要加快推进住房市场税收、金融等长效机制的建设，待市场供求矛盾相对缓和时，适时退出行政管制手段，以免陷入"上涨—限购—解绑—报复性反弹"的恶性循环中。此外，还应在事前考虑部分行政调控手段可能存在实施后不能轻易解除的"锁定效应"，审慎推行相应的政策措施。

二、落实行政调控实施效果的事后评价

住房市场行政管制政策，主要有价格管制和交易管制。其中，价格管制

主要包括对交易价格（地价和房价）的限制，交易管制有"限购""限售"和"期房限转"等。从调控需求角度出发，下面以限购政策为例评价其调控效果。

作为住房市场需求调控的强化措施，"限购"阶段成效明显，为进一步优化房地产市场运行机制换取了时间和空间。2010年之前，住房市场调控政策多从供给侧角度进行管理，如增加保障房建设，但政策效力明显不足，故而国家开始转向需求侧进行管理（范子英，2016）。2010年1月，中央出台"国十一条"，施行面向抑制需求的"限贷"政策仍未能有效抑制房价，最终导致"史上最严"的"新国十条"出台"限购令"，要求"地方人民政府可根据实际情况，采取临时性措施，在一定时期内限定购房套数"。5月，北京率先实施"限购"，其后一年，全国共40多个城市先后出台"限购"政策。尽管有不同声音，但大部分学者认同"限购"政策对于住房需求的遏制及对房价的抑制作用（朱国钟和颜色，2013；韩永辉等，2016）。朱恺容等（2019）进一步指出，不仅在房地产市场发挥政策效力，其政策影响的外延边界更扩展至与房地产销售市场密切关联的其他市场领域。在助推房价上涨的机制体制环境依然存在的情景下，"限购""限贷"等短期性政策仍将发挥重要作用，将为长效机制建设打下基础。

但不容忽视的是，一是限购政策对非限购群体和其他地区市场会产生负面影响。如限购政策除对住房投机者进行抑制的同时，对一些外来新居民也会设置购房门槛条件。这可能会影响刚性住房需求。为了解决自身的临时居住需求，一些购买住房受到限制的居民被迫转向租赁市场，从而对住房租赁的需求显著增加，并推高房租，导致其福利损失，也会对人才与劳动力流动产生负面影响。二是限购政策对房价的中长期调控效果尚不明朗（朱恺容等，2019）。三是短期行政手段的反复调整会扰乱市场预期，不断强化房价上涨预期，使调控政策逐渐失效（刘琳，2011）。刘江涛等（2012）发现，尽管限购政策在当期能够降房价，但在取消后，却可能会出现房价的"报复性反弹"。

第三部分

以市场运作为主导优化多主体住房供应体系

第九章 我国住房市场供应体系失衡的表现与原因

住房是人类生存与发展必需的基本要素之一，获得适当的住房是基本人权。无论是发达国家还是发展中国家，各国大多积极构建适合国情与发展阶段的住房供应体系，落实政府的基本职责。自1978年关于住房商品化理论探讨和1994年住房制度改革启动以来，特别是1998年城镇住房制度市场化改革全面推行以来，中国城镇住房市场快速发展和供应总量不断扩大，为改善城镇居民居住与生活水平作出了巨大贡献，但现阶段住房市场供应体系仍存在"重售轻租"的不平衡以及供应主体发育不充分等问题。

党的十九大报告提出，中国特色社会主义进入新时代，"我国社会主要矛盾已经转化为人民日益增长的美好生活需要和不平衡不充分的发展之间的矛盾"，如何进一步完善多主体住房供应体系，满足多层次住房需求，实现全体人民住有所居的目标，成为当前中国住房市场发展和住房制度改革的关键内容。因此，应当立足于中国城镇住房供应体系发展现状，通过归纳住房销售和租赁市场存在的主要问题并分析成因，倡导构建以市场运作为主导的多主体住房供应体系。

第一节 我国城镇住房供应体系的演变

新中国成立后，城镇住房供应以单位和政府的实物分配为主导，在1998年下半年福利分房制度全面停止以后，住房消费市场化程度得到大幅提高。我国住房供应市场化的改革历程大致包含以下四个阶段。

一、以经济适用住房与集资建房并行的阶段（1994～1998年）

1994年7月18日，国务院颁发《关于深化城镇住房制度改革的决定》。此决定在继续推进公有住房改革的基础上，做了以下重要变革：(1) 首次提出建立以中低收入家庭为对象、具有社会保障性质的经济适用住房供应体系和以高收入家庭为对象的商品房供应体系。(2) 首次提出加强经济适用住房的开发建设，加快解决中低收入家庭的住房问题。(3) 继续鼓励集资合作建房，继续发展住房合作社，以加快城镇危旧住房改造。(4) 首次提出全面推行住房公积金制度（张元端，2007）。

1994年12月15日，建设部、国务院住房制度改革领导小组、财政部联合发布的《城镇经济适用住房建设管理办法》中，对于经济适用房的供给对象、建设原则、土地获取方式、资金来源以及后期监督管理等内容做了详细规定，也成为经济适用房建设的纲领性文件。基于该办法，国务院1998年发布《关于进一步深化城镇住房制度改革 加快住房建设的通知》，其中明确要求"停止住房实物分配，逐步实行住房分配货币化；建立和完善以经济适用住房为主的多层次城镇住房供应体系；调整住房投资结构，重点发展经济适用住房（安居工程），加快解决城镇住房困难居民的住房问题。对不同收入家庭实行不同的住房供应政策：最低收入家庭租赁由政府或单位提供的廉租住房；中低收入家庭购买经济适用住房；其他收入高的家庭购买、租赁市场价商品住房"。此时的住房供应体系包括商品房、经济适用住房和廉租住房。

二、以市场供应商品住房主导的阶段（1999～2007年）

针对我国经济发展新态势，2003年8月国务院下发了《关于促进房地产市场持续健康发展的通知》，明确房地产业已成为国民经济的支柱产业。要求"各地要根据城镇住房制度改革进程、居民住房状况和收入水平的变化，完善住房供应政策，调整住房供应结构，逐步实现多数家庭购买或承租普通商品住房"；同时要求"增加普通商品住房供应，根据市场需求，采取有效措施加快普通商品住房发展，提高其在市场供应中的比例；建立和完善廉租住房制度，切实保障城镇最低收入家庭基本住房需求"，并将"经济适用住房调整为具有保障性质的政策性商品住房"。可见在这一阶段，住房供应的重点转化为发展商品住房，而保障住房只作为一种补充。我国商品住房市场的规模（新开工面积）从 1999 年 2.26 亿平方米，增长到 2007 年的 9.54 亿平方米。

三、多层次住房供应体系的构建阶段（2008~2015 年）

2007 年 8 月，国务院常务会议通过了《国务院关于解决城市低收入家庭住房困难的若干意见》，主要关注在房价持续高涨背景下的低收入群体住房问题，提出"要加快建立健全以廉租住房制度为重点、多渠道解决城市低收入家庭住房困难的政策体系"。

2010 年 6 月，住建部等七部门联合发布《关于加快发展公共租赁住房的指导意见》，首次在供给体系增加公租房，并提出"大力发展公共租赁住房，是完善住房供应体系、培育住房租赁市场、满足城市中等偏下收入家庭基本住房需求的重要举措，是引导城镇居民合理住房消费、调整房地产市场供应结构的必然要求"。

2011 年《国民经济和社会发展"十二五"规划纲要》明确了我国住房供应体系的顶层设计，要求在"十二五"时期，"加快构建以政府为主提供基本保障、以市场为主满足多层次需求的住房供应体系"，明确"对城镇低收入住房困难家庭，实行廉租住房制度；对中等偏下收入住房困难家庭，实行公共租赁住房保障；对中高收入家庭，实行租赁与购买商品住房相结合的制度。同时要求加大保障性安居工程建设力度，多渠道筹集廉租房房源，重点发展公共租赁住房，逐步使其成为保障房的主体，并要求加快各类棚户区改造，规范发展经济适用住房，住房供给体系进一步丰富完善"。

四、"两多一并"住房供应新体系的构建阶段（2016 年以来）

2016 年 12 月召开的中央经济工作会议指出，"要坚持'房子是用来住的，不是用来炒的'的定位，加快建立符合国情、适应市场规律的基础性制度和长效机制；要在宏观上管住货币，微观信贷政策要支持合理自住购房，严格限制信贷流向投资投机性购房"。

2017 年 10 月，党的十九大报告明确提出，"要坚持'房子是用来住的，不是用来炒的'的定位，加快建立多主体供给、多渠道保障、租购并举的住房制度,实现全体人民住有所居",这为新时代我国住房制度的完善指明了方向。多主体供给、多渠道保障将有助于打破并完善我国现有的住房供给和保障体系,增加住房有效供给,更好地满足住房需求,特别是从"购租并举"到"租购并举",将租赁住房发展放在了更重要的位置,体现出国家对发展租赁市场的重视,表明国家对我国住房体系有了新的认识。当然,"两多一并"是总体方略,具体内容还需进一步探索。

第二节 我国城镇住房市场化供应体系存在的主要问题

党的十九大对我国社会发展的主要矛盾作了科学论断。这一社会主要矛盾在城镇住房供应领域,主要表现为住房供给制度体系不稳定、住房市场租售发展不均衡、住房产品供应结构不合理以及住房供应主体发育不充分等四个层面。

一、住房供给制度体系不稳定

时至今日,我国住房供给制度体系仍处于发展变化之中,主要表现为住房市场供给类型变化频繁,缺乏市场稳定预期。从以上住房供给体系结构的发展演变可见,我国城镇住房供给体系经历了几次大的变化,形式不断更新,结构不断调整,如公共租赁住房、普通商品住房、限价商品住房、自住商品住房等。近年来,深圳等城市还单列了人才住房,独立于其他住房体系之外。我国城镇住房制度体系的变化,导致居民对住房供应缺乏稳定预期,不利于市场健康发展。

二、住房市场租售发展不均衡

从总量上看,我国住房租赁市场相对于住房销售市场规模还非常小。链家研究院 2017 年数据显示,我国租赁与销售交易规模比仅为 6%,与美国、日本等住房租赁市场规模超过住房销售市场规模的情况大相径庭(见表 9-1)。

表9-1　　　　　　中国与美国、日本租赁与销售市场规模比较

国家	租赁市场（万亿元）	销售市场（万亿元）	租赁与销售规模比
美国	3.2	6.9	0.46∶1
日本	0.72	1.0	0.72∶1
中国	1	17	0.06∶1

资料来源：链家研究院，2017。

这也是新时期提出发展租购并举制度的重要原因。在住房市场的两个子市场中，住房销售市场由新建房市场和存量房市场两个层级构成。新房市场的供应主体主要是房地产开发商，2019年初我国内地房地产公司在沪深上市的有104家和在港上市的有69家。经过二三十年的发展，这些公司大多开发模式成熟，开发能力强。在存量房市场上，链家、房天下、中原、我爱我家等大型房屋中介机构也得到快速发展。

尽管近年长租公寓机构发展较快，但租赁住房市场仍然主要由个人出租者组成，处于自发无序发展的状态。新房市场的供应主体主要是开发商，供应方式以销售为主，实行是"建设—销售—交房"的短期开发模式，"建设—持有—持有出租"模式几乎可以忽略，住房租赁在住房总量中的占比较低。

三、住房产品供应结构不合理

住房产品供应结构不合理，主要表现在产品供给类型与市场需求之间的不匹配。现阶段，新市民及中等收入群体是我国城镇住房产品需求的主力，但由于该类群体工作年限短、积蓄少等原因，更容易受限于家庭财务上的压力。因而，他们更多地倾向于购买小户型、总价低的住房。而从我国住房市场产品供应类型来看，住房总价普遍较高，面向新市民和中低收入人群的"小面积、低总价"的中小户型住房的供给严重不足。这也是国家鼓励发展中小户型住房的初衷。住房供需严重不匹配，影响到住房市场的健康发展，无法真正满足市场需求，造成供需错配、有效供给不足。

四、住房供应主体发育不充分

与住房成熟市场经济体相比，我国住房市场供应的主体非常单一，住房

销售市场的新增供应主要来自营利性的房地产开发商，住房租赁市场的新增供应主要来自居民个人。与其他国家相比较，我国住房供应中缺乏用人单位、社会组织等力量的参与。

事实上，除了计划经济与市场经济模式之外，世界上还存在一种社会市场型（socialmarket）的经济模式，介于政府过度干预和极端市场化之间，即所谓"第三条道路"。这种模式强调以平衡社会目标的方式构建市场，"政府通过市场来保护社会"，市场竞争是"受控制和被管理的"；同时，政府通过良好的制度设计，以符合市场原则的方式干预市场，实现"匹配性的国家干预"。这样可以较好地融和政府与市场各自的长处，缓和两者的负面影响。这种模式以德国、荷兰、法国和北欧国家为典型代表，尤其德国是这个模式的范本，不仅推进了社会和谐稳定，对这些国家居于世界前列经济活力的形成也有不可磨灭的贡献。

由于住房的特殊性，我国可借鉴上述"社会市场"模式，在政府与市场之间，引导社会力量也成为住房供应的主体之一。要形成住房供应的多元化主体体系，改变市场化就是房地产企业供应住房、对市场的补充就是政府供应保障房的固化思维。

第三节　我国城镇住房供应体系存在问题的根本原因

一、住房发展的长期制度设计尚不明晰

我国城镇住房供应体系建设仍处于持续的探索阶段，具体政策的制定大多是结合市场状况进行短期调整。从长期来看，还应进一步明确住房供给侧改革的长效机制和加强体系的顶层设计。在过去20余年，我国住房供应体系定位也经历了多次演变，1998年提出建立和完善以经济适用住房为主的多层次城镇住房供应体系，2007年提出加快建立健全以廉租住房制度为重点、多渠道解决城市低收入家庭住房困难的政策体系，2011年提出加快构建以政府为主提供基本保障、以市场为主满足多层次需求的住房供应体系，2017年提出加快建立多主体供给、多渠道保障、租购并举的住房制度……相应地，住房供应体系的长期制度设计尚不明晰，究竟是以经济适用房等保障性住房为主，还是应以普通商品住房为主。这是造成商品住房市场波动与住房保障错

位的主要原因。

二、土地供应与住房需求匹配度低

土地供应与住房需求的不匹配主要表现为：其一，居住用地供应与住房需求总量不匹配。工业用地在我国总的城镇建设用地供应中占比较大，而居住用地供应占比偏低，直接导致了居住用地的供给不足。其二，在居住用地供应中，商品住房用地供应占比较高，保障房用地供应占比较低。其三，在住房用地中，无论是商品性的还是保障性的，由于未对用于租赁的比例进行规划和要求，住房用地中小户型租赁住房的建设不足。可见，土地供应与住房需求结构的不匹配，造成了住房供需结构失衡。

三、"以城市化带动工业化"的理念存在偏差

预算约束的改变导致地方政府的行为在 2004 年之后显示出新特点，围绕"以房融资"而展开城市基础设施投融资再循环，地方经济发展模式开始具有"以城市化带动工业化"的明显特征。在一般的市场化经济中，城市扩张理应是经济发展的结果，一般都是"工业化带动城市化"。事实上，中国 21 世纪以来的城市化进程是颇具特色的城市化——工业化模式，即以城市化带动工业化。根据实施步骤则可细分为四步，即"土地城市化→工业化→人的城市化→土地和人在城市中的结合"。

这种模式的核心是"以房融资"。地方政府，一方面，以土地抵押及其金融衍生品为初始投入资金来源，同时将福利与购房紧密捆绑在一起的配置方式和预期操作来推动房地产市场发展，其本质就是土地资产的证券化，充分发挥杠杆作用，缓解启动阶段的融资约束；再通过地方融资平台操作为城市扩张注入后续资金，有力促进了城市扩张和经济增长，从而突破城市更新和扩张的"启动瓶颈"，先期形成"土地城市化"。另一方面，期望能够通过提升城市形象而"筑巢引凤"，吸引外来投资，形成产业集聚和人口集聚，依靠企业集聚和居民消费带来的财税收入提供运营性质的公共服务，推动"人的城市化"，夯实城市发展后劲，使先期形成的"土地城市化"不至于落空。

在土地出让领域，经常出现"面粉高于面包"、地价比周边房价还高的

现象，但购房者也纷纷乐意为此买单，而且往往是期房，交房后也要等上一段时间甚至好几年之后才能交房和入住。这里购房者所支付的价格，显然不是基于当前市政和城市基础设施所提供的公共服务价值。"中国土地收益的本质，就是通过出售土地未来的增值（70 年），为城市公共服务的一次性投资融资"。

客观而言，"以房融资"模式所引导的城市经济发展路径，对中国工业化和城镇化进程有其作用和效果，但危害也是巨大的，对经济发展和社会和谐都带来了很多负面影响。不断放大需求来刺激供给，泡沫快速形成，最终会因为供给过剩诱发经济危机（谢经荣，2002）。"以房融资"模式至多适用于城镇化扩张早期，是不可持续的。当前对很多城市尤其东部大城市而言，急需转型和替代。单靠土地财政和粗放型增长模式来推动城市集聚，已经陷入死胡同。大城市规模扩张依赖于包容性就业机会的有效增长，如果住房可支付性问题未能得到妥善解决，则很难实现包容性就业机会的有效供给。因此，重构中国住房保障和供应体系需要配套相关政策。

第十章　探索多渠道扩大住房租赁市场供给的举措

党的十九大报告指出，要"加快建立多主体供给、多渠道保障、租购并举的住房制度，让全体人民住有所居"，积极推进住房租赁市场的发展是完善当前住房租赁制度的重点之一。2015年住建部《关于加快培育和发展住房租赁市场的指导意见》指出，"据统计，更多的城市居民家庭通过租赁解决住房问题，进城务工人员主要通过租赁方式解决住房问题。与此同时，住房租赁市场发展和经济社会发展仍然存在不适配的问题，供应总量不平衡、供应结构不合理、制度措施不完善，特别是供应主体较为单一等问题仍然存在"。由此可见，"租购并举"中租是短板，而租赁市场发展中供给是短板。2019年1月《关于开展中央财政支持住房租赁市场发展试点的通知》下发后，7月中央财政确定北京、上海等16个城市试点，给予奖补资金支持。利用试点资金发展城市租赁市场，应先着手于增加供给。

第一节　我国住房租赁供给的主要问题与对策思考

一、住房租赁市场供应存在的主要问题

（一）租赁住房供给总量不足，居住"可获取性"较差

链家数据显示，2017年我国租赁人口占比11.6%，租赁房屋占比18%，而这一数据在英国、美国、日本等成熟市场都在35%及以上。以发达国家经验为参照，我国租赁市场的发展尚有较大空间（如图10-1所示）。

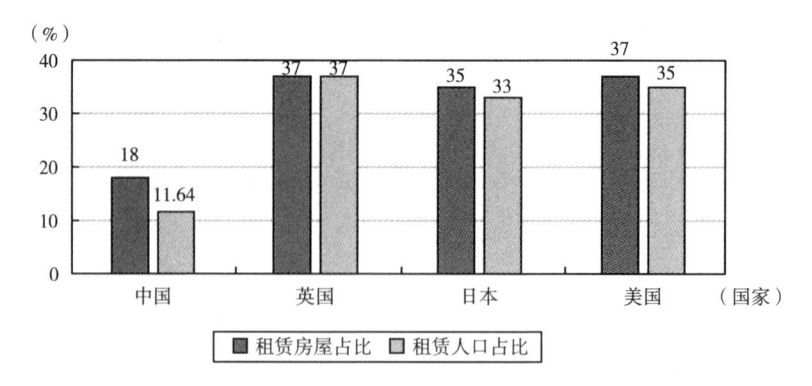

图 10-1 世界主要国家租赁人口和房屋比例对比

资料来源：链家研究院，2017 年。

北京、上海、深圳租赁人口占比大大地超过租赁房屋占比；而纽约、洛杉矶、旧金山、中国香港、东京等国际大都市却相反。对标国际大都市，我国一线城市租赁住房供给仍存在较大缺口（如图 10-2 所示）。

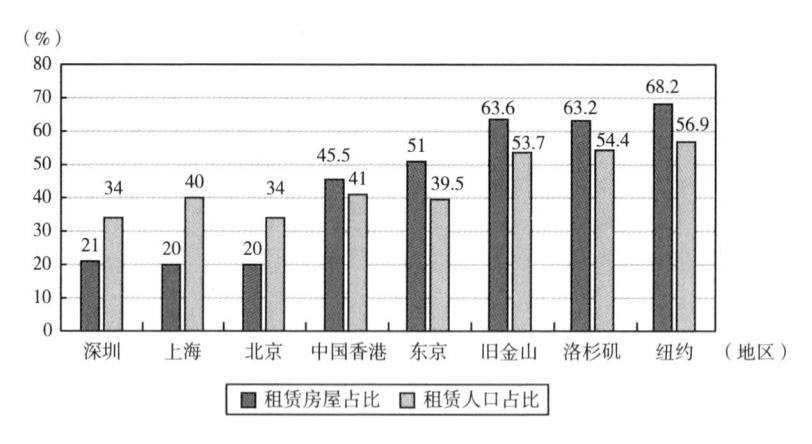

图 10-2 世界各大城市租赁人口和房屋比例对比

资料来源：链家研究院，2017 年。

（二）小户型房源少、合租比例高，居住"舒适性"较低

同策研究院数据显示，2017 年，北京、上海、深圳等城市的合租需求占比在 40% 左右，上海合租比例最高，苏州、南京等城市的合租问题也较为突出。这些城市普遍房价相对较高，如果没有足够多的低租金房屋供给，个人又无力承担稍大户型的住房租金，合租将成为无奈选择。

(三) 供给房源稳定性差,导致居住"归属感"较低

发展租赁市场成为近年来我国住房制度的建设重点,以便实现"住有所居"的目标。但在我国租赁市场中,个人出租的房源占主导地位。

目前,我国城市住房租赁市场供给来自两大类别、四种渠道,即个人租赁(含商品住房和城中村)、机构化租赁(含集中式和分散式),其结构分布见表10-1。

表10-1 中国租赁住房供给结构现状(两大类别与四种渠道) 单位:%

两大类别	机构化租赁		个人租赁	
四种渠道	集中式品牌公寓	分散式品牌公寓	个人商品住房	城中村
全国供应结构	1	4	67	28
上海供应结构	2.0	5.6	85	7
北京供应结构	0.9	9.4	51	39

资料来源:链家研究院. 集中式长租公寓白皮书(2017~2018). 2018.

北京、上海住房租赁市场发展走在全国前列,截至2018年底,上海住房租赁市场的机构化率约为10%。品牌公寓的数量在各城市中占比最高,是长租公寓企业首先抢占之地。但与英、美、德、日等住房市场成熟国家最低30%的机构化率相比,还有很大差距。日本租赁市场的机构化率高达83%。德国也是租赁市场较为发达的国家,机构化率约为40%。

同时,根据2018年针对上海人才住房问题的抽样问卷调查结果[1],目前非沪籍人才在上海的居住"归属感"满意度很低。租房居住的受访者中,因房租上涨、房东违约而被迫搬家的比例超过1/3;341位非沪籍受访人才在上海的归属感整体不佳,60%的受访人表示没有归属感,其中17%的非沪籍人才因为住房问题计划离开上海。

二、发展机构化租赁是解决问题的突破点

相对于个人租赁,机构化租赁胜在"户型小",并有助于满足"归属

---

[1] 通过微信调研回收259份问卷,有效问卷259份,问卷有效率为100%;调查对象的学历背景包括:大专/高职学历占5.41%,本科生占31.27%,硕士研究生占43.24%,博士研究生占20.08%;调查对象符合调研要求,且分布均匀。

感"。因此，应着力提高机构化租赁占比，这不仅能通过新建、改建和代理经租增加租赁住房供给数量，同时可以改善供给质量，是解决租房居住感受差的突破点。与个人租赁相比，机构化租赁的房屋利用率高、价格变动缓、服务体验优。

（一）长租公寓能缩短租赁住房的空置期

长租公寓能缩短租赁房屋的空置期，提高房屋利用率。链家研究院的数据显示，"自如"经营的分散式公寓空置期相对略短，其中在上海过去五年平均为115天，比由链家代理的个人租赁住房的平均空置期少35天。

（二）长租公寓相对于个人出租价格涨幅更为平缓

贝壳研究院2017年4月至2018年10月的租赁数据显示，包括上海在内的国内主要城市"自如"公寓与个人租赁的价格变化趋势大致相同，但变化曲线更平滑，说明机构租赁对价格的调整更慎重、更理性（如图10-3所示）。

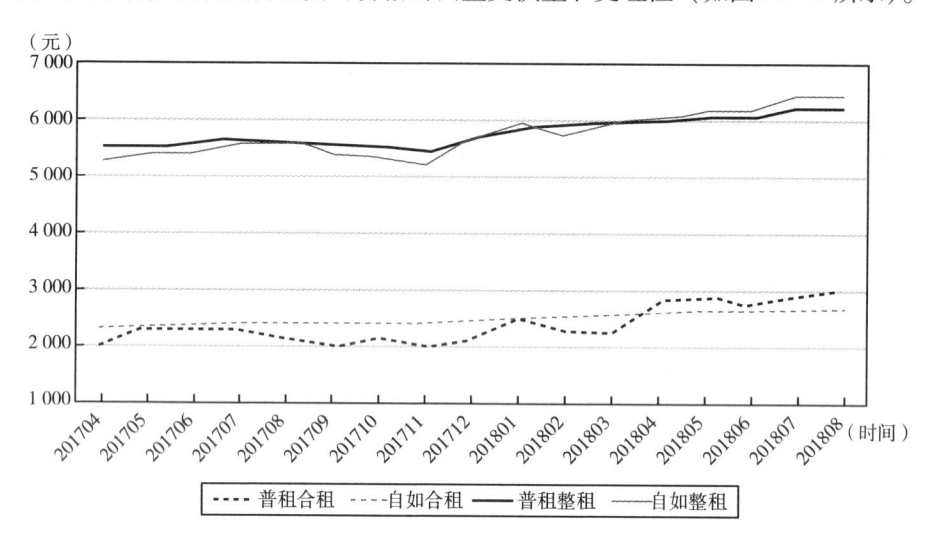

图10-3 以自如为代表的长租公寓租金涨幅更平缓

资料来源：贝壳研究院，2018年。

（三）租户对机构租赁的体验普遍更好

通过访谈了解到，大部分品牌租赁企业的物业服务较齐全、反应速度较快，可以提供同城甚至城际的换房服务，且不存在因卖房等原因驱赶租客。

此外，有些品牌租赁企业还会组织丰富的租客集体活动。这些都是个人租赁所无法做到的。

三、发展机构化租赁的瓶颈

自 2010 年以来，长租公寓行业发展较快，已成为一个初具规模的行业。不少代表性品牌公寓已经有七八年的历史，估值超过 200 亿元的企业已经出现，超过 10 亿元的创业公司已经不在少数。但从国际经验看，机构对个人（B2C）租赁房源市场占有率平均在 30% 以上。我国 2018 年底租赁市场的机构化占有率不到 5%；作为该指标最高的上海，也只有 10%。进一步研究发现，住房租赁市场在发达国家和地区的发展也有不同特点和模式，机构化率高达 83% 的日本，住房租赁市场以"包租物业"的模式为主；德国租房居住的人口比例接近 50%，但以住房合作社和个人租赁为主。住房租赁市场的发展，强调发挥各城市的积极性，各显神通提高机构化出租率。但调研发现以下两方面问题是共性的，需要高度关注。

（一）新增租赁用地不少，但项目推进缓慢

近年来，为加快住房租赁市场的发展，各地相继推出仅用于租赁住房建设用途的地块出让。上海作为率先推出租赁住房用地的城市，在《上海市住房发展"十三五"规划》中就明确"十三五"期间的供地目标——预计新增供应租赁住房 4 250 万平方米、约 70 万套。2017 年 7 月至 2018 年 12 月，上海租赁住房用地共计成交 83 宗 308 万平方米，远超全国其他城市。然而，调研显示，各大拿地国企对于租赁用地开发这一新生事物存在不少困惑，对于租赁住房的建筑标准、未来的现金流等问题存在担忧。因此，开发进度缓慢。据悉，嘉定区嘉定新城 E17-1 地块作为上海 2017 年 7 月最先出让的两幅租赁用地之一，成为上海第一个开工的租赁住宅地块，预计 2020 年底竣工，2021 年上市。也就是说，开发周期长达近 4 年。可见 2018 年 12 月前成交的 308 万平方米，约 5 万套租赁住房很难在"十三五"时期完成供应。而作为上海增加租赁住房供给的主要途径之一，这样的进度离"十三五"期间新增 70 万套住房的目标还有很大差距。

（二）企业租赁利润率低，行业发展遭遇瓶颈

最近，各类住房租赁经营企业的不利消息不断。其一，备受关注的房企系长租公寓，剥离长租业务、业务叫停等现象不断。开发商涉足长租公寓一开始就不被看好，从接触长租业务开始就很焦虑，但在政策推动和资本看好的双重因素下这一市场还是得到快速发展，"五年不盈利"的前景虽然说明房企已有心理准备，但长租业务终究还是成了开发商业绩的"鸡肋"。从朗诗地产年报中看，长租公寓业务在2017年、2018年分别亏损0.44亿元和1.9亿元，规模越大亏得越多，从而影响了股东的权益。其二，中小创业型长租公寓企业更是艰难生存。据同策研究院粗略统计，2017年以来倒闭的长租公寓企业大大增加。

综上所述，租赁住房发展的主要问题是供给不足，居住"舒适度"和"归属感"较低。提高机构化租赁率，不仅能通过新建、改建和代理经租增加租赁住房供给数量，同时能够改善供给质量，是以上问题的突破点。然而，各地尝试多渠道筹集租赁住房、发展住房租赁的机构化供给主体，却遭遇发展瓶颈。下面从各类机构化租赁住房供给渠道入手，分析其现状和问题，形成培育租赁住房市场，发展机构化租赁的政策建议。

四、发展机构化租赁的路径

在住房租赁市场机构化发展的十年时间里，各类机构快速成长，形成了以下四类租赁住房供应的代表性机构。

（一）房企类长租公寓企业

在房地产企业组建的长租公寓中，如果以已拓房源为排名依据，则2018年前三甲分别是万科泊寓（23万套）、龙湖冠寓（10万多套）和旭辉领寓（5万套）（见表10-2）。从体量上看，房企运营的长租公寓规模较同为重资产模式的集中式长租公寓运营商要大许多，其原因在于房企自身资金优势相对明显，能够更好地承担重资产模式下的资金回流压力；同时借助房企大平台的优势，能够通过发行ABS等工具进行融资。从规模增速看，房企长租公寓在2018年处于大幅扩张阶段，还有部分房企2018年正式进军长租公寓，比如央企华润集团旗下的华润有巢于2018年6月正式涉足长租公寓行业，上

海市市属国企上海地产旗下的城方品牌于2018年1月正式发布。"国家队"在长租公寓市场的成长与壮大，势必将对未来行业的健康发展提供重要的驱动力。

表10-2　　　　　　　2018年房企类长租公寓企业排名　　　　　　单位：套

序号	品牌	已拓房源	已开房源
1	万科泊寓	230 000	50 000
2	龙湖冠寓	100 000 +	54 000
3	旭辉领寓	50 000	15 000
4	朗诗寓	40 000	13 000
5	碧桂园碧家国际社区	40 000	5 700
6	招商公寓	24 000	11 700
7	华润有巢	20 000	2 000
8	金地商置草莓社区	15 000	8 000
9	中骏方隅	10 000	2 000
10	上海地产城方	10 000	1 200

资料来源：克尔瑞，工行投行研究中心，《2018年中国长租公寓排行榜》。

（二）集中式公寓运营商

以已拓房源为排名依据，2018年集中式公寓运营商排行榜的前三名分别是魔方（7万套）、世联红璞（3.5万套）和乐乎（3.05万套）（见表10-3）。从扩张速度来看，2018年集中式公寓运营商规模扩张速度放缓，后劲略显不足，魔方较2017年房源增速约为60%，世联红璞增速约17%。集中式公寓运营商扩张速度的放缓，一定程度上反映其重资产模式下运营的压力。例如，根据世联行发布的公告，由于拓展成本和前期运营成本、租赁成本的增加，2018年世联行资产服务业务（公寓所在的业务分布）出现暂时性亏损。

表10-3　　　　　　　2018年集中式公寓运营商排名

序号	品牌	已拓房源（套）
1	魔方	70 000
2	世联红璞	35 000
3	乐乎	30 500
4	未来城	30 000
5	湾流国际	20 000

资料来源：克尔瑞，工行投行研究中心，《2018年中国长租公寓排行榜》。

(三) 分散式公寓运营商

以管理房源为排名依据，2018 年分散式公寓运营商排行榜的前三名分别是自如（80 万套）、相寓（70 万套）和蛋壳（40 万套）（见表 10-4）。分散式公寓运营商轻资产式的商业模式为其快速扩张提供了有效支撑，同时相对较低的持有成本使得其在租金价格上更具优势，市场接受度相对较高。在 2018 年，分散式公寓也在经历不断的洗牌，年内爱上租和寓见两家分散式公寓品牌分别被蛋壳和青客收购，其在行业中的地位得到巩固。

表 10-4　　　　　　　　2018 年分散式公寓运营商排名

序号	品牌	已拓房源（套）
1	自如	800 000
2	相寓	700 000
3	蛋壳	400 000
4	青客	100 000
5	美丽屋	70 000

资料来源：克尔瑞，工行投行研究中心，《2018 年中国长租公寓排行榜》。

(四) 集体土地公寓企业

营运集体土地长租公寓的企业，将是我国部分城市住房领域未来可能出现的新事物。这些企业一般分为两类，一类是由城市周边农村集体组织自行组建，管理自有集体土地上建造的租赁住房的公寓企业；另一类是由农村集体组织与专业公寓营运商合作成立的企业，主要由专业公寓营运商进行管理。2011 年，国土资源部通过函复的形式批准北京、上海两地作为试点，拉开了利用集体土地建设租赁住房的历史序幕。2017 年，国土资源部和住建部印发《利用集体建设用地建设租赁住房试点方案》的通知，提出第一批 13 个城市试点。2018 年末，上海集体土地试点入市项目已公开出让四宗租赁住房用集体土地，未来应该会有更多这类土地出让，形成营运集体土地的长租公寓企业。

与四类主体相对应，发展出四种有中国特色的住房租赁市场机构化供应渠道，包括国有土地新建、集体土地新建、非居住房改建和代理经租转化租赁住房。因此，以下重点分析这四类机构化租赁的供给途径，以形成我国发展机构租赁、提升租赁住房供给能级的政策建议。

第二节 国有土地新建租赁住房的供给渠道

一、发展现状：大型城市出让已具规模

目前，国有土地新建租赁住房有"集中新建"与"商品房配建"两种发展模式。2016年末北京成交4宗"自持地块"，2017年7月上海首宗"租赁住房"用地挂牌出让。这些土地全部开发租赁住房，称为"集中新建"模式。与此同时，各地也在商品住房用地出让中要求"自持"一定比例住宅，用于出租，如上海一般是15%，称为"商品房配建"模式。

2015年住建部印发《关于加快培育和发展住房租赁市场的指导意见》，其中指出"支持房地产开发企业改变经营方式，从单一的开发销售向租购并举模式转变"。至此，国有土地上的租赁住房新建在政府大力推动下发展起来。上海租赁用地供应总量居全国各城市前列（如图10-4所示），2017年7月~2018年12月，共计成交83宗，共308万平方米，将对未来租赁住房的供应产生较大影响。

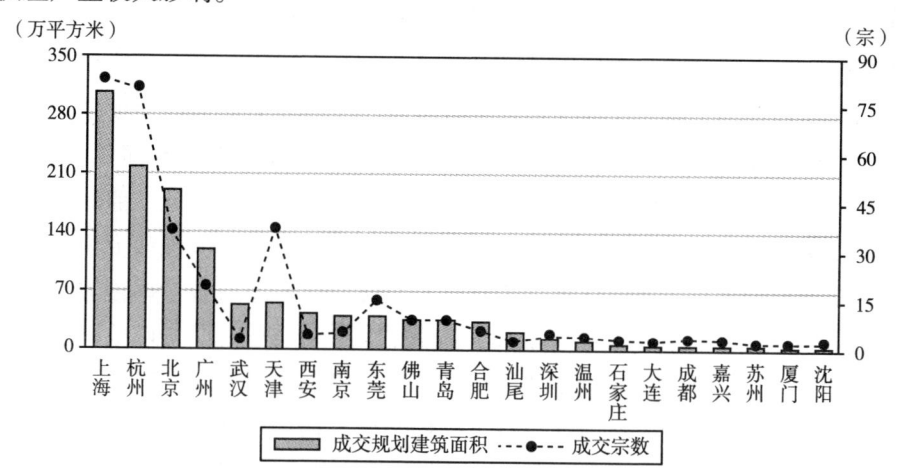

图10-4 2016年11月~2018年12月全国各城市租赁用地成交情况

资料来源：中国指数研究院，《2018年长租公寓市场年报》。

二、主要问题：开发缓慢与区域错配

如前所述，即便是在积极推进租赁住房用地出让的上海市，其首宗出让地块的开发周期也长达四年，并且从目前的开发进度来看很难完成政府设定的"十三五"新建租赁住房供应目标，这可能难以满足当前市场的租赁住房需求。事实上，其他城市也存在类似情况，实地调研中发现参与租赁住房建设的国有企业也缺乏足够激励加快建设进度。

同时，新增国有租赁住房用地以郊区为主，职住平衡困难。由于目前上海土地资源有限等原因，新增租赁住房用地位置以郊区为主，内环内项目寥寥无几；中环内的分布主要集中在徐汇和浦东个别地方；虹口、卢湾和静安（原）三区没有新增租赁用地，剩余中心城五区租赁住房用地仅占25%。而实证研究发现，租赁住房相对于出售住房对位置的敏感性高很多，位置是首要考虑因素。可以预见，未来新增租赁住房位置较难满足居住需求，职住平衡问题突出。

三、政策建议："商品房配建"优于"集中新建"

针对这一问题，从北京、上海等城市的调研情况来看，"商品房配建"优于"集中新建"模式。主要原因有：一是在集中新建模式下，项目推进速度较慢。近两年"集中新建"模式的土地出让量不小，但开工率很低，能够上市的面积更小，推进速度较慢。调研发现，该模式下拿地的主要是国有企业，由于对较大体量的租赁住房用地项目开发收益和资金筹措问题的考虑，企业非常慎重，进度较慢。二是供应同等面积的国有租赁用地，商品房配建模式下项目点分布更广，更好满足租赁者对位置的要求。实证研究发现，租赁住房相对于出售住房对位置的敏感性高很多，位置是首要考虑因素，也为此经常换房。若采用"商品房配建"模式代替"集中新建"，可给承租人更多位置的项目选择，更易达到"职住平衡"，更好满足其居住需求。

但在调研中发现，目前部分城市已停止商品房中配建租赁住房，更多采用集中新建方式。因此，应以更高比例的"商品房配建"（如30%）代替"集中新建"，增加并优化国有土地上的新建租赁住房供给。

第三节 集体土地新建租赁住房的供给渠道

一、发展现状：试点形成三种典型模式

（一）集体土地新建租赁住房的有益探索

2011年，国土资源部通过函复的形式批准北京、上海两地作为试点，拉开了利用集体土地建设租赁住房的历史序幕。2017年，国土资源部和住建部印发《利用集体建设用地建设租赁住房试点方案》，提出第一批13个试点城市。

有关集体土地入市的政策有较大进展。2019年8月底，十三届全国人大常委会第十二次会议表决通过关于修改《中华人民共和国土地管理法》（以下简称《土地管理法》）的决定，自2020年1月1日起施行（高文和高雅，2019）。首先，在入市流转方面，"改变了过去农村集体经营性建设用地必须转为国有才能进入市场的问题，在集体建设性用地入市时，法律要求必须由村民代表大会或者村民会议三分之二以上的成员同意才能入市"。其次，在征地方面，"要求政府在征地之前开展土地状况调查、信息公示，还要与被征地农民协商，必要时组织召开听证会，跟农民签订协议后才能提出办理征地申请，办理征地的审批手续"。在征地补偿方面，"现在实行按照区片综合地价进行补偿，因为区片综合地价除了考虑土地产值，还要考虑区位、当地经济社会发展状况等因素综合制定地价"（龚正，2019）。最后，在宅基地管理方面，针对一些地方宅基地用地紧张的情况，地方政府要采取别的方式保障实现农村居民居住的权利。另外，这次改革还下放了宅基地的审批权，明确要求通过规划合理安排农村的宅基地，为改善农村的居住条件提供便利（焦思颖，2019）。

以北京为例，西南三环边上的成寿寺、丰台科技园旁的高立庄、多条地铁汇聚的草桥等，这些租房市场的热门地段，即将供应一批面向年轻上班族的租赁房源。这些最早一批开建的集体土地租赁房目前启动预租，2020年将正式入住。目前，这些集体土地租赁房已委托给专业运营商，在市场上公开配租，一些项目还首次被打造为青年公寓。据悉，除了成寿寺、高立庄项目

外，草桥、瀛海、大兴旧宫、台湖等集体土地租赁房也敲定建成长租公寓，预计2021年、2022年陆续上市。①

上海自2018年末开始集体土地试点入市，预期今后将继续增加用于租赁住房建设的集体土地地块出让。

（二）集体土地新建租赁住房的三种典型模式

虽然在此之前十年里，北京和上海的试点规模不大，但却形成了各自特点鲜明的集体土地新建租赁住房模式。在对京、沪两地集体土地新建租赁住房进行长期跟踪和深度调研的基础上，可归纳总结出上海联明雅苑、北京唐家岭以及集体土地转让三种典型模式。目前，前两种模式经过近十年的试点，都有少量成功运作项目，而最后一种模式虽处于起步阶段，但由于村集体已获取土地转让收入，风险由项目公司承担，政策性风险不大。

1. 上海联明雅苑模式

上海联明雅苑模式是自筹资金进行小规模租赁住房建设的代表。七宝镇联明雅苑是上海首批农村集体土地建公租房的试点项目，于2010年正式投入使用。该项目总投资近8 000万元，总建筑面积25 664.92平方米，提供租赁住房404套。2019年单位租金为60元/平方米，年租金净收入可以达到1 200万元左右，年投资回报率约15%。目前该项目已偿还所有村民筹集的本金及利息（约定利率7%），年租金收入除去运营成本后的剩余，按村民所持有股份比例分红。在较小规模的租赁住房项目中，租赁住房建设资金投入量（无需土地转让金）不大，村集体通过村民自愿投资有能力筹措建设资金，无需外部融资，收益与风险由村集体自担。

上海联明雅苑模式的特点是：建设规模不大、土地村集体自有，投资不算很多；建设投资全部由村民自有资金筹集，无须政府支持；八年回收投资，投资收益性较好。

2. 北京唐家岭模式

唐家岭模式是较大规模租赁住房建设的代表。北京作为全国首批集体土地建设租赁住房试点城市，2011年起先后开工5个集体土地公租房项目，房源1.28万套，现已陆续入住。北京的五个试点项目基本采用同一种模式——

---

① 瞄准刚需拎包入住 北京集体土地租赁房首试青年公寓［N］．北京日报，2019-10-12．

村集体自建+政府趸租。唐家岭新城是北京试点的首个项目，于2013年启动运营，租赁住房建筑面积74 409.35平方米，提供租赁房源1 498套，总投资约4亿元。唐家岭新城项目的产权归村集体所有，政府为支持项目建设，期初投入8 900万元，建成后政府趸租十年作为公租房使用，不收取前三年的租金作为对区财政前期投入的回报。政府通过"趸租"村集体建设的租赁住房，既解决了村集体自有资金不足问题，也为大体量项目后期运营收益提供保障，并保留了村集体对项目的完全所有权，同时增加了公租房供给。

北京唐家岭模式的特点是：建设规模较大、投资额高，需要外部资金支持；政府以提前支付公租房租金方式支持集体土地租赁住房建设，同时筹集保障住房，但不持有项目产权。

3. 集体土地转让模式

集体土地转让模式是利用外部资金开发租赁住房的代表。在国家政策支持下，上海展开了集体土地入市的试点，2018年末以挂牌方式公开转让5宗集体所有的租赁用地。第一幅是位于松江区泗泾镇SJSB0001单元07-09号地块，被华润置地全资子公司有巢科技投资（深圳）有限公司以底价竞得，成交价格为1.25亿元，楼面地价3 100元/平方米。2018年5宗试点土地转让的楼面地价在2 200~3 750元，低于国有租赁用地的出让价格。

集体土地转让模式的特点是：土地使用权不再归农村集体所有，转让给独立经营的公司。从上海实践看，可能是专业房地产开发商，也可能是村集体组建的公司，或两类企业的合资公司。无须政府资金支持，以公司制独立运作。土地转让价格根据未来租赁收入预测确定，价格不高。

二、主要问题：缺失发展能力与意愿

（一）集体经济组织的市场调查和管理能力有限

上海试点的部分项目完全由村集体组织建设和营运，北京近期出台的政策也明确要求合资企业中村集体的股份比例不低于51%。这说明，集体土地新建租赁住房还是主要由农村集体经济组织主导。集体土地租赁住房的规划用途单一，建筑上以单间户型设计为主。如果市场需求和定位不准，收益不佳时也难以转换用途寻求其他收益渠道，所以前期可行性分析非常重要。由于农村集体经济组织的市场调查能力有限，容易出现管理性问题。

（二）集体土地租赁住房容易变相转化为小产权房

调研发现，即使是北京也出现了集体土地租赁住房项目被销售出去的情况，而且因为无依据可寻而执法困难。此外，长期租赁也成为集体土地租赁住房项目变相转化为小产权房的途径，因此，北京等城市对租赁期限进行了限制，不得超过 10 年。

（三）集体土地租赁住房可能存在农村集体积极性不高的问题

北京在集体土地租赁住房方面推进力度比较大，已经遇到此类问题。上海的积极性还有待观察，但是上海自 2010 年联明雅苑项目试点以来，基本没有此类项目出现。直到 2018 年底，才试点出让 4 宗土地。

三、政策建议：自主选择与政策引导

（一）京沪试点的三种模式产权明晰，各有特点，可借鉴推广

通过调研分析可知，以上三种集体土地新建租赁住房的典型模式各有特点，虽然可能存在政府的引导和支持，但都具有产权明晰的特点。通过试点项目的数据情况分析看，项目盈利性有较好保障，各城市可以借鉴。

（二）集体土地租赁住房需要城市整体规划的前瞻性引导

集体土地租赁住房的规划用途单一，以单间户型设计为主。如果市场需求和定位不准，收益不佳时也难以转换用途寻求其他收益渠道。所以，为克服农村集体经济组织市场调研和规划能力不足的短板，建议由市、区两级政府给以整体规划的指导，在建设规模和定位等方面做好可行性研究。

（三）加强对集体土地租赁住房项目的监测，严防变相转化为小产权房

调研发现，即使在一线城市，也出现了集体土地租赁住房项目转为销售的现象，而且因为无依据可寻而执法困难。同时，长期租赁也成为集体土地租赁住房项目变相转化为小产权房的途径，因此北京等城市对租赁期限进行了限制，不得超过 10 年。为此，租期的限制应区分个人租赁与单位租赁。其中，对个人租赁的租期进行严格限制；对单位大规模的租赁期限可适当放宽限制，但需进行审查，从而为将集体土地租赁用房转租给长租公寓公司经营

或用人单位做职工宿舍留有余地。同时，以行政法规形式对变相销售租赁住房的行为进行约束和惩戒，力求有法可依、严格执法。

第四节 非居住房产改建租赁住房的供给渠道

一、发展现状：过去十年创业公司迅速崛起

由商业、办公和工业等非居住房产改建租赁住房，是增加租赁住房供给的第三种有效方式。目前主要由创业公司营运该类项目，代表企业有魔方、泊寓（万科）、湾流等。以整栋楼宇为运作标的，通过长期包租后进行改造升级来提供租赁住宅房源。2015年开始，这类长租公寓运营公司快速发展，但近两年这类租赁住房的发展放缓。从上海的情况来看，2018年全年这类公寓住房增量供给数量不足一万套，远低于市政府年初设定的目标。可见这类集中式长租公寓的发展还有不少瓶颈，需要加强政策的执行力和创新性。

二、主要问题：政策执行与现金流困境

（一）政策性问题

这类长租公寓发展中碰到的政策性障碍主要有"商（办）改租"项目的公用事业费价格标准、"工改租"项目的可行性以及非居住属性改建类项目无法办理居住证等问题。前两个问题国务院办公厅和九部委已经予以明确，部分城市此后出台了相应配套政策，但从调研情况来看，不少问题仍没有得到很好解决。

（二）收益性问题

非居住房产改建租赁住房投入较大、企业租赁利润率低。从商业、工业等非居住房产改为长租公寓，前期的结构改造和装修成本很高。据调研，上海中高档水平长租公寓的单位改造成本为2 000元/平方米，加上持续支付的租赁原有房产的租金，使长租公寓企业的投资收益不容乐观。因此，近期出现了不少中小创业型长租公寓企业因资金链断裂而破产或被收购的案例。

三、政策建议：加强政策执行力，拓展融资渠道

解决上述问题，应重点从两方面进行突破。一方面，加快突破集中式长租公寓发展的政策瓶颈。由于以上问题涉及部门较广，实施难度大，可考虑建立专门的"协调办"，以加快政策执行力。另一方面，坚定鼓励以公寓资产或现金流为基础的直接融资。

由于住房租赁投资回收周期长，要加快租赁市场发展，解决租赁企业融资问题非常关键。前几年主要依靠风险投资，融资方式单一，融资数量有限。应该针对不同类型的集中式公寓企业，分别鼓励以下两种方式的直接融资：持有出租房屋产权的房地产租赁企业（重资产租赁企业）发行房地产投资信托基金（REITs）；无房屋产权的租赁企业（轻资产租赁企业）则适合发行资产证券化（ABS）产品。2017年针对长租公寓企业的资产证券化（ABS）产品得到较快发展，全年共发行13支，但2018年发展趋势明显放缓，甚至多支产品遭遇"中止"。第十二章第三节将分析其原因，并对两类租赁住房支持下的金融产品发展提出建议。

第五节 代理经租模式租赁住房的供给渠道

一、发展现状：急速扩张的分散式长租公寓

代理经租模式供给租赁住房，即业内所称的分散式长租公寓，近年来在北京、上海等一线城市发展较快，但总体规模上海比北京略小。分散式长租公寓行业的集中度相对较高，自如、青客等是分散式长租公寓的主要参与机构（见表10-4）。

由于大型城市住房供给结构性矛盾突出，可以将较大户型分割合租的分散式长租公寓行业有较大空间。以上海市为例，当前大小户型之间存在供需矛盾缺口，按照约92万套大户型用于合租计算，则需要至少200万套的小户型。因此，上海自2015年以来为促进代理经租模式的发展，缓解租赁市场供

求的结构性矛盾,允许代理经租机构将成套住房的客厅改建成为一个房间①。但在北京等城市是明确不允许这样改建的。

二、主要问题:产品不规范,投资风险高

代理经租模式在我国一线城市发展较快,但也存在以下主要问题。

第一,房源不稳定。与日本等国家和地区不同,我国一线城市个人租赁市场的换房率相对较高,导致出租房源不稳定,影响代理经租企业的收益稳定性和租客的居住感受。

第二,行业发展不规范。2018年代理经租行业成为公众焦点,先后发生了两件热议事件。一是2018年8月底,一则有关阿里员工去世,疑似生前租住××公寓甲醛房的消息在微信、微博等舆论平台上掀起轩然大波(郝丽娟,2018),这就是大家熟知的"甲醛门"事件。二是北京等部分城市因代理经租企业争抢房源引发的房租上涨。2018年8月前后北京出现过一轮房屋租赁价格快速上涨,租赁机构乱象较多,一些机构因为和金融工具掺和在一起,出现"租金贷"等新情况。这些事件使该行业的发展引发诸多争议,需要针对行业快速成长中的阵痛,规范机构化长租公寓发展,但不应"因噎废食"。

第三,代理经租企业面临的风险控制问题。分散式长租公寓前期投入的成本相对较低,重新装修的投入不大,其主要风险在于物业的空置。由于对上家(原业主)的租金是持续支付的,如果不能及时出租则可能面临亏损。

三、政策建议:加强"合同备案",推进"装配式"装修

(一)提高"租赁合同备案制度"执行力,加强租赁监管

2010年12月住建部出台《商品房屋租赁管理办法》,要求房屋租赁合同需向主管部门办理房屋租赁登记备案。尽管多年来以个人出租为主的住房租

---

① 《关于鼓励社会各类机构代理经租社会闲置存量住房试行意见》于2015年1月发布。文件中明确指出:"单套住房内使用面积12平方米以上的客厅(起居室),可以作为一间房间单独出租使用,但餐厅、过厅除外"。2019年10月,上海市房屋管理局印发了《关于进一步规范本市住房租赁企业代理经租房屋行为的通知》,正式确定上海"N+1"合法化试行政策延期,有效期至2024年9月30日。

赁合同备案效果差强人意，但最近北京、上海等城市均实施"住房租赁合同网签备案制度"，提高了备案制度的执行力。利用租赁合同备案，政府相关部门可有效监管长租公寓，特别是集中式长租公寓的租金变化。因为集中式公寓的房源稳定、同质性强，所以容易观察其价格变动。利用集中式公寓的价格监控，也可间接管理周边分散式公寓租赁价格。

（二）建立公寓行业环保标准，引导装配式装修，于源头杜绝"甲醛门"

"甲醛门"事件，反映长租公寓的一个普遍现象，即装修期和环保空置期会损失租金，越短对企业越有利。但在装修环保问题上，目前并没有相应的行业标准。发展"装配式"装修，可以很好地解决此问题，一方面，装配式装修的部件通过产业化、标准化生产，在节约资源、提高生产效率的同时还可提前"环保空置"；另一方面，装配式装修本身可缩短现场装修期，从中高端集中式公寓项目的平均 3 个月缩短到 2 个月以内，普通分散式公寓单套的 30 天缩短至 10 天左右。2016 年以来，在国家政策支持下，"装配式"装修行业也得到快速发展。而湾流国际、V 领地等少数长租公寓企业已开始尝试"装配式"装修，甚至组建自己的"装配式"装修企业。建议加大对采用"装配式"装修的长租公寓企业产业政策及财税政策支持力度。

第六节 中国特色租赁住房供应模式建议

一、四类机构化供应渠道的综合比较

在以上分析基础上，比较国有土地新建、集体土地新建、非居住房改建和代理经租四种模式。依据以上四种供给渠道的特点、问题和案例研究，从实施难度、盈利预期、发展空间等方面进行优劣势的比较和总结，以便找出更加适合中国各类城市现状的供给渠道。

（一）实施难度比较

四种模式中，前两种是新建，后两种为改建，从实施的时间周期上看，新建肯定长于改建。国有土地和集体土地上新建的周期主要看项目的大小，一般需要 2~5 年时间，新建房屋的难度不大，但前期定位及后期营运的要求

较高。非居住房改建的难度较大，一般需要对建筑结构进行改造，完全重新装修，并配置较为齐全的家具和家电，因此周期也会较长，一般需要0.5~2年。工业、商业等用房在消防、采光等方面都需要重新改造，实施的难度最大。代理经租模式的实施周期最短，如果房屋是已经装修的，基本1个月可完成代理经租的改建。当然，如果城市允许将成套住房中的客厅改建成房间，则需要的时间会更长一点。

（二）盈利预期比较

国有土地新建租赁住房的成本主要与取得土地的价格有关，而各地租赁用地的成交价格则有较大的差异。在上海开展的调研发现，上海主要采用根据租金收入来还原成交价格的方法，因此租赁用地成交价格相对于北京、杭州略低。例如，2019年上半年上海租赁用房土地成交13宗，总出让面积34.36万平方米，总建筑面积75.61万平方米，总成交价40.98亿元，楼板价平均为5 619元/平方米。按照上海平均建安成本和装修成本测算，加上土地价格后租赁住房的成本为15 000元/平方米左右。40平方米建筑面积的单间，月租金按照4 000元计算，静态投资回收期为12.5年。总体来看，投资回收期仍然偏长，回报率不高，缺乏吸引力。

集体土地新建的租赁住房，如果由村集体自建，土地价格可暂不考虑，其投资可回收的时间肯定相对较短。在上海联明雅苑的案例中，投资回收期为8年，年投资回报率约为15%，收益性很好。但是要注意这种模式对项目地理位置的要求较高。只有在租赁需求较好的位置，才能够实现这样的收益。

非居住房改建的成本其实也不低。虽然是改建，但非居住房屋改造为居住房屋，结构要产生大的变动，消防、采光、通风等要求，都会增加改建成本。加之室内装修以及家具和家电的配备，成本很高。以某著名长租中高档公寓企业为例，单位面积的改建成本约为2 000元，一套35平方米出租住房每月平均原始租金为2 400元，对外出租的平均月租金为4 000元，以80%的行业平均出租率计算，10%的运营管理成本，投资静态回收期为6.1年。总体来看，收益比较合理。

代理经租住房的期初投入最少，主要是毛坯房屋的装修成本，将客厅改建为房间的费用以及适当的家居配置的费用。以上海青客为例，其公司年报及募股发行书显示，2017~2019年的平均单位房间装修成本分别为20 069元、19 783元以及14 747元，平均值计18 000元；青客与房东的平均租赁合同签约期间为63.3个月,是中国主要的分散式长期公寓租赁运营商中最长的。按照60个月计算,单间装修的月均成本为300元。而截至2019年6月30日,单间折扣后月租金差额约为215元;平均月末入住率为92%,即单间的实际收益为198元。前期投入的平均每平方米300元装修成本,在60个月与房东的租期内每月净收益仅198元。投资静态回收期为7.6年。因此,青客虽然在纳斯达克上市,却一直处于亏损状态,其净亏损金额由2017财年的2.45亿元扩大至2018财年的4.99亿元。截至2019年6月30日,青客公寓净亏损为3.73亿元,高于上年同期的3.24亿元。至此,青客已经连续3年亏损,累计亏损11.17亿元。

四种模式下,第一种模式的收益性最不乐观,后面三种模式收益性相对较好。但即使是后面三种模式,也需要一个较长的投资回收期,前期须有大量投入。

(三)发展空间比较

国有土地新建租赁住房的供应量,很大程度上取决于当地政府租赁住房用地的数量,即政府能拿出多少土地建租赁住房。各地政府出让的国有租赁土地的数量差别较大。中国指数研究院发布的《2018年长租公寓市场年报》显示,2016年11月至2018年12月,上海共计成交租赁相关用地83宗,共计308万平方米,面积居全国首位;2016年11月至2018年12月,杭州共计成交租赁相关用地80宗,共计217万平方米,规模仅次于上海,居全国第二;北京共计成交租赁相关用地36宗,共计190万平方米,规模居全国第三。

集体土地新建租赁住房,北京的推进速度较快,因为北京将其作为发展租赁住房的重点。非居住房改建的空间应该还是不小,产业转型、城市更新等都可能为这类租赁住房创造供给的空间。

相比而言,发展空间最大的是代理经租模式。我国目前90%的房源是个人持有出租的,能够提供大量潜在可转化的代理经租房源。

二、中国特色租赁住房供应体系的构成

我国"十四五"时期应大力发展机构化租赁,使北京、上海等大城市的租赁市场中机构化出租率由目前的10%上升至30%。其发展途径包括以下四

种：国有土地新建、集体土地新建、非居住房改建和代理经租转化。通过前三种渠道增加租赁住房供给总量；通过代理经租模式把部分个人租赁转化为机构租赁，提高供给质量，改善供给结构。四种渠道的协同发展，将快速提高城市住房租赁市场机构化率（如图10-5所示）。

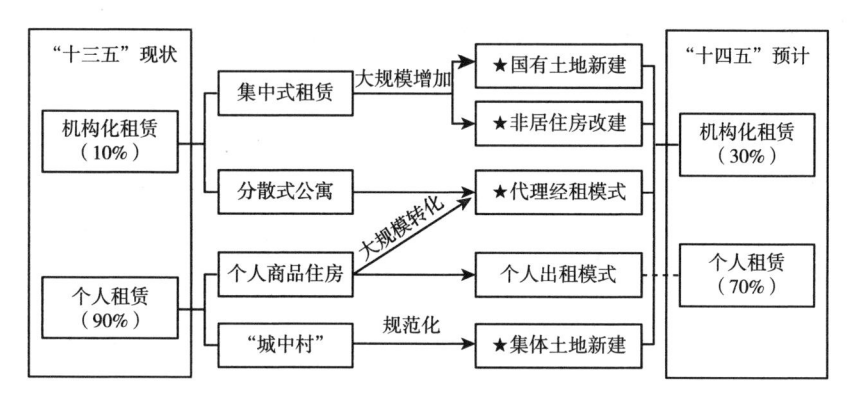

图10-5 住房租赁市场机构化发展的路径与模式

注：图中标星者，即为租赁市场机构化发展的四种途径。

从世界各国租赁市场机构化发展的实践可以看出，各国（或地区）机构化供应渠道各有特点。我国各城市现在同时试点发展以上四类供给渠道，各城市结合资源现状、需求选择等，将形成适合自身发展特征的机构化租赁模式，可考虑从以下方面推进住房租赁改革。

第一，住房总量较高的城市，以非居住房改建和代理经租转化为主。对于人均住房面积超过全国平均水平（2018年为人均建筑面积39平方米）的城市，租赁住房的发展应以改建和转化为重点，无须大力新建租赁住房。

第二，城中心区域土地资源紧张的城市，以在集体土地上新建为突破口。如北京等城市中心区域土地较少，但存在较多集体土地。这类城市可以鼓励农村集体经济组织，自愿选择上面提到的三种集体土地建设租赁住房模式，新建租赁住房向社会供给，以缓解城市中心或产业园区租赁住房不足的问题。

第三，"城中村"较多的城市，以转化作为租赁住房问题的解决出路。例如，深圳租赁住房中"城中村"的比例占到50%左右；同时深圳的城中村整体品质不差，居住条件能满足城镇居民的需要，较好地融入城市。对于这一类城市，可以大力推进将"城中村"转化为规范的租赁住房。例如，深圳福田水围柠盟人才公寓，就是城中村改造租赁住房的代表性项目。

第四，在个人租赁长期占主导地位的情况下，规范发展代理经租是重中之重。个人租赁目前占到我国大部分城市租赁住房市场的90%，要发展机构化租赁还是需要将这部分房源进行转化。青客公寓已经于2019年11月在美国纳斯达克上市，说明国际投资对于中国这一类租赁机构的认同。各地政府及投资机构，对这一机构化租赁发展模式要更多理解和规范，促进其快速、理性发展，提供更多低价、舒适和稳定的租赁住房。

第十一章 优化住房销售市场多主体供给方式的思路

第一节 我国住房销售市场的主要问题与对策思考

一、住房销售市场存在的主要问题

我国城镇住房价格持续了20年的上涨，现阶段房价与经济水平是否相匹配、房价是否超出了居民的承受能力，日益成为学界研究的焦点。学者一般采用房价收入比来衡量区域内房价水平或居民住房支付能力。房价收入比是指住房价格与城市居民家庭年收入之比，国际上通常用一套中等水平住宅的市场价格与中等收入居民家庭年收入的比例计算，是用于衡量城市居民住房消费能力和房价水平的综合指标。国外城镇化进程较早，相应地，国外学者对区域内房价水平的关注度也较早，韦克最早开始使用房价收入比这一术语，以中位新住房售价与中位家庭收入之比，计算1949～1975年美国住房负担能力（Weicher，1977）。

不少学者测算过中国各时期的房价收入比。例如，欧阳卫民（2019）通过计算2010～2018年六个城市的房价收入比[①]发现，北京房价收入比高于上海，2010～2018年保持在20上下，最高年份是2010年（22.4），最低年份是2014年（14.6）。2010～2018年上海房价收入比基本保持在15左右，趋势基本和北京一致。广州房价收入比较为稳定，基本在11上下浮动，是一线

---

① 其测算数据选取方式为：住房价格和居民可支配收入选取平均数进行计算。其中，每套住房的价格采取的是新建住房的销售额除以住宅销售套数。居民收入按家庭收入计算，即按照人均可支配收入和户均人口相乘计算得出。不考虑住房成交区域结构变化影响。

城市中最低的。深圳房价收入比波动较大,且上升较快。2010～2013年基本保持在15左右,2014年提升至24.8,此后四年都在30以上,是一线城市中房价收入比最高的。长沙和成都房价收入比趋势相同。其中,长沙房价收入比位列六个城市末位,最高年份2011年为7.5,2018年为5.8。成都高于长沙,位列第五,基本保持在7左右,2018年为8.5。根据世界银行认可的标准,发达国家房价收入比在1.8～5.5为合理区间,发展中国家一般应在4～6。北京、上海、广州和深圳四个一线城市的房价收入比明显过高,长沙处于合理区间,成都则稍微偏高(见表11-1)。

表11-1　　　　2010～2018年中国六个城市房价收入比

年份	北京	上海	广州	深圳	长沙	成都
2010	22.4	16.5	11.7	16.0	6.9	10.0
2011	17.6	12.8	11.2	16.5	7.5	9.3
2012	16.9	12.3	11.2	13.4	6.6	8.5
2013	16.9	13.3	12.2	15.2	6.0	7.5
2014	14.6	11.9	12.2	24.8	5.4	6.8
2015	15.6	15.3	11.9	33.6	5.0	6.3
2016	20.3	17.4	11.6	39.3	5.0	6.6
2017	22.1	14.3	11.4	37.2	5.3	7.6
2018	19.8	15.8	12.5	36.3	5.8	8.5

资料来源:欧阳卫民. 城市居民住房"杜甫指数"体系的构建及意义 [J]. 广东社会科学,2019(6):5-12.

如前文所述,中国长期以来围绕"以房融资"而展开城市基础设施投融资再循环,地方经济发展模式具有"以城市化带动工业化"的明显特征。土地出让金也时常出现"面粉高于面包"、地价比周边房价高的现象。"以房融资"在社会发展层面的最大问题是把民生必需品异化为投资品,不可避免地造成"住房权"和"财产权"的内在冲突,阻碍"人的城市化"(陈杰,2014)。因此,我国目前住房市场供给的主要问题是结构失衡,即供给的中间水平住房产品与中等收入家庭的支付能力不匹配。

二、发展社会住房是解决问题的突破点

(一)"三位一体"的住房供应体系

我国住房供应体系重构的核心,是在政府主导的保障房供应体系与市场

主导的商品房供应体系之间,构建一个社会住房供应体系,具体包括租赁型的公共租赁房(社会租赁房)和出售型的自住型商品房,以此填补当前住房供应体系的空缺。这类住房,可以称为社会住房(Wang and Murie, 2011; 陈杰, 2014)。

这样,我国住房供应体系将形成保障住房、社会住房和市场住房"三位一体",分别定位服务于不同群体(见表11-2)。保障住房明确定位为保障中低收入住房困难家庭,由政府主导提供,功能是满足基本居住需求,提供形式可以是实物形态——只租不售的廉租房,也可以是货币形态——货币化租赁补贴;市场住房则是开发商提供的商品房,满足高收入家庭的高端居住需求和投资需求;处于保障住房和市场住房两者之间的社会住房,则是政府所制定约束性规则下由社会力量提供的自住型住房,定位为服务既纳入不了保障房体系又无法进入住房市场的所谓"夹心层"群体,形态上可租可售(陈杰, 2014)。

表11-2　　　　　　　　中国住房供应体系重构的整体构想

类型	保障住房	社会住房	市场住房
形式	实物:廉租住房 货币:租赁补贴	出租:公租房 出售:自住型住房	商品住房
对象	中低收入住房困难家庭——参照"住房权"理论,定义为依据自身经济能力无法实现基本住房需求的群体	"夹心层"群体——能满足基本住房需求,但不能从市场购买商品住房	具有独立自主从市场购买商品住房经济能力的中高收入家庭
产权	占有权和使用权	所有权、占有权、使用权	所有权、占有权、使用权、收益权
功能	满足基本居住需求; 满足对使用权的需求	满足改善型居住需求; 满足对所有权的需求	满足高端居住需求; 满足对收益权的需求(投资需求)
提供	政府主导	政府制定规则,社会和市场力量主导提供	满足对收益权的需求(投资需求);市场力量主导;开发商为核心或个人集资

(二)社会住房的内涵与定位

社会住房的服务对象、目标、定位和产权性质明确。首先,社会住房的服务对象是既不能纳入住房保障体系,又进入不了住房市场的"夹心层"。

其次，社会住房的目标是只提供住房的居住功能，不提供或最大限度抑制商品住房特有的投资功能和保值增值功能。再次，社会住房的定位并不仅限于满足基本住房需求，但非高端住房消费。最后，租赁型社会住房只具有使用权，出售型社会住房则具有所有权、占有权和支配权，但禁售期内不具有收益权和处置权。相比较而言，居民对商品房拥有全部产权，对保障房只拥有有限使用权。

在此需要特别说明，这里的租赁型社会住房即为公共租赁房；出售型的社会住房在当前还仅是一个概念设计，可将其命名为"自住型商品住房"。

但必须注意，对公共租赁房在整个住房供应体系中作用的理解应具有更高的视野，所提出的"自住型商品住房"概念内涵也与北京推出的"自住型改善型商品住房"有本质的区别。

第二节 以企事业单位为主体的住房合作社建设

一、主要作用：有利于解决城市"夹心层"住房问题

（一）优化资源配置

由于单个公民的有效性不高，通过合作社将众多的公民组织起来，有利于落实民主参与的举措，进而运行非营利性质的集资建房项目。

合作建房的运作方式和开发商建房相同，并不与专业分工合作产生冲突。同时，通过社员集资和定向销售，合作建房可以节约融资成本和销售费用。因合作建房组织具有非营利性，还可享受在土地供应和税收等方面的政策支持，在一定程度上可降低房价（Davis and Heathcote，2007；Peng and Wheaton，1994）。

（二）完善住房供应体系

目前，住房保障体系呈现出廉租住房、共有产权保障住房（经济适用房）、公租房以及动迁安置房"四位一体"的格局。整体来看，能基本满足最低收入者、住房困难户和拆迁居民的居住需求，然而对于收入超过经济适用房标准的中低收入者或"上夹心层"的住房需求则捉襟见肘。

借鉴住房合作社促进住房有效供给的国际经验,合作建房在当前房价收入比严重失调、刚性需求较大、"夹心层"住房问题突出的情形下,具有解决众多中低收入者住房问题的作用。

(三) 培育公民社会组织

公民社会组织是指那些为了社会特定需要和公众利益而行动的机构,如慈善团体、非政府组织、社区组织、专业协会等。公民社会组织通过与政府的良性互动,推动社会利益最大化。

为缓解中低收入居民的住房问题,增强其自我服务和自我管理的意识,建议推动住房领域公民社会的建设,并由此在政府和市场之间形成一定的缓冲空间和补充系统。

二、国际经验:政府支持与合作金融发展

合作建房已成为欧美国家住房建设的重要模式,是解决中低收入阶层住房问题的途径之一。因其具有稳定房价的作用,被称为"房价的稳定器"。截至 2007 年,德国境内 2 000 个住房合作社共建造住房 220 万套,占全国房屋总量的 31%;容纳 500 多万人,约占全国人口的 6%(见表 11-3)。

表 11-3　　　　　　2007 年欧美部分国家非营利住房组织统计

	组织类型	组织数量(家)	共拥有住房(万套)	每社平均拥有住房套数(套/家)	占全国住房总量之比(%)
瑞典	住房合作社	7 400	75	101.4	18.0
挪威	住房合作社、住房协会	5 000	32	64.0	15.0
丹麦	住房合作社、住房协会	121	54	4 462.8	20.0
英国	住房协会	3 000	512	1 706.7	21.0
德国	住房合作社	2 000	220	1 100.0	31.0
西班牙	住房合作社	4 200	139	331.0	25.0
美国	住房合作社	6 400	120	187.5	7.0

资料来源:国际合作社联盟(International Co-operative Alliance)。

(一) 法律法规健全

大多数国家都以法律形式确立合作社的非营利组织地位和所享有的优惠

政策，同时也清晰界定各方的责、权、利，充分保障社员的居住和议事权利。

（二）合作社组织完善

北欧国家住房合作社组织普遍比较完善，一般由三个层次构成。第一层次是初级住房合作社，由社员构成。社员选举产生合作社委员会，由其负责住房合作社内外事务。社员入住合作社住房后，除按月还贷外，还须缴纳建筑维护和管理费用。第二层次是由住房合作社组成的地区性联合会。第三层次是由这些地区性的联合会组成全国性总会（沈宏超，2009）。

（三）政府支持力度大

对服务于中低收入阶层的住房合作社，政府往往在土地供给、税收、金融等方面给予支持。最典型的如德国，只有低收入工薪阶层才能加入住房合作社，但相应的优惠政策也面广数多：（1）给合作社提供长期低息贷款；（2）担任社员贷款的保证人；（3）提供合理价格的土地；（4）减免税收，对所得税、财产税、土地转移税和交易税等均以较低税率向合作社征收；（5）补贴租金。合作社住房如向社员出租，政府在必要时可补贴部分租金，使房租降到社员能够负担的水平。

（四）合作金融发展成熟

合作社除社员集资外，必须多方筹集资金。德国住房合作社资金的主要来源是社员入社时交纳的股金、政府的长期贴息贷款和社会捐助，其中政府的长期贴息贷款数可达房屋建筑造价的80%~90%。

从合作金融机构看，瑞典储蓄合作金融最为完善。全国住房合作社联盟把储蓄作为发展的基础，并建有自己的储蓄银行。一方面，社员除缴纳会费外，每年须在合作社所属银行储蓄1200瑞典克朗（多存不限），18岁以下的社员减半；许多儿童也通过其家长成为社员（即家长可为其年幼孩子未来的住房进行储蓄）。一般储蓄8~10年后才可以获得住房。合作社银行为社员提供优惠的储蓄存款利率（比一般银行高一个百分点，但优惠利息仅限用于购房、修房或与住房有关的开支）。另一方面，银行为合作社提供建房所需的信贷资金（张孜牧，1987）。

（五）产权类型和产品设计多样

合作社住房产权类型和产品设计的多样化，极大满足了社员的居住需求。

从产权类型看，有产权完全归合作社所有的出租型房屋，德国最为普遍；有合作社负责建设、全部出售给社员的出售型房屋，如土耳其；也有综合型房屋，社员既可以购买，也可以租赁，如波兰。

从产品设计看，美国最为典型，既有专门开发豪宅、服务于中高收入群体的合作社，也有接受联邦政府资助、服务于中低收入居民的合作社。同时，除向一般家庭提供住房的合作社外，也有面向特定群体（如老年人、残疾人、单亲家庭和独居者、青年人）的专业合作组织，并依据不同的功能需求精心规划设计。

三、政策建议：培育规范的合作建房组织

（一）健全法律法规

1. 明确合作建房的非营利性和法律地位

界定合作开发和市场开发的关键，就是看其是否具有非营利性的特征。合作社住房出租和销售的主体是社员，方式则采用定向。1992年，我国唯一颁布的关于合作建房的部门规章《城镇住宅合作社管理暂行办法》，也没有明确合作社的法律地位。之后，地方出台的相应法规如《北京市城镇住宅合作社管理方法》，则明确表示合作社须"在人民政府或单位的组织下"。因此，目前民间自发的合作建房组织大多注册为公司，并不属于非营利性的合作社组织。

2. 给予合作社法定长期支持

服务中高收入和中低收入居民的合作社应采取差别化的支持政策，具体可体现在土地供给、税收减免、贴息贷款、租金补贴等各个方面。

3. 清晰界定合作社运作模式

严格规范合作建房组织的运作模式，对房屋建筑面积、服务对象资格和产权归属、准入与退出机制以及资金链安全等方面必须进行统一管理。

(二) 发展住房合作金融

重建专业性和政策性住房合作金融机构。第一，整合合作资金，实时密切监管资金流向，防范风险；第二，给予公益性合作社提供相应的金融支持；第三，创立除公积金外居民住房储蓄的新方式。

(三) 培育合作建房组织

鉴于目前我国还不可能迅速建立起完整、专业的合作建房组织，可以尝试利用现有的一些民间组织承担合作建房功能，进行试验和探索。

综上所述，基于发达国家的经验与我国国情，扶持合作建房组织，有望使其成为以政府为主提供基本保障、以市场为主满足多层次需求的住房供应体系的有机组成部分。

第三节 以开发企业为主体的新建商品住房供给

一、发展现状：将从增量发展转向存量发展阶段

1998年我国开始实行住房市场化改革，至2003年房地产业成为国民经济的支柱产业后，住房市场化已渐趋完善，住宅房地产开发投资快速增长（见表11-4），投资额从2003年的6 776万亿元增长到2018年的85 192万亿元，我国住房开发投资年均增长率持续高于GDP增长率，住房开发投资占GDP的比重在2014年前一直处于上升趋势，2015年以后稳定在9%~9.5%。

表11-4　　　　2003~2018年中国新建住房开发投资变化

年份	住宅房地产开发投资（亿元）	住宅房地产开发投资/GDP（%）	住宅房地产开发投资增长率/GDP增长率
2003	6 776.69	4.93	2.30
2004	8 836.95	5.46	1.71
2005	10 860.93	5.80	1.45
2006	13 638.41	6.22	1.49
2007	18 005.42	6.67	1.39

续表

年份	住宅房地产开发投资（亿元）	住宅房地产开发投资/GDP（%）	住宅房地产开发投资增长率/GDP 增长率
2008	22 440.87	7.03	1.35
2009	25 613.69	7.35	1.54
2010	34 026.23	8.26	1.80
2011	44 319.5	9.08	1.64
2012	49 374.21	9.17	1.10
2013	58 950.76	9.94	1.92
2014	64 352.15	10.03	1.12
2015	64 595.24	9.42	0.05
2016	68 703.87	9.28	0.81
2017	75 147.88	9.16	0.86
2018	85 192.25	9.46	1.38

资料来源：中经网统计数据库。

持续 20 年的高速发展之后，住房短缺问题基本解决。2018 年，城镇居民人均住房建筑面积 39 平方米，比 1978 年增加 32.3 平方米，城镇居民人均住房建筑面积已达到发达国家或地区水平①。

随着经济增长方式的转型，2019 年 8 月中央政治局会议首次提出"不将房地产作为短期刺激经济的手段"，意味着中央下定决心要让中国经济摆脱对房地产的过度依赖，改变过去"一旦经济增长有所放缓，首先就想到房地产"的"路径依赖"。这有利于推动我国制造业转型升级，促进经济和房地产业长远发展。

以上内容都说明，我国新建住房市场将从增量发展转向存量发展的阶段。

二、主要问题：开发资金来源与新房供给结构失衡

（一）开发资金来源中自有资金比例过低

我国住房市场的高速发展，依靠全民融资模式。采用预售制度，使一定

---

① 2018 年，主要发达国家或地区人均建筑面积分别为：美国 65 平方米、英国 49 平方米、德国 45 平方米、法国 40 平方米、日本 39 平方米、韩国 33 平方米以及中国香港地区 15 平方米。

比例的开发建设资金来自购房者，开发企业自有资金的占比很低。根据国家统计局数据，截至2018年8月，定金及预收款年内总量已达3.5万亿元，占房企到位资金的比例达33%；而企业自有资金仅占14%（见图11-1）。

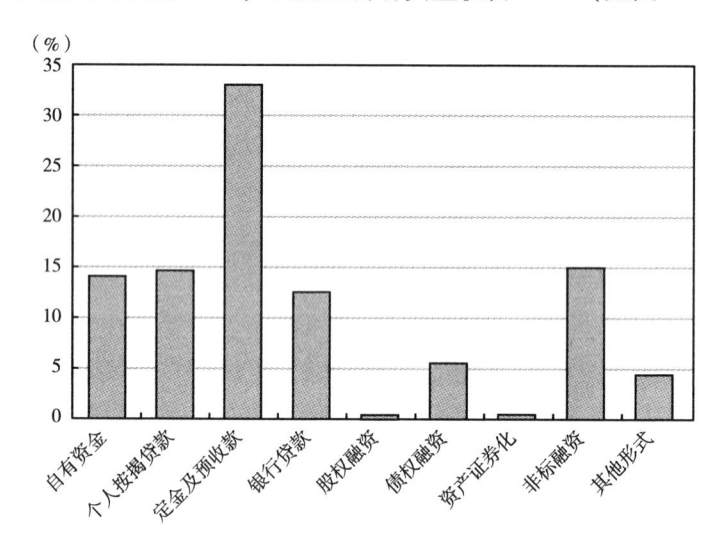

图11-1　2018年8月房地产行业各项融资渠道资金占比

资料来源：Wind数据库。

（二）新建住房供给结构有失衡现象

当前我国住房市场一个很突出的问题是住房市场发展严重失衡，结构性过剩与结构性短缺并存。一线城市住房供求矛盾突出，房价畸高；三、四线城市及部分二线城市住房市场呈现阶段性过剩，库存高企，房价下跌。

首先，三、四线城市和部分二线城市供过于求，房价下跌。1999年以来，在快速城镇化与工业化浪潮的强力推动下，城镇住房整体呈现供不应求的态势。但2014年以来，住房"总量供不应求"时代已经淡出，"结构性过剩"时代已经到来。城镇化与工业化作为以往住房市场发展的超级引擎，已处于减速状态。由于收入增长决定人口流向，经济减速也意味着城市对人口的吸引力正在减弱，但城镇住房已经累积巨额存量，并且仍在按以往的惯性高速增长。特别在一些三、四线城市，商品住房积压现象已经很严重。这表明，住房市场正由总量供不应求进入结构性过剩阶段（邹琳华，2015）。

其次，一线和部分二线城市住房供求矛盾突出，房价出现飙涨。虽然住房总量短缺时代已经过去，但由于公共服务和城市建设对人口的吸引力，一线和部分二线城市住房需求仍然较大。一、二线城市在当前及未来一段时间内仍将呈现人口净流入的态势，这是由产业结构转变的趋势决定的。我国产业结构正面临深刻转型，第三产业在经济总量中的比重将不断上升，而第二产业在经济总量中的比重将趋于下降。由于第三产业主要集中于一、二线城市，而第二产业则是三、四线城市的重要经济支柱，这种产业结构转型实际上指明了未来城市的人口流向（邹琳华，2015）。

三、预售制度的政策建议：不能取消，但需要改进

（一）预售制度及其特点

我国对商品房预售市场保持较为谨慎的态度，并且在有关房地产管理的法律中，严格规定了新建商品住房预售的相关内容与要求。《城市房地产管理法》（2009年修正）第四十五条规定，"商品房预售，应当符合下列条件：（一）已交付全部土地使用权出让金，取得土地使用权证书；（二）持有建设工程规划许可证；（三）按提供预售的商品房计算，投入开发建设的资金达到工程建设总投资的25%以上，并已经确定施工进度和竣工交付日期；（四）向县级以上人民政府房产管理部门办理预售登记，取得商品房预售许可证明。商品房预售人应当按照国家有关规定将预售合同报县级以上人民政府房产管理部门和土地管理部门登记备案。商品房预售所得款项，必须用于有关的工程建设"。

早在2004年的房地产开发资金调查中，定金和预收款就占房地产开发资金的43.1%，成为房地产开发的第一大资金来源。关于预售商品房买受人的付款时间，根据我国商品房预售合同的一般约定，无论是一次性付款还是贷款方式付款，在签署商品房预售合同之后的30～45日内付清全部购房款。一次性付款的，通常约定在15～30日内付清；以贷款方式支付的，尤其是公积金贷款方式要比商业贷款放贷周期长，大约是30～45日内可以放款。购房人的付款是直接转入开发商的银行账户。但是，预售商品房建设周期较长，这就意味着购房人在相当长的时期内承担着预售资金监管不力可能带来的资金风险。在商品房预售资金监管体系中，开发商与监管主体是法律责任的承担主体。然而，我国《城市房地产管理法》没有明确开发商将预售款不用于工程建设时的法律责任。对于预售资金的监管，没有形成一个独立的、完整的管理机制，对于开发商资金账户的信息，购房人一无所知，这使购房人承担

了很大风险（董华，2018）。

（二）预售制度的国内外经验

不同国家（地区）在房屋预售中收取的定金比例以及方式有所不同，但对定金的使用都有明确规定。在定金比例方面，日本、澳大利亚和中国香港在期房交易中需缴纳的定金为房价的5%~20%不等；韩国则一般需支付房款20%~33%的首付款。在定金使用方面，在新加坡、中国香港和马来西亚等地，允许在房屋开发过程中使用预售款项，但是开发商与贷款银行需要建立一个联名账户共同管理购房贷款，并通过政府的进度审核，且在律师监管同意后，开发商才能使用该项房款；澳大利亚预售制度规定定金交给事务所管理，在房屋交付购房者使用的时候才能获得所有房款。

关于个人购房贷款的发放政策，也有着明显的差异。欧洲及部分东南亚国家在商品房预售期间可提供按揭购房贷款，且法国等国家要求房款的支付是根据工程进度分期进行的，而美国、中国台湾等地则规定须在项目完工后才会发放按揭款项。

1. 中国台湾预售制度及其特点

中国台湾的预售制度主要围绕土地所有人、开发商、购房者与金融机构而制订。土地所有人提供土地，与开发商合资兴建房屋，开发商在申请建筑执照以后即通过预售取得部分预售款（宋晓波，2011）。购房者只需交付订金的10%作为自备款，半年后开工再付订金的5%作为工程款，待房屋竣工交付时（通常为一年半以后）开始偿还房款的85%，即银行贷款。

值得一提的是其中的付款中间人制度，也就是开发商不能直接获得预售款项，只能凭借专业机构对工程进度的证明向中间人申请相应款项的使用。购房者分期付款，每两次付款之间最少的时间间隔为半个月；银行按揭贷款是在房屋竣工交付使用之后再行办理，开发商从取得大产权证到办理按揭的时间间隔一般为4~6个月（宋晓波，2011）。

2. 德国预售制度及其特点

在德国购买期房需要进行以下步骤：（1）购房者有充足的权力去了解房屋的一切信息，包括地址、周围环境、楼层和售价等，了解基本信息后再决定是否购买。（2）律师在场鉴证购房协议的签订，公证房屋信息的真实性。(3) 购房合同签订后要及时进行备案。(4) 购房者按照合同约定付款。

在德国，购买预售房屋并非一次性交付全部房款。初期签订购房合同无须支付任何款项，待施工开始至房屋封顶的各个阶段分期支付相应的款项。如果由于开发商的原因导致工程延期，购房者可以要求赔款。至合同规定日期尚未交房的，购房者可以要求开发商退还房款，并支付违约金。

3. 法国预售制度及其特点

法国法律要求，开发商在与购房者签署预售合同前，不能对定金进行肆意扣押、转让或挪用。而且，基于工程进度分期支付相关款项。如果工程可在一年内完成，则需支付房款5%的定金；如果工程在两年之内完工，则需支付房款2%的定金；如果工程完工时间多于两年，无须进行定金的支付。购房者必须根据工程进展情况和买卖合同规定的时间表分阶段支付工程费用。购房者需根据工程进度进行房款的分期支付：完成地基建设，支付全部房款的35%；主体完工，累计支付全部房款的70%；竣工后，累计支付全部房款的95%。也就是说，在项目竣工之后，开发商通常可获得预售款的95%，其余资金作为抵押金，用于应对各类买卖纠纷，以确保开发商按规定执行合同。如果在开发商交付房屋时没有纠纷，则交付房产时付清。在工程未竣工前，购房者支付的款项在特定的一个银行账户内。不过，剩余抵押金的存放期限和时间并未有相关法律进行明确界定，通常在双方意见相同时根据约定执行，在意见不同时由国家信托银行代存（董华，2018）。

（三）改进我国预售制度的建议

1. 不建议完全取消预售制度

2018年9月，广东省房协一纸征询取消商品房预售意见征询的文件，引发了对现行商品房预售制度可能取消的猜测。多数人认为，如果取消商品房预售，会引致一系列的问题，可能会导致房价进一步上涨。

取消商品房预售制度，是否会导致房价大幅上涨？其影响度又是多少？这个问题的回答，需先分析房价的构成。一般情况下，土地成本占房价的30%、建安配套成本占20%、税费占10%、资金及营销等成本约占10%。在各类成本中，土地成本可变性最大，建安成本可变性最小。如果地价上涨，房价一定大幅上涨；钢材水泥等建筑材料价格的上涨，对房价的影响则较小。

一般情况下，房价越高，建安成本占比就会越低。

如果取消预售，受直接影响的是资金成本。至于影响程度，则取决于融资成本以及首付款和按揭款占开发资金的比例。一般地，开发资金来源中与预售相关的定金及预收款、个人按揭款占比在50%左右。如果其他条件不变，则房价会随着融资成本的变动而有一定幅度的上涨。

但如果取消预售，购房者也不必支付从预售合同到交房之间的按揭贷款利息。同时，会转嫁多少给购房者取决于住房市场的供给价格弹性。但目前在一、二线城市新建商品房需求仍然旺盛的情况下，预售取消导致资金成本转嫁的可能性很高。因此，就目前来看，完全取消预售制度并不合适。

此外，从国内外经验的分析可以看到，预售制不是中国独有，世界很多国家和地区都采用这一制度，住房新建需要高额资金的支持，预售制对于加快住房建设有功不可没的贡献。但与其他国家和地区相比，我国预售制度在资金的管理和使用方面过于宽松，应根据市场条件的变化加以合理改进。

2. 预售制中按揭贷款的发放推后到项目完工验收时

目前，我国预售制度中按揭贷款的发放，是在购房者完成预售签约后的2~6个月，即在签订预售合同的同时签署银行贷款协议，贷款放款的时间长短依据银行的审批和资金放款进度而定，一般会在3个月之内。在放款之后，购房人即开始偿还贷款。

很多国家全部房款的支付至少在项目竣工或住房交付之时，而我国则在住房交付前1~2年，这非常不合理。这一做法实际上相当于在房屋交付使用以前购房者就已支付了全部房款。

因此，可考虑将预售制中按揭贷款的发放推后到竣工验收时，使开发商取得按揭款的时间推迟到完成住房产品时；让购房者在即将拿到房屋时再开始偿还按揭。根据测算，个人按揭贷款占开发资金来源的比例约为14%，推迟个人按揭贷款对资金成本的影响仅在1%左右。因此对房价的影响不大，但大大提高了预售制度的合理性。

3. 适当提高预售标准

在我国，各城市新建商品住房预售标准差异较大。其中，上海预售标准最高，要求住房结构封顶才可预售，而部分城市只要求结构出地面（正负零）就可预售（见表11-5）。

表 11-5　　　　　　　　　部分城市商品住房预售进度标准

城市	预售标准	细则
上海	主体结构封顶	商品住房开发建设已达到主体结构封顶；商业、办公等其他房屋类型多层达到主体结构封顶，高层达到主体结构的2/3，并已确定施工进度和竣工交付日期
大连	7层以下结构封顶；8层以上主体结构2/3	7层以下（含7层）须完成主体结构封顶；8层以上（含8层）须完成主体结构2/3以上（不得少于7层）
杭州	10层以下结构封顶；11层以上主体结构1/2	10层以下完成建筑主体结构的施工；11层以上已完成建筑主体结构施工的1/2以上（且不低于10层）；100米以上（超高层）完成建筑主体结构施工的1/3以上（且不低于50米）
重庆	8层以下封顶；9层以上结构完成1/2	8层以下完成主体建筑封顶；9层以上已建房屋建筑面积达到拟建房屋面积的1/2以上
银川	3层以下封顶；4~7层结构2/3；8层以上结构1/2	按施工进度计算，地上建筑设计层数3层以下的建筑主体完工；地上建筑设计层数4层以上、7层以下的完成建筑主体的2/3；地上建筑设计层数8层以上的完成建筑主体的1/2
合肥	6层以下封顶；7层以上结构1/3	地上建筑层数1~6层的，主体结构封顶；建筑层数7层及以上的，达到地上层数的1/3且不低于7层
深圳	完成4层结构工程	3层以下的商品房项目已完成基础和结构工程；4层以上的商品房项目，有地下室工程的，完成基础和首层结构工程；无地下室工程的，完成基础和四层结构工程
北京	中小户型：结构正负零大户型：7层以下结构封顶；8层以上主体结构1/2	套均建筑面积大于140平方米的，达到结构正负零；套均建筑面积大于140平方米的：地上规划层数7层（含）以下的，施工进度应达到主体结构封顶；8层（含）以上的，施工进度应达到地上规划层数1/2以上（且不低于7层）
天津	结构正负零	提供基础工程质量验收证明的，核查工程形象部位是否达到首层室内地坪标高；提供深基坑地基工程验收证明的，核查地下部分是否为2层以上（含2层），工程形象部位是否完成底板施工

资料来源：根据公开资料整理。

预售标准过于宽松的弊端，主要在于给购房者带来较大的风险和资金负担。购房者在缴纳首付款后，两年才能拿到住房，周期太长。建设过程中，购房者对于建筑质量等没有任何约束，隐患较多。

第四节 以居民家庭为主体的二手房供给

不久的将来,我国房地产销售市场将进入存量时代,存量住房交易将全面超过新建商品住房。深圳、北京、上海等城市已经实现了这种超越,二手房成为住房销售市场供给中的主力军。

一、发展现状:自发式发展与规范的困境

房地产二级市场是以城镇住房制度改革和房地产市场兴起为背景,以房地产权属登记为条件,以落实私房政策为契机而展开的。1990年全国基本完成了房屋所有权登记工作,为80%以上房屋的所有权人颁发了房屋权属证书,客观上形成了市场供给和需求,激活了房地产二级市场(胡冰心,2019)。

二手住房市场发展初期,我国出台了三份主要文件(见表11-6)。从其内容可以看出,正面引导和规范是监管的主要内容。房地产主管部门对二级市场的主要参与者,即中介机构和人员进行了事前监管,比如设立准入机制,要求持证上岗等。同时加强执法,严惩破坏市场经济秩序的违法犯罪活动,采取事后监管。

表11-6　　　　二手住房销售市场发展中的重要规范性文件

日期	文件名称及内容
1994年7月	《中华人民共和国城市房地产管理法》明确设立房地产中介服务机构的条件,应当向工商行政管理部门申请设立登记,领取营业执照后,方可开业
1996年1月	建设部发布《城市房地产中介服务管理规定》,明确房地产经纪人必须经过考试、注册并取得《房地产经纪人资格证》
2001年4月	国务院《关于整顿和规范市场经济秩序的决定》明确规范中介机构的行为,实行中介机构市场准入制度;健全市场法律法规,严格执法。建立健全以行业自律、新闻监督、群众参与为主要内容的社会监督体系

资料来源:根据网络资料整理。

过去20多年,我国二手住房交易市场得到全面发展。根据中国指数研究

院数据，深圳、北京、上海的二手住房交易量在2010年前后便已超过新建住房，而杭州、南京等城市也在2018年左右实现了这一超越。北京2014~2018年二手房交易量占比平均为65%，2018年为72%，早已进入以存量住房为主的住房市场发展阶段；同期，上海二手房交易量已持续多年在50%左右徘徊，需求旺盛的年份超过50%，也已进入存量时代。

为了进一步规范发展二手住房市场，2015年9月28日，住建部印发的《房屋交易与产权管理工作导则》明确指出，建立规则完善、职能明确、流程清晰、规范有序的房屋交易与产权管理制度，是保证房屋交易安全、维护房屋权利人合法权益、促进房地产市场平稳健康发展的必然要求（初志坤和陈亮，2017）。但实践中，二手房交易乱象丛生。

二、主要问题：高交易费与低质服务的矛盾

（一）二手房交易费偏高

与其他国家相比，虽然我国二手房的中介费率（也称佣金率）相对较低，一般为交易价格的2%左右，但一线城市和部分二线城市较高的房价水平使居民在住房交易环节支付的中介费用绝对值并不低，也使这些城市二手房市场交易产生的中介费在总规模上位居世界前列。以北京为例，据我爱我家集团研究院统计，2018年北京全市的二手住房网签总量为153 407套，从2009~2018年，北京二手住房平均每年网签175 461套。如果以每套房价格500万元，总房款2.7%的比例计算中介费，那么北京市一年的房屋中介费用约为237亿元；如果按照2.2%的比例计算，也有186亿元。正因为如此，近年来，大中城市房屋中介门店数量虽然随着市场起伏有所变化，但总体呈现出增长趋势。

（二）交易信息不对称

房地产交易中存在着买卖双方的信息不对称、买卖双方与房地产经纪机构的信息不对称，以及房地产交易中心与经纪机构、买卖双方的信息不对称。房地产交易中心由于信息不对称，无法获得买卖交易价格的真实信息，导致税收流失（初志坤和陈亮，2017）。

三、政策建议：加强定价与信息监管

（一）交易费率：科学定价，适时调整

合理交易费的确定需要考虑许多因素进行科学定价，而目前多数城市采用统一交易费率的做法并不科学。

第一，随着房价上涨，住房交易成本一般不会如房价上涨的速度，而是与商业店铺的租金变化及人力资源成本变化有关，所以应该根据这两个因素来适时调整二手住房交易中介费用。整体来看，房价上升一般高于以上两个因素的变化，长期来看二手住房交易费率应该呈下降趋势，而不是像现在这样基本不变。因此，建议定期（一般一年）核查和调整二手住房交易费率标准，并对社会公布。

第二，城市之间房地产中介经营成本水平的差异很大，以房价为基础收取的二手住房交易费率不应该相同。北京、上海、深圳、杭州等一线和部分二线城市的营运成本较高，而成都、武汉等成本相对较低，不应该采用基本相同的交易费率。理论上说，营运成本低的城市交易费率应该随之降低。

第三，一个城市内部，各区域的住房价格差别很大，以房价为基础收取的二手住房交易费率不具有可比性。应该实行差异化的交易费率，房价明显较高的中心城区费率低一些，房价相对较低的郊区费率略高一些。

（二）信息透明：基于互联网进行数据统计与分级管理

目前，大多数城市的二手房交易信息由各中介公司提供，每个中介平台上可能提供同一套房屋的信息，而且价格等信息很可能不一致。借鉴国际经验，二手房交易信息的透明应做到以下两点。

其一，房源信息应经过房东审核后由权威渠道发布。各交易平台可以转载，但不可以随意修改。即各房源有自己唯一的身份信息，可以是一个二维码，代表这一房源的标准。这个二维码可以在每套住房首次发放房地产证书时就确定，并印制在其房地产证书上。

其二，每套住房的所有交易信息可追溯。住房自新建以来的交易情况都记录在房源信息上，各次交易的价格、住房状况信息等都有记录。这便于房屋管理部门对城市区域内房屋的信息管理，也便于二手房交易买家对房屋的了解和维护。

第五节 中国特色住房销售市场供应模式建议

一、住房销售市场三类供给主体的产品定位差异

住房销售市场主体提供住房的三种渠道产品定位差异显著,互为补充。

(一)企事业单位住房合作社的产品定位

在当前我国住房价格与居民支付能力差距较大的情况下,允许住房合作社建造住房用于销售(即成本住房)是一种可尝试的新路径。住房合作社提供的住房产品,不包含土地价格,由社员集资修建,分配范围限于合作社内部,流转范围也应仅限于合作社社员。

(二)商品住房开发商的产品定位

开发商新建及销售的商品住房,面对社会具有住房支付能力的中高收入居民家庭。根据其住房消费需求和投资需求进行设计和建造,根据家庭结构和需求状况选择大、中、小型住房产品,不限制其提供的住房面积及档次。

(三)持有住房居民家庭的产品定位

存量住房主要由持有住房的居民家庭供应。进入存量时代后,这类住房供应是销售市场供应的重要主体。其供应的产品可以满足具有一定支付能力的各层次居民的住房需求,政府需要做的就是提供平台,并加强监管。

二、中国特色销售住房供应模式的构建

从完善住房供应体系的视角来看,中国需要深化发展住房销售市场,坚持"房子是用来住的,不是用来炒的"的定位,既要调节增量,也要盘活存量,突出供应主体在住房市场体系优化中的重要作用。在调节增量方面,一方面,需要引导普通商品房开发商根据市场需求,加强分层次的住房市场供应,稳定价格预期,避免售价过快上涨;另一方面,鼓励住房合作社等非营利组织加入住房供应中,按照成本销售,增加普通商品住房供应,提高居民

的支付能力。在盘活存量方面，完善住房市场交易环节，积极培育专业机构与建立健全商品住房交易平台，引导城镇居民规范交易，为持有住房居民家庭的存量住房销售保驾护航（见图11-2）。

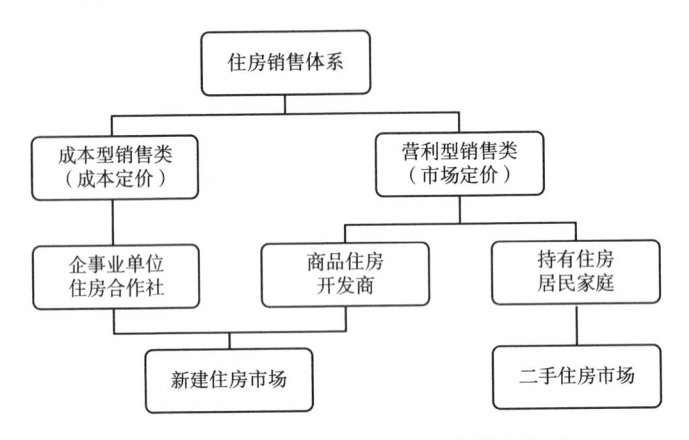

图11-2　中国特色销售住房销售供应体系

从以上分析可见，当前我国住房销售市场的供应主体主要是商品房开发商和持有住房的居民家庭，缺少住房合作社等非营利组织。"十四五"期间，对于住房支付能力不足的大型城市，应进行住房合作社试点，加大扶持住房合作社的成本型住房销售。

住房合作社的成本型住房，与政府住房保障体系中的共有产权房有些相似之处，但供给对象和范围却有较大差别。这类住房的发展具体建议包括以下四点。

第一，严格限定购房准入标准。这类住房只能面向住房困难的夹心层，面向真正的购房刚需。从剥离住房投资价值且需承担一定使用成本这个意义上看，这类住房也属于广义上的住房保障，面向所有无房的"夹心层"开放，覆盖到主流工薪阶层。这个发展方向，是丰富住房供应体系非常必要的探索。

第二，采用封闭的运行方式，严禁上市交易。这样，可更大幅度抑制住房的投资价值。只有严格限制上市交易，在合作社内部流转，才能最大限度杜绝购房者借机牟利的空间，节约监管成本。

第三，严格限制住房面积和建造标准，保证其社会互助属性。虽然这类住房可不再严格设定准入的收入门槛，但应限制房屋面积和建筑标准，以此来筛选需求者，同时与完全产权的商品房市场区分开来。

第四，供应方式尽量充分利用市场机制，减少政府一切不必要的介入。遵循十八届三中全会决议所提出的"尽可能让市场机制起决定性作用"的精神，政府只需要对住房制定不可转让或十年之内不可转让的限制之后，再加上购买对象、住房面积、建造标准等方面的具体规定，其他方面政府无须介入（陈杰，2014）。

第十二章　以提升住房供应能级为目标的配套制度建设

第一节　土地制度：优化租赁住房用地入市

在1987年城市土地有偿使用改革之后，近十年在坚持土地公有制前提下，租赁住房用地又有了大胆的探索，一是集体土地入市建设租赁住房；二是出让专门用于建设租赁住房的土地（或称为自持居住用地）。

一、规划引导租赁住房类集体土地的上市交易

随着城镇国有土地使用制度的改革、城市化进程的加快，农村集体土地特别是城市规划区内农村集体建设用地的使用权价值和资产价值越来越显现，交易活动越来越频繁。这是集体土地入市的前提条件。

如前所述，城市建成区内集体土地建造租赁房的试点早已开始。2013年中共十八届三中全会审议通过《中共中央关于全面深化改革若干重大问题的决定》（以下简称《决定》）。《决定》指出，建立城乡统一的建设用地市场，在符合规划和用途管制前提下，允许农村集体经营性建设用地出让、租赁、入股，实行与国有土地同等入市、同权同价。2019年8月第十三届全国人大常委会第十二次会议审议通过了关于修改土地管理法的决定，为集体土地入市提供了法律保障（刘亚辉，2018）。

但集体土地入市建租赁住房也需要土地主管部门的规划引导。以北京为例，北京市五环区域内还存在大量的集体建设用地，特别是南面区域二环到五环之间分布着大量的集体建设用地。这些土地是否适合租赁住房建设，应由土地主管部门如国有土地一样进行调查后，通过慎重分析后确定。实际操作层面，在期初用地性质的确定时可以较为宽松，将土地用途适当放宽，但

规定某一特定区域内各类用途用地的适宜总量和比例。在集体土地出让一定时期后，租赁用地流转的总量靠近规划限制时，即应该对当地各农村集体发出警示，规划限制租赁用房的集体土地数量。

二、优化各类新增租赁住房用地的空间布局

购房与租房群体对城市中某一空间位置的住房需求，可分解为对地段区位及各类邻里设施特征的需求。其中，租房群体偏好靠近市中心的区位以及休闲生活设施和轨道交通设施，而购房群体的住房选择在空间上相对分散，并关注住房周边优质公立教育资源的可达性。

但目前来看，国内大城市租赁用地区域错配问题还是较为突出的。以上海为例，新增国有租赁住房用地以郊区为主，职住平衡困难。中环内的分布主要集中在徐汇和浦东个别地方；虹口、卢湾和静安（原）三区没有新增租赁用地，剩余中心城五区租赁住房用地仅占25%。

利用租赁市场需求特征实证检验的估计系数[①]，可以定量测算租购群体对城市中任一空间位置的综合支付意愿，进而从机会成本的角度来分析和判断各个空间位置用于提供租赁住房用地或租赁住房的适宜程度。例如，某一空间位置位于市中心并靠近轨道交通站点，那么租房群体对该位置的支付意愿比购房群体强，在此空间位置上提供租赁住房或相应用地较为适宜。

第二节 财税制度：政策支持租赁住房供给发展

房地产相关税收是各地政府一项重要的收入来源，对于住房市场的发展有着重要的影响。在加快发展"租购并举"住房供给体系的重要时期，可从以下方面完善财税制度。

一、阶段性取消首次出租租赁住房的各项税收

"十三五"期间，租赁市场进行了各类试点，采用了多种新制度，并培

---

① 详见第六章。

育和发展出了多类别租赁机构化主体。"十四五"时期将是住房租赁市场快速发展的关键阶段,我国住房租赁市场供给的格局将在此期间基本成型。在这一时期,税收将是引导并加快其发展的重要手段。

(一) 机构租赁:阶段性优化增值税和所得税征收方式

在德国税收体制下,出租房的投资者和承租者比商品房的投资者和购房者享有更大程度的税收优惠,这对于刺激租赁房市场的投资起到了非常重要的作用(张延群,2011)。

目前,住房租赁企业涉及的税收主要包括增值税、企业所得税、房产税、城镇土地使用税①、印花税②(见表12-1),其中房产税只对拥有房屋所有权的出租企业征收。在2008年之前,租赁企业的税收负担较重;2008年之后,对租赁企业的房产税进行优惠,但税收负担仍然较重。2016年营改增之后,取消营业税及其附加,改征增值税,装修维护等费用可用于增值税进项抵扣,减少税费支出,有利于进一步降低企业税负。

表12-1　　　　　　　　　住房租赁企业涉及的主要税收

税种	营业税	增值税	房产税	企业所得税
2008.3 之前	营业收入×5.5%	—	租金×12%或者房产余值×1.2%	应税所得×33%
2008.3~2016.3	营业收入×5.5%	—	租金×4%*	应税所得×25%
2016.4 至今	—	增值额×6%	租金×4%*	应税所得×25%

注:*为降低房屋租赁企业负担,财政部、国家税务总局在2008年出台文件《关于廉租经济适用房和住房租赁有关税收政策的通知》,降低租赁企业房产税税率为4%。

按照国务院办公厅《关于加快发展生活性服务业 促进消费结构升级的指导意见》的有关规定,"对依法登记备案的住房租赁企业、机构和个人,给予税收优惠政策支持",住房租赁企业享受生活性服务业的相关支持政策,可享受6%的增值税税率。财政部、国家税务总局在《关于全面推开营业税改征增值税试点的通知》中也规定,"对一般纳税人出租在实施营改增试点

---

① 每平方米定额税率。
② 租赁合同额的1‰。

（2016年4月30日）前取得的不动产，允许选择适用简易计税办法，按照5%的征收率计算缴纳增值税"（张洪文，孙雯，2018）。

在已有改革基础上，针对住房租赁企业各主要税种的改革可考虑以下做法。

1. 所得税

目前，我国税法规定，房屋建筑的最低折旧年限为20年，家具最低为5年，对装修则没有明确的说法。而美国1981年《经济复苏税法》将以前30～40年的出租住宅折旧期缩短为15年，这使出租房屋者可获得更大的减税优惠（刘增锋，2011）。私房出租给房客的家具折旧一般为5年，其折旧也可从所得税应税收入中减除。

对于住房租赁企业来说，出租住房的装修成本占租赁企业成本的很大比例，租赁房装修的使用周期一般比自用更短，5年的折旧有其合理性。建议考虑借鉴美国的做法，缩短房屋主体结构的折旧期限至15年或20年；对装修成本按照5年来计提折旧，抵扣应税所得。这样将大大减轻重资产租赁企业的所得税，加快这类租赁企业的发展。

2. 增值税

目前租赁企业的增值税税率已经比较合理。但关于前面提到的"对一般纳税人出租在实施营改增试点（2016年4月30日）前取得的不动产，允许选择适用简易计税办法，按照5%的征收率计算缴纳增值税"这一政策，这在一定程度上不尽合理。简易计税办法使用的税率一般以3%较为常见，因为简易计税法的税基是销售额，基本与营业税的税基一致。相比基于增值额6%的增值税计税法，5%的简易计税法税率不太合理，建议把租赁企业的此项税率调整为3%。这样有利于提高处于发展初期的中小规模租赁企业的竞争力。

（二）个人租赁：阶段性取消首次出租住房的各项税收

根据我国税法对于住房出租的税收规定，个人出租住房原则上要缴纳增值税、城市维护建设税、教育费附加、房产税、印花税、城镇土地使用税、地方教育附加和个人所得税。

1. 个人所得税（10%）

个人出租住房取得的收入，属于"财产租赁所得"的征税范围，税率为

20%。财产租赁所得以一个月内取得的收入为一次,每次收入不超过 4 000 元的,可以定额减除 800 元;每次收入在 4 000 元以上的,减除 20% 的费用。减除后的费用再乘以 20% 的税率就是应缴纳的个人所得税。但是,我国对于个人出租住房有税收优惠政策,即对个人出租住房取得的所得减按 10% 的税率征收个人所得税。

2. 房产税(4%)

房产税是房屋产权人持有房屋所要交纳的税款。即使房屋产权人将房屋出租,交给他人占有使用,但是因为房屋产权人依然是房屋的所有者,仍然要缴纳房产税。根据我国税法相关规定,对个人出租住房,不区分出租房屋的实际用途,均按 4% 的税率征收房产税。

3. 增值税(1.5%)

房屋出租曾经属于营业税的调整范畴,"营改增"之后就统一成征收增值税。根据国税局 2016 年发布的《纳税人提供不动产经营租赁服务增值税征收管理暂行办法》,个人(自然人)出租住房,按照 5% 的征收率减按 1.5% 计算应纳税额。如果出租的是非住房性质的不动产,按照 5% 的征收率计算应纳税额。

4. 城市维护建设税(地区差别比例税率)、教育费附加(3%)、地方教育费附加(2%)

这三种税统称为附加税,是对缴纳增值税、消费税的单位和个人附加征收的一种税,计税依据为纳税人实际缴纳的增值税和消费税的金额。在住房出租中,因为不涉及消费税,所以附加税的计税金额是出租人因出租房屋缴纳的增值税数额。

其中,城市维护建设税实行地区差别比例税率,城市市区为 7%,县城、建制镇为 5%,其他地方为 1%。教育费附加为比例税率 3%,地方教育费附加为比例税率 2%。上述税率各自乘以增值税的纳税金额就是出租人需缴纳的三种附加税的金额。

5. 城镇土地使用税(分级幅度税额)

城镇土地使用税是以实际占用的土地面积为计税依据向土地使用权人征收的一种税。由于出租人在购买获得房屋时一并取得了相应的土地使用权,故不论房屋是否出租都应交税。城镇土地使用税实行分级税额。具体如下:大城市 1.5~30 元/平方米;中等城市 1.2~24 元/平方米;小城市 0.9~18

元/平方米；县城、建制镇、工矿区0.6~12元/平方米。各省、自治区、直辖市人民政府可在上述法定税额幅度内，根据当地的实际情况确定所辖地区的适用税额幅度。

6. 印花税（应纳但免征）

订立经济合同要征收印花税，经济合同包括财产租赁合同，订立合同的当事人双方均要缴纳印花税。财产租赁合同印花税税率为1‰，按照合同上记载的金额为计税金额。但是，我国对于签订住房租赁合同有免税政策，对个人出租、承租住房签订的租赁合同，免征印花税。

从上述规定来看，城镇土地使用税按年征收。房产税虽然也是按年征收，但因为是比例税率，所以每月的税率也不变。总体来说，出租人出租住房的税负成本分摊到每月可能会达到月租金收入的15%~16%。

但有些地方的税务局并非这样计算。有些地方为便于征收管理，区分不同的租金标准，按照现行有关税法的规定，对个人出租房屋取得的收入应缴纳的各项税收合并后采取综合征收率的方式进行征收。比如，江苏省曾出台《地方税务局关于个人出租房屋税收政策规定》，其中将个人房屋出租的租金收入以3万元作为划分标准，月租金收入小于或等于3万元的，不区分出租房屋的性质，出租人的综合征收率均为3.5%；月租金收入大于3万元的，出租住房的综合征收率为5%。这样的征收率远低于分别计算的整体税率。

但即使如此，个人出租房屋的税款征收仍面临着挑战，其根本原因在于人们以不纳税为常态。在加快推进租赁市场发展的"十四五"时期，应阶段性取消首次出租租赁住房个人的各项税收。其好处有两方面：一方面，鼓励个人的出租行为，有利于租赁市场和代理经租的发展；另一方面，有利于目前实施困难的租赁住房网签备案制度的实施，将推动在"十四五"期间建立起更加规范的个人住房租赁市场。

二、降低城市换房居民住房交易中的税收负担

房地产市场主体的需求开始发生变化，随着高收入家庭的改善型置业、中等收入家庭的首次置业、单身独居人群的品质居住以及老龄人口的分散式居家养老等需求渐渐明朗成形，推动住房的需求从数量向品质转变。需求的变化促使中国房地产行业在2018年走进"品质时代"。2017年各城市居民各类购房需求占比如图12-1所示，其中，改善性换房需求占购房总需求的比

例为47%。随着房价的上升以及家庭人口结构的增大，这种需求将会继续增加（陈斌开等，2012）。

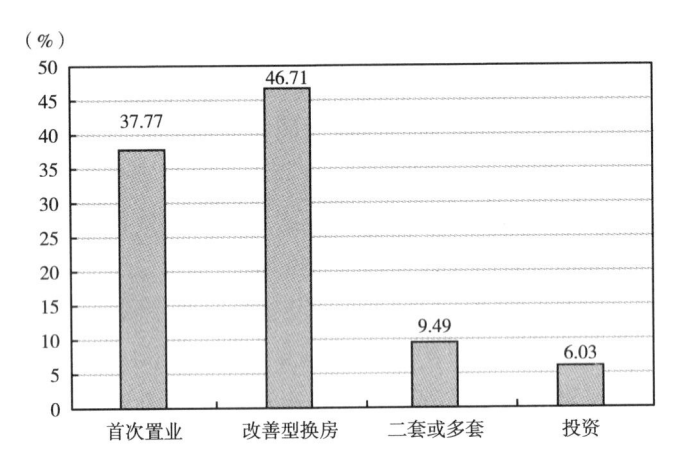

图 12-1 2017 年各城市居民各类购房需求占比

资料来源：链家研究院。

而换房过程涉及一买一卖，税费负担较重，建议出台针对换房需求的税收优惠政策。首先，目前契税政策都是按全额征收，建议对换房者按照换房差价为基数征收契税。在大型城市，一般工薪阶层很难在买房方面一步到位，逐渐以小换大是必然，如果换房时全额征收契税，实际有重复征税之嫌。其次，对于换房者来说，可以免除营业税中"买房满一定年限才可享受优惠"的规定。既然是换房，就不是住房投资或投机，无须要求等到五年之后换房。

对于大型城市，工作调动、孩子升学、家庭结构变换都涉及需要换房，总体来说应减少住房交易的流转税，鼓励换房，从而有利于减轻居民的通勤时间、增加生活幸福感、缓解交通压力等，有利于大型城市的综合治理。

第三节 金融制度：促进各供给主体可持续发展

住宅房地产发展占用大量资金，总是与金融系统密切相关。因此，住房供给的长效机制需要金融体系的配合。"租购并举"住房制度的构建，租赁是短板。而对于此短板的解决，发展机构化租赁金融支持又是关键。

一、加快推进支持租赁企业发展的直接融资产品

住房租赁投资回收周期长,要加快租赁市场发展,解决租赁企业融资问题非常关键。依靠风险投资等股权融资方式,融资方式单一,融资数量有限。2016年国务院办公厅发布的《关于加快培育和发展住房租赁市场的若干意见》明确指出:"支持符合条件的住房租赁企业发行债券、不动产证券化产品,稳步推进房地产投资信托基金(REITs)试点"(李娜等,2019)。建议通过以下两种方式为住房租赁企业提供金融支持。

(一)积极推进房地产投资信托基金(REITs)试点

持有房地产资产的企业到境外发行房地产投资信托基金(REITs)已屡见不鲜。例如,开元酒店集团在中国香港发行的"开元产业投资信托基金",于2013年7月10日在港交所主板上市,至今开元REITs的年报显示其运营良好,在原有5家酒店基础上增至7家,持续获得融资。这说明,以物业为基础的房地产投资信托基金(REITs)具有较好的投资者基础和广阔的发展前景。

但目前境内资本市场还没有这种实践,可考虑选择长租公寓中的龙头企业,积极鼓励和推进房地产投资信托基金(REITs)在上海或深圳证券交易所进行试点,为住房租赁企业开辟新的融资渠道。

(二)探索长租公寓资产证券化(ABS)

在政策支持下,魔方公寓已成功发行首个长租公寓资产证券化(ABS)产品。2017年1月10日,"魔方公寓信托受益权资产支持专项计划"设立并在上海证券交易所挂牌。魔方公寓ABS是基于在北京、上海、广州等一、二线城市经营的30处物业、4 014间公寓未来三年的租金收入为基本资金池,发行规模3.5亿元人民币。通过内外部增信设计,实现了全部优先级证券的AAA评级。这款产品获得包括国有银行、地方性商业银行、基金公司等各类投资人的青睐,在2017年初债券利率高起的市场环境中,各档期限平均约5%的发行收益率体现了长租公寓行业的优质投资价值。可见,以租金现金流为基础的资产证券化产品可以为金融市场投资者所接受。但在ABS市场上还尚未形成以公寓租金为基础资产的产品类别,可见其发行量很低。我国应鼓

励和加快推进区域内住房租赁企业采用 ABS 进行融资,加快其发展步伐。

综上所述,虽然公寓租赁企业较难获得传统银行贷款等方式的资金支持,但可从各种渠道直接融资。前一种渠道适合持有出租房屋产权的房地产租赁企业,即重资产租赁企业;而后一种渠道则适合大量无房屋产权的租赁企业,即轻资产租赁企业。从而拓展各类住房租赁企业的融资渠道,加快租赁企业发展。

二、持续稳定支持房地产开发企业短期开发贷款融资

持续 20 多年商品房市场的高速发展,房地产开发企业的集中度得到大幅提高。图 12-2 显示,这些开发企业的财务杠杆率并不高。2019 年 6 月 30 日,房地产行业国内上市公司在剔除预售账款之后的资产负债率为 49%。杠杆率最高的是销售前十位的房地产开发上市公司,但其资产负债率也只有 63%。因此,我国房地产开发企业的资金安全性还是比较有保障的。

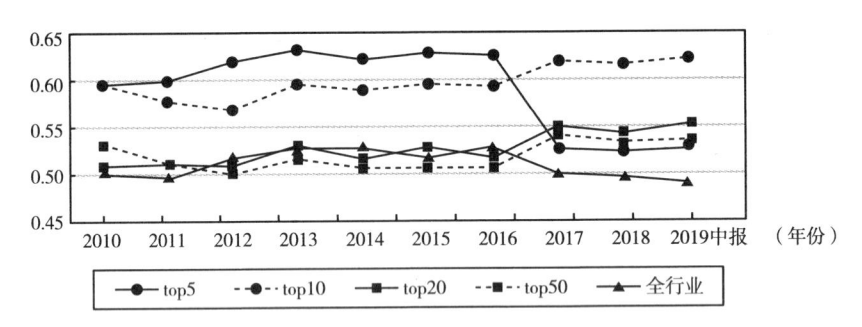

图 12-2 2010~2019 年上半年中国房地产上市公司
资产负债率(剔除预收账款)

资料来源:各房地产上市公司年报及中报。

在如前述建议提高预售标准以及推后按揭贷款发放的情况下,房地产企业的开发资金会变得更紧张,需要有其他补充性的资金支持(白云霞等,2016)。而原有这类资金本身就来自银行体系,因此,建议在有预售合同支持的情况下,银行可适当增加对住宅房地产开发企业在项目开发期的贷款支持,甚至保持稳定,避免出现突然收紧甚至停贷的现象。

第四节　平台建设：助力"互联网+"住房供给监管

一、"互联网+"租赁平台完善：提高租赁市场运行效率

目前，一、二线城市住房租赁互联网平台种类繁多。形态各异的住房交易互联网平台，是"互联网+"住房租赁市场管理工作的重点。课题组建议，应根据互联网平台在租赁模式中所充当的角色，从信息真实度、信息保密、合理市场竞争等方面进行差异化管理。

（一）信息管理：加强平台信息监管，确保信息真实性

在"互联网+"深度变革租房传统行业的趋势下，人们的消费模式和生活方式发生了改变。这与公共利益及公共福利息息相关，比如说，线上搜索房源节省了租房者的时间，租房者甚至能够租到价格便宜的住房，使其有更多的剩余资金用于其他消费和投资，间接增加了公共福利。但是，如果"互联网+"平台虚假信息泛滥，则不但不能使社会公共福利得以增长，从长远来看必将重创社会诚信体系，使社会公共利益和公共福利遭受难以估量的损失。在公共治理理论的指导下，在管理公共事务时，政府及其他社会组织应共同协作，分别承担相应的责任，最大限度地提高公共利益。

1. 建立住房租赁信息管理平台，杜绝虚假、重复信息

租赁信息的不准确甚至虚假，在租赁市场由来已久。在互联网环境下，一方面，信息发布更为便利，发布虚假信息的成本也更低，但监管难度更大。虚假房源一直充斥在各个租赁信息共享平台之中，租客在租赁过程中时常碰上事实并不存在的房源，提高了租赁成本，降低了租赁效率。最为普遍的是中介或者二房东在网上发布一两条优质"钓鱼"信息，在吸引到租客之后，再推荐其他房源。另一方面，很多线下租房中介更是同时入驻多个平台，造成信息重复和冗余，导致租房市场混乱，增加了租房者获取信息的成本。有些传统型互联网平台，受到监管力度和盈利模式的局限，房源信息失真的问题更为突出，很难完全保证房源的真实性。

对此，建立城市统一的住房租赁信息管理平台，可解决住房租赁市场中

长期存在的虚假房源问题，有助于清理互联网租赁信息平台的虚假房源。由于网络发布房源方便快捷，而对虚假房源认定成本高，往往都是实地勘察后才发现是虚假房源，使得虚假房源的整治往往收效甚微。随着不动产登记工作的开展，城市每套住房拥有唯一的识别码。这样，无论是住房交易还是租赁，都能实现快速的房源信息认证。所有参与租赁的住房，都应该对房源进行认证，并获取认证编号，认证信息包括房屋基本信息认证、业主信用信息认证、房屋租赁状态认证。承租方可通过认证编号，在指定的网站进行查询（见图12-3）。

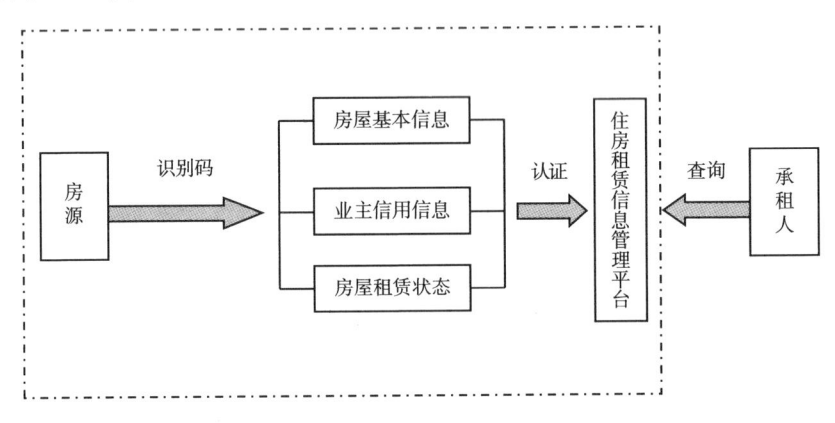

图12-3 住房租赁信息管理平台查询认证流程

租赁信息管理平台的建立，具有多方面的意义。一是为机构和个人租赁信息发布提供官方平台；二是租赁信息真实准确，具有参考意义，客观上约束了其他互联网租赁信息平台发布虚假房源；三是除了从租赁登记备案系统获取成交信息外，政府也可以利用该平台获取出租和求租信息，方便政府对市场走势的掌握，及时发现区域住房租金的异常波动，并采取主动的措施平抑租金。

2. 督促平台对经纪人信息加以管理，完善经纪人员入网认证制度

一些不法分子利用租客们在互联网平台上寻找房源的特点，在线上冒充经纪人，甚至承诺可以做到低租金住房，私下与承租人联系，以交看房费、定金等方式骗取钱财。

对此，政府应对有经纪人参与的"互联网+"租赁平台加强监督，确保线上经纪人也来自正规的中介公司，具有执业资格。同时，加快完善城市房地产经纪人员入网认证制度，做到经纪人员的具体个人信息、信用评价信息、业务评级信息等可查询，确保经纪人员的每一笔服务交易都做到可追溯。

（二）隐私管理：重视参与方信息管理，保障信息安全

由于"互联网＋"住房租赁平台鱼龙混杂，平台、中介、出租者、租房需求者之间均存在一定程度的信息不对称，租房需求者的个人信息暴露于平台之上，其权益受到侵害的事件时有发生。一些不法分子利用租房者的信息进行诈骗，更是极大损害了当事人的合法权益乃至人身安全。

因而，确保住房租赁参与各方的信息安全，防止个人信息泄露，十分必要。对互联网企业和中介实施安全认证，防范泄露租赁双方个人信息。可以尝试提供多方信息认证服务，在各方获得认证编号的同时，提供申请加密的租赁服务电话号码。加密租赁服务号码可实现专线网络通话，且可通过信息管理平台随时关闭号码服务，出租方或承租方可选择发布服务号码以便扩大房源匹配范围，也可选择在平台不发布服务号码，将租赁服务号码给予经纪人。经纪人可通过服务号码联系租赁双方，从而保证各方信息安全，保障交易信用。

（三）租后管理：实行租赁住房合同"网签"制度

当前，大部分城市的住房产权交易早已实现了网络签约制度；在住房交易的同时，政府和市场便获得其交易信息。例如，上海市2014年发布的《居住房屋租赁管理办法》只是要求进行"登记备案"，但登记备案是否执行、是否真实，无从考证。如果实行"网签"制度，可以在第一时间掌握真实租赁交易信息，有利于加强对租赁房源、租赁双方的管理，建立"互联网＋"住房租赁市场的全过程管理模式。

为了住房租赁网签制度的顺利实施，也为了更好地实现城市的人口管理，建议将租赁住房的"网签"系统与市民信用管理系统联系起来。同时，"网签"可作为租房居民办理居住证、孩子入学等相关权益的网络采集依据，提高政府综合管理效率。

二、"互联网＋"交易平台优化：治理住房交易市场信息乱象

针对房地产交易中心的信息不对称乱象，杭州进行了有益尝试。2016年11月1日，杭州市创建全国首个房地产经纪行业管理服务平台，2017年5月

4 日升级为杭州市二手房交易监管服务平台（以下简称"交易平台"）（胡冰心，2019）。在调研和参考资料基础上，对于杭州经验的梳理总结，可从以下方面优化城市"互联网+"交易平台管理模式。

（一）建立全面、透明、权威的实名登记制度

1. 信息全面性

只有数据全面，才能使所形成的信用档案具有更高的社会价值。为了确保信息全面性，实现交易平台"全覆盖、全参与、全评价"的目标，一要扩大人员覆盖面，除备案企业和持证经纪人之外，也须将申报本企业及其门店或加盟店的全部工作人员纳入管理范围；二要扩大中介服务过程，需覆盖业务、管理、后勤等中介服务全流程；三要不断扩大地域覆盖面，建立统一、高效、全面的评价体系。

2. 信息透明性

实名登记信息主要有三大部分。一是基本信息。由中介机构进行自主申报，主要内容包括名称、营业执照号码、员工人数、员工姓名、证件号码、联系方式、照片、学历、继续教育情况等。二是交易信息。由主管部门后台统计，主要包括统一的从业编码、交易量、评价量、评价率、满意率、奖惩情况、星级级数等。三是社会评价信息。由交易双方对从业人员进行实名评价，加强社会监督和舆论约束。实名登记的各项信息均向社会公示，保障房地产市场的透明运行。

3. 信息权威性

为了保证信息的权威性，应首先确保消费者提供的评价信息已经过实名验证；其次，交易平台的中介机构及从业人员信息管理等模块应支持覆盖全行业的信息采集、备案、变更及公示，以实现门店的人员调整、离职、新入职等的动态管理；最后，应立足于政府部门主导的权威平台，保证信息的公平性。

（二）建立终身制从业编码和房源核验统一编码

1. 终身制从业编码

以交易平台为载体，赋予每一名房地产中介从业人员唯一且终身不变的从业编码，并发放实名服务工作牌。以统一工作牌为载体，牌上记载从业人

员姓名、照片、所属企业、终身制的从业编号等信息，并附有二维码，供现场扫码查询。终身制的从业编码解决了中介人员流动的管理难题，把管理落实到每一个人，实现跟踪管理、精准管理。从业人员的个人业绩、交易评价和相关的处罚、表扬情况都将终身跟随，离职、调店，甚至暂时离开中介行业都要保留历史记录，最大化地发挥诚信档案的作用。

2. 房源核验统一编码

从消费者角度来看，需设立每套房屋独有的核验编码，保证同一房屋在不同中介机构的出售过程中采用唯一的核验编码，以便于进行查询核实。而中介机构可通过统一的房屋编码，在门店或网站展示房源时能够直观地提供不同代理中介机构的拟售价格。同时，平台通过房源挂牌的实时更新功能和线上线下相结合的检查手段，能有效避免产权不清晰、存在纠纷，或者委托期限到期、已查封等限制交易房源、无效房源的问题。以杭州为例，2016～2018年，房源系统已自动删除不再符合交易条件的房屋12 000余套。

（三）建立红、黑、灰名单制度，分层分类进行信用管理

通过行政手段、行业星级评价管理和市场淘汰机制等多种措施，全方位对行业违规、失信行为进行打击，有利于提升行业诚信水平。对于交易平台而言，可采用红、黑、灰名单制度，分层分类管理信用信息，以增强信用信息利用的科学性。同时，通过创新设置行业内的灰名单功能，将经纪从业人员的失德失信行为在行业内进行公示。这一举措能够为中介机构选聘员工提供参考，从而提高中介行业从业人员的整体素质。

对于二手住房交易监管，则需要牢牢把握住信用管理和信息公开两个重要因素。首先，利用互联网的特性思维，通过建立中介机构、门店和从业人员的树状结构基本信息库，实现相关部门信息的共享。其次，充分利用行业大数据，建立起每一名从业人员的诚信档案。与此同时，推行实名登记制度，切实构建"管平台、管数据、管信用"的监管模式。

第四部分

以政府引导为方向完善多渠道住房保障体系

第十三章　我国住房保障体系发展的典型问题与表现

保障公民的居住权，在任何一个国家的任何时期，都是政府的义务和职责。为此，为了满足中低收入阶层的基本居住需求，并提升该群体的租房、购房能力，政府需要制定一系列制度和政策。党的十九大报告指出，"增进民生福祉是发展的根本目的"，因而住房保障有利于增强全体人民在共建共享发展中拥有更多获得感，不断促进人的全面发展、全体人民共同富裕（张清勇，2014；张跃松，2015）。

改革开放以来，我国城镇住房保障经历了"提出、确立、缺位、发展、强化"五个阶段。经过多年探索，城镇住房保障体系逐渐形成，住房保障成就显著。近年来，城镇低保、低收入家庭基本实现应保尽保，特别是公共租赁住房（以下简称"公租房"）保障能力显著提升。截至2017年，全国共有1 900多万户住房困难家庭住进了公租房，城镇中低收入家庭的住房条件明显改善。

然而，在住房保障快速推进的同时，矛盾与问题也逐步暴露。目前，引进人才、新就业大学生、城市外来务工人员等新市民的居住问题仍未解决，部分城市户籍中低收入家庭的住房保障也存在不足，这一方面造成一、二线城市中群租、转租等现象屡禁不止，另一方面也产生了保障房空置现象。因此，进一步完善住房保障体系，在解决老市民住房保障的同时，充分关注新市民的住房困难，"使全体人民住有所居"，是今后长时期住房保障工作的重点。

第一节 保障范围：新老市民保障失衡

一、保障广度：对新市民的覆盖范围不足

（一）长期倾向于对老市民的住房保障

长期以来，户籍是获取当地住房保障的必要条件。直至 2007 年，《关于改善农民工居住条件的指导意见》才提出将"改善农民工居住条件作为解决城市低收入家庭住房困难工作的一项重要内容"，但文件仍然强调"用工单位是改善农民工居住条件的责任主体"；仅在公租房领域，住建部在 2012 年 5 月颁布的《公共租赁住房管理办法》中明确将"在城镇稳定就业的外来务工人员"纳入保障对象。从各地住房保障实践看，尽管保障对象身份标准有所放松，但仍有严格限制条件。产权保障仅适用于户籍居民或已经在本地有较长居住年限的家庭。部分一线城市，获得租赁保障需要至少 5 年的居住年限。

由此可见，目前各城市住房保障覆盖范围并不统一，并且长期集中倾向于保障城市户籍中低收入群体，对非户籍中低收入群体的保障力度有限，新老市民住房保障力度并不相同。

（二）各城市对新市民的保障范围亦不明确

所谓新市民，主要指政府或企业引进的人才、自主从其他城市转入的各类人员（如创业人才）、新就业大学生以及从农村到城市的务工人员等。普遍观点认为，引进人才、创业人才、新就业大学生等群体对居住地城市发展的贡献较高，各地理应将其纳入住房保障。城市外来务工人员是否应纳入住房保障体系，则有争议。实践中各地政府的政策因地而异，部分城市实现了对外来务工人群的全面保障。例如，重庆市已将农民工纳入住房保障范围，2016 年公租房中农民工的比例高达 51%。但大部分城市只是在名义上保障农民工的权益，比如上海的四大类保障方式中仅公租房名义上可覆盖农民工，然而实际上公租房租金远远超过农民工的支付能力。

究其原因，一方面，各城市财政负担能力有限，难以将进城务工人员全

面纳入住房保障范畴；另一方面，如果城镇住房保障覆盖进城务工的农村户籍人口，则可能出现新的社会问题。即农村户籍人口在户籍所在地拥有宅基地的同时，在城市又享有住房保障的权利。对人多地少的中国来说，住房福利支出过大，对非农业户籍人口而言有失公平。

但是，进城务工人员的收入低、居住条件差，是不争的事实。如果住房保障不将其纳入，则会降低其对城市的归属感，影响城市化进程，甚至造成城市卫生和社会治安的隐患。因此，建议随着经济水平和保障能力的提高，城镇住房保障的目标范围应逐步扩大。即从低收入住房困难家庭扩展为"中等偏下收入住房困难家庭、符合规定条件的新就业无房职工、稳定就业的外来务工人员"。当然，对城市外来务工人员等新市民，其保障方式、保障标准和准入条件等需要统筹考虑城市政府承受力、阶段性居住需求等特点，进行区别对待。

二、保障深度：新老市民的覆盖程度存在差异

住房保障的基本目标是保证居民的基本居住权，即"人人有房住"。也就是说，确保居民可以以其收入的合理比例支付最低可接受条件（一般以住房面积衡量）下的住房，即居民有基本的住房支付能力。因此，住房支付能力是住房保障覆盖范围的确定依据。而当前各城市由于缺乏对保障者的精准识别，对城市户籍中低收入者的住房保障程度往往超出其基本居住的需求，加上保障房进入门槛高，退出门槛低，造成城市老市民对住房保障有过度依赖，导致住房福利病的形成。例如，共有产权房的申请条件一般均要求"具有当地城镇户口""家庭收入符合市、县人民政府划定的低收入家庭收入标准"，通过户籍和收入限制将非户籍家庭以及收入水平不在规定范围内的家庭排除在外，进入门槛较高。在退出机制上，保障家庭满足一定年限（一般为5年）后可按市场价格转让所购房屋的产权份额。在同等价格条件下，代持机构可优先回购，回购价格按购买价格并考虑折旧和物价水平等因素确定。相比较而言，退出门槛较低，在房价上升周期购房者也能够从中获取较大的退出收益。

与此同时，对引进人才、创业人才、新就业大学生等这一新市民群体提供的住房保障，也存在两个方面的问题。一是这类人群的收入相对较高，其居住困难多数只是暂时性的。而那些在非户籍城市工作较长时间，但还无力

在该城市立足的人群，也存在选择离开该城市的可能性，其住房保障也应该是暂时性的。二是其可能在原有城市享受过住房保障，拥有自有住房。因此，对这类人群的住房保障需要把握暂时性居住困难这一主要保障目标，并适当考虑其在原有城市享受过住房保障，综合考虑保障方式。但由于尚未建立全国统一的住房保障信息系统和各城市争夺人才这两大现实情况，对这类人才的住房保障可能存在保障过度的问题。

第二节 保障方式：实物保障与货币保障失调

一、以实物保障为主，政府压力较大

过去我国长时期保障房短缺，为了加速住房保障体系的发展，采取实物保障的直接支持模式，政府是建设主体。依据国际货币基金组织（IMF）口径，2015年中国内地住房与社区环境支出占到财政支出的8.2%，超过中国香港（约为7.5%）、新加坡（约为5.3%）的占比，保障力度较大[①]。这必然给政府带来较大的财政负担，也是促使政府反思供给方补贴政策的重要原因。其他国家的实践也表明，由于缺乏市场机制的作用，对保障房进行供给方补贴的经济效益较为低下，提高总体住房可支付性程度有限，公共财政的压力也越来越大。不仅如此，对政府而言，实物保障建设工作量大，后续的管理难度更大。过去认为实物保障便于集中管理，政府在管理和收入监控时不需要投入很大的人力和物力。但在实际运行中已面临诸多问题，管理难度和财政负担都非常大，而货币保障有利于倒逼政府提升管理水平。例如，截至2015年12月1日，中国香港房委会下属执行机构房屋署有9 074名员工，其中8 393人为公务员，681人为合约雇员。房屋署公务员约占中国香港整个公务员队伍的16%，开支庞大（杨小静等，2015）。

二、进入存量时代，货币保障不足

当前，我国已逐步进入住房存量时代。2005年，我国城镇住房存量套数

---

① 资料来源：恒大研究院报告，《中国住房制度：回顾、成就、反思与改革》。

为 1.62 亿套，当时城镇常住人口的家庭户数为 1.9 亿户，户均住房套数为 0.85 套；2015 年，城镇住房存量达到 2.56 亿套，城镇家庭户数为 2.71 亿户，户均住房套数为 0.94 套[①]。由此可见，我国住房严重短缺时代已成为历史。当然，各城市的人均住房面积差异明显，一、二线城市的人均住房面积偏小，而三、四线城市的人均住房面积明显偏大（见表 13-1）。从数据分析看，大多数城市住房供求已基本均衡，逐步进入存量时代，今后更适用于采用存量转化的方式供给保障住房。

表 13-1　　　　　　　　中国各城市人均住房建筑面积

城市	城镇居民人均住房建筑面积（2014 年，平方米）	城市	城镇居民人均住房建筑面积（2013 年，平方米）
北京	31	南京	32.8
上海	34.4	苏州	43.1
深圳	28	杭州	31.9
东莞	58.44	广州	22.7
厦门	32.75	福州	37.0
合肥	30.9	哈尔滨	38.2
杭州	34.68	呼和浩特	35.4
温州	41.67	青岛	29.1
台州	44.6	昆明	43.4
无锡	37.96	兰州	29.9

资料来源：左列各城市数据来自各城市 2015 年统计公报和统计年鉴；右列各城市数据来自《中国区域经济统计年鉴 2014》。

住房供求基本均衡城市存在住房困难的原因，不是住房供给不足，而是住房需求方的支付能力不足。支付能力不足应该通过货币化住房保障手段进行解决。相比较而言，采取货币补贴方式，不仅能够减轻政府压力，还能盘活市场存量房源，充分发挥市场机制的资源配置作用，并有利于进一步扩大保障覆盖面。

然而，从国内各城市的调研发现，少数城市已全面实行货币保障，如常州；而一些城市只在较小范围内实施货币保障，如上海只对廉租房实施货币保障，公租房则没有。推进全面的货币保障仍存在困难，关键在于城市商品

---

① 资料来源：岳纲举. 深耕存量房再装修市场是家居企业发展之本［N］. 中国消费者报，2015-08-06.

房市场的供求关系以及城市政府的保障能力。

第三节 保障水平：单位投入保障效率不高

一、地区层面：保障水平与地区经济发展局部欠协调

（一）住房保障水平整体基本适度

住房保障水平的"适度"，是指在政府财政可负担的范围之内，住房保障支出与经济发展水平相适应，同时又能满足居民基本住房保障需求或社会认可的稍高住房保障需求。根据贾康和张晓云（2012）的研究，一个国家的住房保障支出水平往往会随社会经济的发展而呈现出一个倒"U"形曲线。

一般采用住房保障支出占国内（地区）生产总值（GDP）的比例，来度量某地某时期住房保障水平在宏观层面上的情况。根据《中国统计年鉴》在地区财政支出列示的"住房保障支出"数据，可计算出2018年我国国家（地区）住房保障水平（见表13-2）。从计算结果看，就全国范围而言，住房保障支出占GDP的比重为0.71%；各地住房保障水平存在明显差异，最小为福建0.23%，最大为西藏3.70%。

表13-2　　　　　　2018年中国城镇住房保障支出水平

地区	人均GDP（元）	住房保障水平（％）	地区	人均GDP（元）	住房保障水平（％）	地区	人均GDP（元）	住房保障水平（％）
全国	66 006	0.71	浙江	98 643	0.32	重庆	65 933	0.60
北京	140 211	0.44	安徽	47 712	0.66	四川	48 883	0.86
天津	120 711	0.49	福建	91 197	0.23	贵州	41 244	1.86
河北	47 772	0.55	江西	47 434	0.61	云南	37 136	1.25
山西	45 328	0.75	山东	76 267	0.52	西藏	43 398	3.70
内蒙古	68 302	1.13	河南	50 152	0.72	陕西	63 478	0.79
辽宁	58 008	0.64	湖北	66 616	0.54	甘肃	31 336	1.91
吉林	55 611	1.11	湖南	52 949	0.71	青海	47 690	2.42
黑龙江	43 274	1.77	广东	86 412	0.54	宁夏	54 094	1.55
上海	134 982	0.82	广西	41 489	0.66	新疆	49 475	2.39
江苏	115 168	0.48	海南	51 955	1.33			

资料来源：基于2019年《中国统计年鉴》相关数据计算。

上述测算结果显示,当前我国城镇住房保障水平支出与经济发展水平基本相适应。以经济合作与发展组织(OECD)国家为例,自20世纪80年代以来,其人均GDP超1万美元,住房保障支出保持在0.3%~0.4%的低水平(见表13-3)。根据保障倒"U"形曲线假说,由于当前我国经济发展水平低于OECD国家(2017年人均GDP为66 006元,按2018年12月29日在岸人民币兑美元汇率报收6.8730计算,约合9 604美元),故住房保障支出水平相对较高。

表13-3　　　　　　　历年OECD国家经济与住房保障水平对比

指标	1980年	1985年	1990年	2000年	2010年
人均GDP(美元现价)	10 081	13 247	17 763	25 309	36 523
住房保障水平(%)	0.29	0.34	0.31	0.32	0.42

资料来源:基于国研网统计数据库,OECD.Stat的相关数据计算所得。

利用2018年《中国统计年鉴》数据计算,2017年我国城镇住房保障支出占地方公共财政支出的比例为3.23%,比重不大。在其余的公共支出均是合理的假设下,数据表明,我国地方政府住房保障支出的扩容能力较差,这很大程度上是由于我国地方财政一直处于财政赤字状态。1994年分税制改革,我国中央政府财政收入实现了集权化,但有些地方仍然保留支出责任,这使得地方财政赤字严重。财政不足的压力使得保障水平在今后相当长一段时间内都将保持在较低的水平(欧阳华生,2014)。针对这一问题,需推动中央财权与事权改革的深化,并将与房地产业相关的部分税额作为保障财政专项拨款,以形成长期资金供应的制度安排(宫兵和姚玲珍,2018)。

(二)住房保障水平地区局部欠协调

我国经济最发达和最不发达地区的住房保障压力较大,住房保障支出水平理应表现出两头大、中间低的特征。但在实际运行中,住房保障支出水平也呈现过随经济发展水平反向变化趋势(如图13-1所示)。若考虑地区住房保障福利水平一致的话,发达地区的住房保障支出水平偏低,这与城市经济发展水平需求不协调。而这些地区房价高、人口流入大,未来保障需求将较目前更严峻。

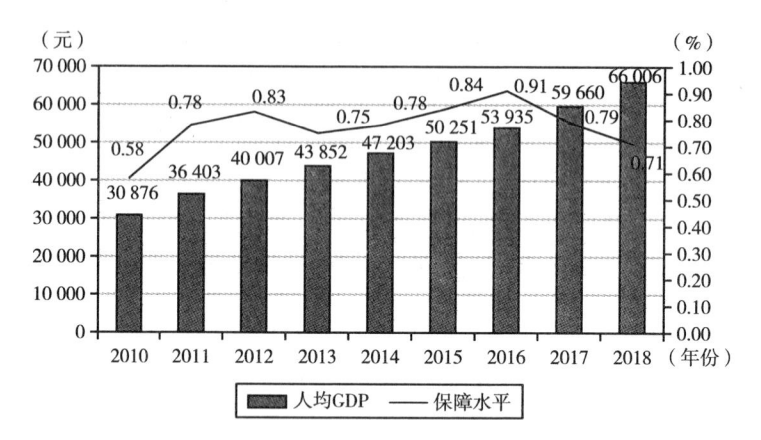

图 13-1　2010～2018 年我国地区人均 GDP 与住房保障水平趋势

资料来源：基于 2011～2019 年各年《中国统计年鉴》相关数据计算。

二、微观层面：保障水平与保障对象需求特征难匹配

（一）市场租金与租金支付意愿错配

目前部分城市对公租房[①]定价偏高，市场出租住房供给与"夹心层"的需求结构存在严重错配，这种错配必然会造成保障效率的下降。下面以上海为例，通过发放调查问卷，对引进人才为主的公租房需求主体进行需求特征分析[②]。在租金支付意愿方面，要求租金在 1 000 元及以下的占 20.7%，1 000～2 000 元的占 45.7%，2 000～3 000 元占比 23.1%，3 000 元以上只占 10.6%。而上海住房租赁市场低租金住房比例较少，市场挂牌租金在 3 000 元以上的占 72.22%，1 000 元以下的只有 1.48%，1 000～2 000 元的占 7.28%，2 000～3 000 元的占 19.02%（见图 13-2）。从数据结果来看，租金需求结构和市场供给租金结构两个角度都证明了市场租金已超出租赁对象的承受范围。

[①] 2013 年，住建部、财政部、国家发改委联合下发《关于公共租赁住房和廉租住房并轨运行的通知》，将公共租赁住房和廉租住房统一并轨为"公共租赁住房"。由于廉租住房主要面向城市户籍低收入家庭，其租金水平相对较低，因而此处的公共租赁住房不包括廉租住房。

[②] 此次调研通过微信回收 259 份，有效问卷 259 份，问卷有效率为 100%。调查对象的学历背景：大专/高职学历占 5.41%，本科生占 31.27%，硕士研究生占 43.24%，博士研究生占 20.08%；工作年限：工作 1 年的占 14.67%，工作 2 年的占 12.36%，工作 2～5 年的占 23.17%，工作 5 年以上的占 49.81%。调查对象符合调研要求，且分布均匀。

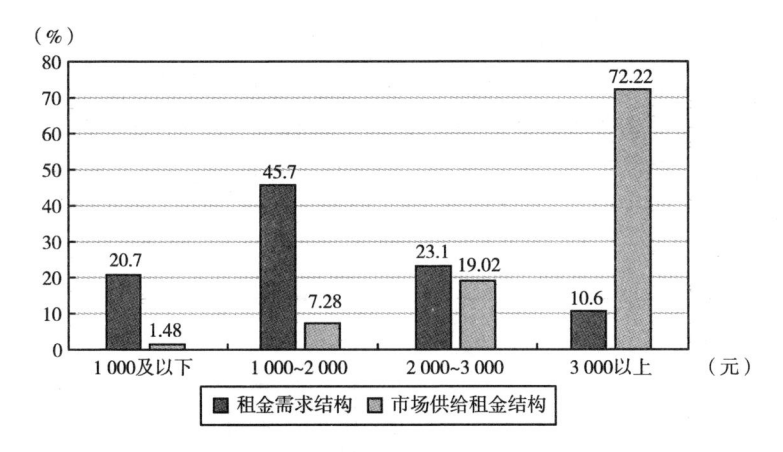

图 13-2　公租房租金需求结构和市场出租挂牌租金比较

资料来源：市场挂牌租金分布数据来源于上海财经大学房地产数据库。

（二）保障房型与实际需求错配

当前住房市场房型设计配比结构与保障对象实际需求并不匹配。大户型占多数，小户型供应不足，且价格偏高。在房价较高的大城市，由于被保障对象收入不高或需要储蓄购房资金，对居住的要求不高，因此大部分愿意合租或选择节约居住以降低租金支出。例如，昆明市公租房总量占比约5%，有些区可能只有1%~2%（五华区、盘龙区），并且政府投资建设公租房需按照国家要求，每套不超过50平方米的标准。这对于多人口家庭来说比较狭小，而对于单身保障对象又偏大。这种房型设计结构与保障对象的实际需求错配的现象，在各城市较为普遍，降低了政府单位投入的保障效率。

（三）保障房源区位与实际需求错配

实地调研发现，大多数城市保障性房源的区位与保障对象的实际需求不匹配。例如，从青岛市的人才公寓建设布局看，已开工建设的人才公寓60%以上集中在青西新区、城阳、高新、蓝色硅谷等区。受区位、交通、配套设施等原因影响，对人才的吸引力相对不足。而主城区和崂山区人才公寓需求大，因土地资源稀缺，筹建难度大，新增项目少，供需矛盾突出。从上海市的调研情况来看，引进人才对公租房房源的区位要求高，希望居住地周边交通等配套设施完善，提高交通出行的便捷性。例如，对于公租房距离工作单位的距离需求，41.31%的调查对象选择3~5公里以内，31.46%的选择5~

10公里，只有9.39%的人愿意接受超过10公里以上的距离，其中还有11.74%的人要求距离在1公里以内（见图13-3）。对于交通工具的要求，52.58%的调查对象选择乘坐地铁，11.74%选择乘坐公交，10.80%接受地铁或者公交（包括转乘）的交通方式，21.13%的对象则选择步行或者骑车的方式（见图13-4）。

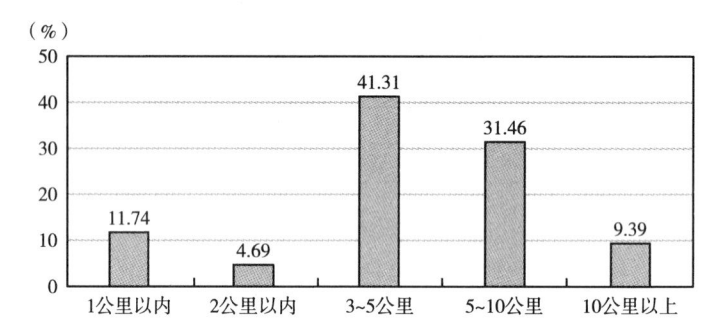

图13-3 公租房与工作单位的距离需求

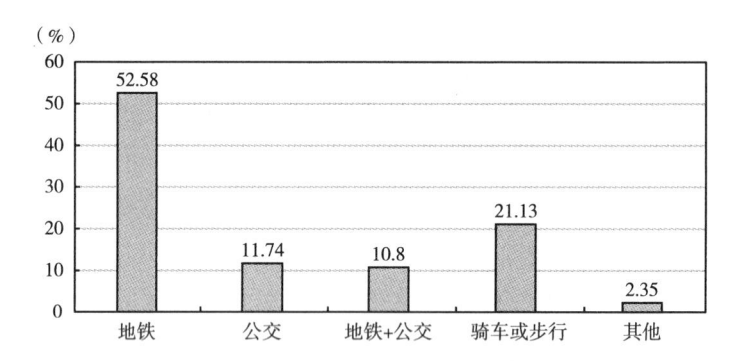

图13-4 对公租房的交通需求分析

第十四章　政府主导住房实物与货币保障的推进思路

通过对现有住房保障体系存在问题与原因的分析可知，夯实政府主导的基本保障的关键，在于优化现有住房保障方式。因而本章将重点探讨如何完善实物保障手段，提高货币保障比例。这对于更好地保障老市民的权益，提高保障效率有着深刻意义。

第一节　住房实物保障政策的精准保障理念

作为保障对象，必须同时满足经济困难和住房困难两个条件。这两个因素不仅在不同家庭间千差万别，同一家庭的不同阶段也是千变万化。当然，保障标准在一个地区的不同阶段是相对固定的，甚至可以按照人均最低面积的方式全国统一。由此，必须依据保障标准和保障家庭的实际情况，确定保障家庭自身承担的居住成本和政府保障的额度。如前文所说，当前我国仍实施"粗放式"住房保障，对同一保障类型的保障对象给予相同的保障标准，忽略保障对象之间的差异性。这不仅会带来保障水平的不均等，也会增加政府支出，不利于保障资金的有效利用。因此，在政府主导的实物保障过程中有必要引入"精准"理念。所谓"精准"，就是结合城市特征、针对不同住房困难户状况，运用科学、有效的程序对保障对象实施精准识别、精准补贴、精准管理。简单来说，是根据家庭特征提供"精准化"保障，即"个体定制"式的保障模式。

一、公租房体系：以租金负担能力为依据制订租金标准并动态调整

依据公共产品的理论内涵，保障房具有准公共产品性质。这一特征决定了必须由政府作为公租房供给的责任主体，但是政府直接供应又面临缺少有效监管、供给效率低下等"政府失灵"问题。由于难以完全掌握需求者信息，在公租房租赁过程中容易引发机会主义和道德风险等"信息不对称"的弊端。为了有效解决上述问题，有必要通过"精准"理念来推进公租房体系的建设。另外，随着信息技术和大数据技术的发展，公租房"精准保障"的实现将成为可能。这将有利于提升住房保障水平及其整体运行效率，并有助于推进公租房货币补贴。

（一）精准识别公租房保障对象

公租房保障对象的精准识别，是进行精准保障的前提。目前，上海公租房准入标准未对申请对象的收入和财产总额进行限制，而北京、成都、杭州等城市虽然对申请对象的家庭人均可支配收入或人均财产做出规定，但仍未落实到对保障对象的精准识别（见表14-1）。相对而言，面向更广泛群体且条件宽松的公租房政策，在一定程度上倒逼政府供应更多的公租房，有助于保障覆盖面的提高。但是也应看到，不设收入及财产限制使公租房准入缺乏刚性指标，而过多的柔性指标增加了保障不公平及保障低效率的可能。与此同时，在未掌握申请人收入水平、财产总额等情况下，公租房的管理方难以提供与之相匹配的保障标准，因而公租房在多大程度上满足了保障对象的实际需求也很难衡量。面对这种复杂性，有必要对保障对象进行差异化分类识别。

表14-1　　　　　　　　　典型城市公租房准入标准

城市	保障对象	住房困难标准	收入标准	财产标准
上海	中低收入户籍住房困难人群、引进人才和外来务工人员	人均居住面积15平方米（含）以下	无	无
北京	城镇户籍困难家庭、外省市来京家庭、引进人才	人均住房使用面积15平方米（含）以下	3人及以下家庭年收入10万元（含）以下、4人及以上家庭年收入13万元（含）以下	外省市来京家庭无本市住房

续表

城市	保障对象	住房困难标准	收入标准	财产标准
成都	中等及中等以下收入的中心城区户籍家庭、中心城区户籍单身居民、外来务工人员	无	家庭年收入10万元（含）以下	在本市中心城区无自有产权住房
杭州	中等偏下收入住房困难家庭、新就业大学毕业生及创业人员	无	人均可支配收入低于52 185元	无本市住房

注：本表中的标准为各城市截至2018年3月的标准。

在不改变现有保障范围的前提下，需要从经济状况、就业情况、家庭负担、住房水平等多个方面对公租房保障对象进行综合精准化识别，充分掌握其家庭信息。从结构上看，公租房保障对象大体上可细分为中低收入户籍住房困难人群、引进人才和外来务工人员三类人群，对于不同人群在识别过程中关注的重点也各不相同。对于中低收入户籍人群而言，其长期生活在当地且一般年龄偏大，通常已有一定的财产，只是收入较低。对于这类群体，应更多地关注其财产总额、现有住房面积以及家庭负担。引进人才的保障识别，应着重了解其教育背景、专业资质、突出成果等与科学贡献相关的指标。而与引进人才不同，外来务工人员一般从事体力劳动，工作流动性较大，在城市无固定住所，居住条件较差，因而对其更应关注工资收入、就业状况。进一步，可以借鉴上海成立的"居民经济状况核对中心"，通过与民政、人保、税务、公积金、房管、人行、证监、银监等14个部门间建立"电子比对专线"，核查人员可以直接查看申请家庭的存款账户、股市账户、纳税记录、房产登记、公积金缴纳等信息，用以识别不同类型的保障对象。后期，应当通过加强与更多相关部门、机构的合作，实现范围更广的精准识别。

（二）精准补贴公租房保障对象

精准补贴是在精准识别的基础上，就保障对象的具体情况提供针对性的保障措施。公租房补贴方式分为实物保障和货币化补贴两种，因而精准补贴也包含两个层面的意义，既要做到公租房保障标准与保障对象的可负担能力相匹配，又要尽可能实现公租房供给与保障对象各方面需求相匹配。

1. 保障标准的精准匹配

在公平与效率原则下，应当做到不同保障对象的保障程度存在合理差异。

采取有差别的保障标准，根据保障对象的情况精准施策，也是发达国家的主要做法。表 14-2 列出了美国、德国、荷兰与新加坡等国家公租房补贴标准与特点。相比较而言，美国与新加坡在制定保障标准时所考虑的因素较为单一，主要关注租户的经济收入水平；但美国进一步将补贴标准定为市场租金与家庭收入 30% 之间的差额，实现了对不同对象的补贴进行差异化保障。德国与荷兰的保障标准制定得更为精细，德国的租金补贴标准在《住房补贴法》中进行了明确规定，补贴标准的发放综合考虑家庭人口、住房水平等因素；荷兰由于人口规模较小，住房和经济水平的地域差异也较小，因而政府对不同状况的家庭发放的津贴数额有更为详细的规定。

表 14-2　　　　美国、德国、荷兰与新加坡公租房保障标准比较

国家	保障标准	特点
美国	提供住房补贴由中低收入群体用市场化的方式自主解决住房问题。住房补贴的具体金额，则依据市场租金与家庭收入 30% 部分之间的差额确定	考虑因素单一，但在一定程度上实现不同家庭不同补贴
德国	按照家庭人口、住房条件（面积、地段、配套等）、税后收入等一系列特征计算补贴标准，由联邦政府与州政府各承担 50%，获得补贴后的家庭实际承担的住房支出相当于税后收入的 20%~25%	综合考虑各种因素，实现不同家庭不同补贴
荷兰	补贴数额的确认基于"按需分配"原则，由家庭成员数及年龄、收入水平、房租水平等多个因素决定，实现"累进制"，对确需帮助的住户给予更大资助	综合考虑各种因素，实现不同家庭不同补贴
新加坡	依据家庭收入的差异，梯段式收取租金；对于符合准入申请条件的租房家庭，收入低的按市场租金的 10% 计租，收入高的按市场租金的 30% 计租	考虑因素单一，未能实现不同家庭不同补贴

在借鉴国外经验的基础上，我国各城市可尝试以下改变。(1) 在租金制定方面，可按照房屋市场价值确定公租房租金；以此为基础，采取先支付租金后发放补贴的方式，对公租房使用者进行补贴。(2) 在补贴标准方面，应当充分考虑保障对象的个体差异，给予不同的补贴额度。借助指标体系评价方法，根据精准识别过程中充分掌握的保障对象信息，对不同保障对象分别进行指标权重设置，然后进行相应计算。按各指标计算结果，对不同保障对象给予相应的租金补贴，尽可能做到"一户一价"，变"暗补"为"明补"。同时，补贴标准应当引入动态化调整机制，租金补贴要随着市场租金、运营维护成本以及家庭状况等因素的变动而调整。这种方式符合现有的"市场定价、分档补贴、租补分离"原则，并且在"分档补贴"上进一步综合考虑了

更多导致家庭差异的因素,强调了对不同保障对象实施差异化的保障标准。从资金平衡角度看,这种方式避免了低租金不能支持公租房建设、维护、管理等正常运转的困境。从公租房的流动性看,差别化的补贴有利于房屋退出,确保公租房的持续运转。

2. 保障房源的精准匹配

除了保障标准需要精准匹配外,还应尽可能做到公租房供给与保障对象需求之间的精准匹配,从而有效避免住房供需错配,防止弃租现象的发生,并降低社区治理难度。

公租房房源应遵循两个方面标准,一是与城市房地产市场发展、土地规划、住房需求量相适应的标准。公租房房源不能脱离城市的实际情况而盲目筹集,要因地制宜、因时制宜进行公租房项目的开发。二是公租房房源要满足保障对象的生活居住需求的标准。公租房的提供应注重满足保障对象个性化、差异化的需求,既要考虑过渡性居住的阶段性特征,也要考虑长期性租用。公租房的区位分布应以"点嵌入式"为主,住房设计和面积应多样化,以"一居室房型为主体、二居室房次之、三居室房供应最少"为原则,改变过去过度保障与保障对象经济承受能力有限之间的矛盾,对较大的房型在不改变原有建筑结构的基础上可以采取隔断的措施满足保障对象的需求。实现以上两个标准,可坚持市场在资源配置中发挥决定性作用,对公租房房源的筹措需构建市场化供应机制,使保障对象能够在住房市场上租得到既符合公租房条件又匹配自身需求的住房。

(三)精准管理公租房及其保障对象

除识别和补贴之外,对公租房保障对象和保障房源的管理也需要引入精准理念,做到公租房各个管理环节的动态化、精确化。精准管理意味着,一方面要做到对保障对象的相关信息动态更新,对居住行为进行动态监管;另一方面要做到对保障房源的管理也是实时监管与维护,确保承租人的租住权益与出租人的合法利益。

上述两个方面的实现,需要着力建设动态监管机制,强化对各环节的动态化、精确化监管。一方面,建立个人信息申报机制。要求公租房保障对象定期向有关部门提交个人经济、就业、家庭、住房等方面的信息,相关部门对其进行审核并予以存档。同时,应当大力推进信用体系建设,将保障对象的不良信用信息(包括提供虚假信息或信息申报不及时等)纳入个人信用联合征信系统，实现公租房保障信用信息在房屋管理工作以及其他社会管理中的共享，逐渐形成"住房保障'一处失信'，相关领域'处处制约'"的信用管理环境。另一方面，形成房源使用跟踪调查制度。对公租房的供后管理做到兼具时效性与技术性，定期核实租住状况，建立房源跟踪调查档案。同时，借助群众、媒体等社会监督力量，规范保障对象的居住行为。

总体而言，改变过去"一刀切"的保障模式，将"精准"理念纳入公租房保障体系的各个环节，有助于提高公共资源的运行效率，促进保障体系的公平和谐，图 14-1 展示了公租房体系精准保障的整体运行框架。

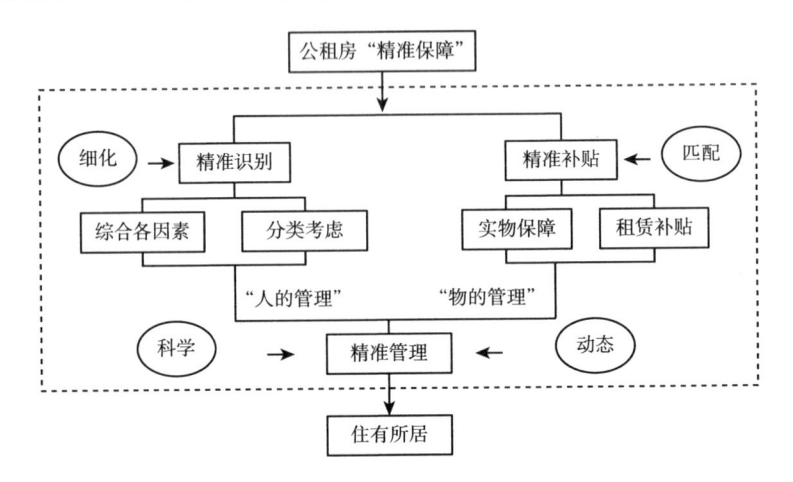

图 14-1 公租房体系"精准保障"的整体运行模式

二、共有产权房体系：以住房可支付性为依据确定共有比例

（一）精准化产权比例，满足不同家庭的购房诉求

共有产权住房制度是从供给端发力，由政府给予支持，推动中低收入家庭通过自身努力逐步拥有住房（虞晓芬等，2015）。通过对已推行共有产权房的城市观察发现，我国共有产权份额的确定过于粗略。由于每户家庭的经济状况不一，按照统一的产权比例共有，既可能不利于满足困难家庭的购房诉求，也可能造成政府的财政压力过大。以黄石市为例，作为全国最早实施共有产权房试点的城市之一，该市明确共有产权房的个人产权不得少于70%，个人产权份额为实际出资购买的房屋面积，其余部分则由政府或参与企业持有。显然，这一产权分配比例不利于收入偏低家庭实现购房诉求（姚

玲珍和王芳，2017）。

在国外，共有产权住房的产权比例分配呈现两个方面的特征，一是初始产权比例灵活，保障面广；二是产权比例具有可调整性。例如，英国共有产权住房的产权比例设置灵活，购房者可以在25%～75%之间任意选择。同时，建立产权比例调整机制，购房人可依据自身经济收入、住房支付能力的增加购买剩下的产权。当然，在购房家庭经济条件变差时，也可以减少产权持有比例，变现部分产权（姚玲珍和王芳，2017）。

据此，政府可设定一个购买基准比例，购房人依据自身条件自由选择产权比例，但所持比例应不低于设定的初始比例；鼓励有购买能力的家庭提高持有比例，以减少政府的财政压力。同时，在一定条件下允许减持部分产权，但原则上不能低于基准比例。

（二）明晰权利与义务，确保共有人之间的公平

通常情况下，共有产权住房采取政府和购房人按份共有的方式。政府将其持有产权中蕴含的使用权让渡给购房人，由购房人独占使用，而相应的房屋维护、管理责任完全由购房人承担。可见，共有人之间并未完全按照拥有的产权比例享受权利和分担义务。这在实际运作中容易形成产权模糊乃至混乱。诸如购房人对共有产权住房是否拥有处置权，如能否用于抵押、出租等，以及处置时产生的收益或风险应如何分配等，不时引发争议（姚玲珍和王芳，2017）。

具体而言，一是上市回购可操作性不强。从购房者角度看，如果出现人员迁移或者其他个人原因，需要启动回购程序时[①]，如何合理确定个人产权部分房屋定价、装修费用和折旧如何计算，是购房者考虑的核心问题。从政府角度看，政府拥有的共有份额，初衷是支持个人改善住房条件，支持购房者分阶段购买房屋全部产权，一旦按照随行就市价格回购共有产权住房就违背了政策的初衷。同时，回收价格的确定、第三方评估机构的选择、回购房屋的再次流转等，都存在操作困难。二是住房抵押存在障碍。购房人出于购房资金需要、建设主体出于资产运作的需要，均有抵押需求，但因为购房者只占有所购房屋的部分产权，另外部分产权为政府或国有公司持有，导致抵押权难以实现。

---

① 因其未掌握房屋全部产权，不能上市交易，只能通过政府回购渠道退出。

现实中，不同地方的具体规定是有所差别的。上海要求，在取得完全产权前不得出租、出借以及进行除购房按揭外的抵押。北京的共有产权住房由于具有一定的商品房特性，故可出租、可抵押，业主自主权更大。但是，后期出租收益如何分配、抵押贷款如何偿还等问题尚有待明确。在不违背住房保障功能的前提下，可考虑适当赋予购房人一定的处置权，但共有人之间须对相关权益与责任作出明确约定（姚玲珍和王芳，2017）。

第二节 自供给端向需求端转变的保障模式

住建部、财政部2016年发布的《关于做好城镇住房保障家庭租赁补贴工作的指导意见》指出，"城镇住房保障采取实物配租与租赁补贴相结合的方式，逐步转向以租赁补贴为主"。这表明，货币化保障将成为保障渠道的主流。而现阶段的公租房租金补贴范围普遍有限，部分城市棚户区改造的货币化安置比例不高。如何提高现有保障方式的货币化补贴比例，从政策上细化税收优惠，加大政策支持力度，这是关键。

一、配租体系：降低实物配租，增加货币补贴

（一）精准聚焦保障对象，逐步提高货币补贴标准

住房保障可尝试以适当降低准入门槛，并提供适宜的住房保障产品为突破口，进行供给侧改革。现阶段，城市外来务工人员、新就业大学生、引进人才以及有待改造的城市棚户区家庭等，是住房保障潜在需求最大的群体，也是住房保障货币化重点聚焦的群体。一方面，摸清城市外来务工人员、新就业大学生、引进人才等新市民住房及收入状况，结合实际情况制定货币补贴标准，渐进式扩大保障范围。另一方面，有必要建立货币补贴标准的动态调整运行机制，确保货币补贴的实际支付能力，逐渐提高住房保障货币补贴比例。再者，调整住房保障相关法规，通过修改完善公租房管理规定，尽力做到应保尽保。

除此之外，切实处理好货币补贴与实物保障、住房保障供给与需求的平衡问题也十分重要。一是在住房保障货币化补贴渐进完善的过程中，可在设施配置齐全的工矿区继续建设保障房项目，满足必要的实物保障需求。二是

还须重视平衡好保障覆盖面与政府财力支付能力的关系。

（二）规范货币化运行机制，形成配套政策

在新时期，推进公租房货币化，其运行机制与实物配租方式会有较大差异。在建设住房保障体系的过程中，对公租房实物配租保障方式的运行机制构建了一整套制度和规范，包括保障房源筹建与资金募集、分配供应、轮候与配租以及最后使用与退出、监管与责任等方面。与此同时，尽管在廉租房货币补贴方面已积累相关经验，但廉租房货币补贴与公租房的货币化在许多方面具有显著差异。因而，应尽快建立公租房货币化的运行机制，形成对应的制度规范，使公租房的货币化保障工作顺利推进。

进一步而言，公租房货币化的有效推进，与一系列相关配套政策密切相关。其中，最重要的是"两个挂钩"政策，即《国家新型城镇化规划（2014~2020年）》中提出的"探索实行城镇建设用地增加规模与吸纳农业转移人口落户数量挂钩政策"和"建立财政转移支付同农业转移人口市民化挂钩机制"。贯彻落实该两项配套政策，是推进公租房货币化的重要保障（严荣，2017）。

二、配售体系：提高棚户区改造的货币化安置比例

从实践来看，棚户区的货币化安置既能缩短安置期、减少社会矛盾，又可以提高安置效率，有助于提高城市土地的利用效率以及城市的规划建设和功能业态布局。对被拆迁户而言，货币补偿后可选择的房源类型更广，能够满足住房多样化需求。

（一）因地制宜确定安置标准，充分尊重民众意愿

货币化安置的标准应给予地方政府一定自主权，依据当地住房市场价格与物价水平合理制定，并在实施过程中形成动态调整机制。即随着房地产价格与城市物价水平的变动，适当调整安置标准，以确保居民获得的安置补偿款能购买到合适的住房。

与此同时，纯货币化安置、持货币补偿款选购住房，抑或是实物安置，都应以居民家庭意愿为中心，切实保证民众参与，维护居民家庭的合法权益。

（二）充分发挥政府的组织作用，推进与住房市场的衔接

棚户区改造货币化安置比例的提升，离不开发挥政府的组织协调优势。政府需要通过完善配套政策，加大宣传力度，做到信息公开，为棚户区改造安置营造良好社会氛围。同时，鼓励已取得货币补偿款的居民尽早选购合适住房以实现安置，通过组织棚户区改造范围内被改造家庭自主购买普通商品房等方式，真正达到住房保障的目的。

在这一过程中，政府还应进一步了解被改造居民家庭的安置意向，搭建服务平台，加强与住房市场的衔接，提供真实、可靠的房源信息。通过自主购买安置房以及组织团购房源等方式，让被安置家庭购买到优质的、性价比高的商品房，提升被安置居民家庭的满意度，同时也可进一步活跃房地产市场，促进存量商品房的消化。

（三）加强与金融行业的战略合作关系

政府部门与为棚户区改造提供信贷支持的金融机构之间不应仅是委托代理关系，而应形成更为紧密的战略合作关系。将政策性贷款优势与商业银行的网点优势结合起来，对贷款的申请和使用进行全流程监管，实现公开、公平、公正，保证贷款安全，以保障棚户区改造项目的顺利进行。

第三节 多层面分类递减的差别化保障任务

一、地区层面：审慎扩大保障覆盖范围

（一）覆盖范围的当前目标

总体而言，随着经济水平和政府保障能力的提高，我国城镇住房保障的目标范围应逐步扩大，即从低收入住房困难家庭扩展为"中等偏下收入住房困难家庭、符合规定条件的新就业无房职工、稳定就业的外来务工人员"。

从各地住房保障实践来看，保障范围虽有差别，但差别不大。住房保障的覆盖主体是城镇住房困难家庭；租赁型保障的主体则是户籍中低收入家庭和外来稳定就业、居住的中低收入员工（上海、重庆和黄石等城市未设收入

线）；产权型保障，则是面向户籍中低收入家庭。近年来，在一些保障房源较为充裕的二、三线城市，条件有所放松，如黄石不设户籍和收入线。

（二）覆盖范围的实际水平

尽管各地保障目标范围相同，但由于保障压力不同，各地保障范围也存在明显差别，其中面向稳定就业的外来务工人员有着明显区别。在一线城市和部分二线城市，人口流入多，中低端租赁市场出现供不应求的局面，因而使这部分保障压力大，保障水平较低。并且，这些城市大多对住房保障人群推行实物租赁保障，而有限的供给和保障对象的大量需求相比，显得杯水车薪。

（三）覆盖范围的完善建议

由于住房建设的基础薄弱，我国城镇还存在较为严峻的住房贫困现象。同时，不断上涨的房租和房价，进一步削弱住房支付能力。从另一个角度看，城镇化的推进，又增加了对提高住房保障水平的需求。但与此同时，地方财政可负担能力的局限性，使大幅提高住房保障水平的可能性比较小。就目前的保障水平而言，尽管政策层面已覆盖至住房困难的中低收入常住家庭，但实际执行时大打折扣，特别是外来稳定就业、居住的家庭租赁需求满足缺口巨大。因而，应审慎扩大城镇住房保障覆盖范围边界，一是继续保持我国当前城镇住房保障范围边界，尽可能地覆盖中低收入、存在住房困难的城镇常住家庭；二是按照住房困难程度，优先保障基本租赁需求，再扩展至保障产权购房需求。

二、微观层面：匹配保障对象需求特征

（一）完全保障、轻度保障与激励支持并重

根据保障对象的住房贫困程度与住房支付能力，对保障对象进行分类，并提供方式和程度不同的保障（见表14-3）。

表14-3　　　　　　　　保障对象分类补贴标准

住房支付能力	住房绝对贫困	住房相对贫困
低收入	租赁完全保障	产权轻度保障
中等偏下收入	租赁轻度保障	产权激励支持

首先，对住房绝对贫困的低收入家庭，提供租赁完全保障，补足其可支付能力与市场基本租金之间的差额。一是对老弱病残等低收入特殊群体进行实物保障，免费租住公租房；二是对一般的低收入家庭，借鉴英、美等国经验，补贴市场租金超过保障家庭可支配收入一定比例的部分。

其次，对中等偏下收入的住房绝对贫困家庭，主要为外来稳定就业的技术人才，依据财政能力和城市产业升级等多重目标，提供租赁轻度保障。当前主要是以略低于市场租金水平（根据各地实践，一般为 80%~90%），向其提供公租房或对急需引进人才提供适量货币补贴。例如，上海浦东张江园区，对区内职工租住园区公租房给予租金补贴，但这并非全国范围内的普遍政策。

再次，对于低收入住房相对贫困家庭，支持其购买共有产权房。当前我国对低收入群体的购房保障补贴方式，有直接给予一次性购房补贴和共有产权两种方式。共有产权房可有效解决低收入家庭的住房困难，其价格介于保障房与商品房之间，避免了"福利陷阱"问题；同时，"有限产权"可助力居民实现"买房梦"。

最后，对中等偏下收入的住房相对贫困家庭，对其购买首套住房给予贴息减税等产权激励支持。从税收优惠角度来看，一是针对中低收入群体的税收将在未来开征的房地产税税制设计中实施减免政策；二是在个人所得税税前可按照月还款额的一定比例进行抵扣，建议扣除额应设定一个标准。例如，不超过个税税基的 10%，扣除年限为 10 年等。

此外，对保障对象的收入财产状况，应进行定期审核，并依情况调整其获取的保障收益。另外，因城施策，地方政府可根据经济、社会发展变化，定期对保障对象认定标准和保障水平进行调整。

（二）契合保障对象居住需求，重视保障房的宜居性

保障房应该安全、卫生和舒适，安全卫生是居住的最基本要求。因此，这里主要探讨保障房的舒适标准。舒适由室内和室外组成，室内环境舒适是指户型好、房屋功能齐全、良好满足私密要求；室外环境舒适则要求公建配套良好。

1. 确保住房基本功能齐全

在保障房户型设计方面，既需节约，也需考虑到住房功能的具备，即卧室、厨房、卫生间、起居室等功能空间合理。同时，这些功能空间均应满足

关于功能空间的数量规范，各国（地区）大致相同。日本自第三个住宅建设5年计划（1978~1980年）起就开始制定住宅设计细则。关于"最低居住水平"中卧室数量的要求为：夫妇有独立房间，最多可与一名5岁以下儿童（学龄前儿童）同屋；6~17岁的孩子（小学生到高中生），需有与父母不同的单独房间，每间房间最多2人；其中，12岁以上的孩子（初中生以上）需按性别分住不同房间，18周岁以上需有自己的单独房间。住房需有厨房兼餐厅，单人家庭只保证有厨房即可。此外，除单人家庭以外原则上每户家庭需有专用卫生间（马庆林，2012）。世界卫生组织（World Health Organization）对除夫妻之外的异性青少年和成年人分室居住也有相应的规范。

我国关于功能空间的最低标准，可见2011年《住宅设计规范》的相应规定（见表14-4）。其中，双人卧室的使用面积不应小于9平方米，单人卧室为5平方米，兼起居的卧室为12平方米；起居室（厅）的使用面积不应小于10平方米；由卧室、起居室（厅）、厨房和卫生间等组成的住宅套型的厨房使用面积不应小于4.0平方米，由卧室、厨房和卫生间等组成的住宅最小套型的厨房使用面积不应小于3.5平方米；卫生间使用面积不小于2.5平方米。

表14-4　按家庭人口设计的最低保障房户均标准　　　单位：平方米

区域	一人户	二人户		三人户	四人户		五人及以上户
		夫妻户	二代户		二代户	三代户	
主卧1	5	12	9	12	9	9	9
主卧2						9	9
次卧1			5	5		5	5
次卧2						5	5
起居室					7	7	7
厨房	3.5	4	4	4	3.5	3.5	3.5
卫生间	2.5	3	3	3	3	3	3
居住面积合计	11	19	21	24	31.5	32.5	41.5
约合建筑面积	15	25	28	32	41	43	54

注：2011年《住宅设计标准》起居室的最低使用面积为10平方米，这里降为7平方米，设计可行性阐述可见：上海市房地产科学研究院. 上海住房保障体系研究与探索 [M]. 北京：人民出版社，2012：297. 其他城市可视情况进行必要调整。

基于以上信息设计按家庭人口分类的最低保障房建设标准，保持人均建筑面积10平方米左右。由于一、二人户不具规模效应，突破标准较多，因而在实际保障中也应注意这一点。

2. 完善公共基础配套设施

关于公共基础设施配套建设，主要与保障房的区位有关。受土地供给有限的影响，保障房建设的区位选择有市中心小规模建设和近郊区大规模供给两种模式。市中心小规模建设的保障房地理位置佳，周边配套设施齐全且成熟。而近郊区大规模供给的保障房，往往存在公建配套不足问题。这就要求近郊保障房项目在规划阶段重点考虑公建配套设计：一是优化公交路线，在一、二线城市，远离就业中心的项目应在轨道交通沿线规划建设；二是结合保障人口数、年龄结构，安排教育、医疗和养老配套；三是设置邻里商业中心，满足居民生活需要。

第十五章　政府引导下扩展住房保障模式的理论探索

目前政府主导的住房保障供给主要是小规模深度保障。在这种模式下，仍有大量需要保障的住房困难人群被排除在外。为了有效解决新市民中存在的"夹心层"的住房问题，应逐步发展政府引导的大范围适度保障，以有效解决住房保障的不平衡、不充分问题。

第一节　从主导向引导角色转变的政府职责

一、政府主体责任：从基本责任向高层次责任转变

为维护低收入阶层居民的切身利益，确保社会稳定与发展，政府理应承担起住房保障的主体责任。政府在住房保障体系中承担的责任可划分为基本责任和高层次责任。所谓基本责任，是指承担满足低收入群体基本住房需求的责任，政府对土地等资源进行合理规划和配置、提供资金支持和融资鼓励以及监督保障政策实施，确保低收入群体"住有所居"。而高层次责任，是在保障居民有房住的前提下，改善中低收入群体的居住质量，并满足该群体未来发展的需要。政府在住房保障不同类型中承担的责任详见表15-1。

表 15-1　　　　　　政府在不同保障类型中承担的责任

保障类型	保障对象	政府承担责任	相应法规或政策
公租房保障	最低收入住房困难户	划拨建设用地，投资建设或收购住房，补贴资金	公租房保障相关办法
	低收入住房困难户	划拨建设用地，投资建设或收购住房，补贴资金	
	中低收入住房困难户	建房用地供应，政策支持，投资支持，租金补贴，税费优惠，配套设施建设	
共有产权房保障	低收入住房困难户	提供房源	共有产权房保障相关办法
	中低收入住房困难户	提供房源	
支持性保障	中低收入住房困难户	政策支持	产权激励保障相关办法

从附录二的分析可知，各城市对户籍低收入住房困难家庭实现应保尽保，同时越来越多的阶段性住房困难群体也获得保障，政府充分履行了作为住房保障主体的基本责任。长期来看，政府应进一步履行高层次责任。

（一）安居宜居：改善居住质量

过去，政府对住房保障的关注主要集中在量上，对质的关注力度不够。不少保障房位于地价较低的城市边缘地区，虽然保障对象的居住条件与搬入保障房之前相比，得到一定改善，但是由于周边配套设施不够完善，保障对象的生活质量未能有效提高。因此，在保障基本居住条件的同时，需要关注"住有安居"，切实改善困难家庭的居住质量，更多地把发展成果转化为惠民实效，是政府履行更高层次责任的重要组成部分。

也就是说，政府应该承担起为保障对象提供高质量公共服务的责任，加强基础设施建设、社区物业建设以及绿化、商业配套建设等，方便中低收入家庭生活和就业、就医、子女入学。同时，提高住房建设品质，积极发展节能省地环保型住房，不断提高住房科技含量，推动住宅品质迈上新台阶。此外，鼓励通过货币补贴方式，让居民选择适合自己的房型、区位。发展房屋租赁市场，增加保障对象房源选择自由度，解决实物配租中房源匹配难问题，从而间接改善居住条件。

（二）安居宜业：改变就业状况

政府的高层次责任，还包括满足低收入住房困难群体未来发展的需要。政府应帮助和扶持社会低收入人群改善生活状况，培养技能，使其主动为社会做出应有的贡献。因此，要求保障房项目不仅仅要考虑低收入家庭的生活居住，还要考虑到保障对象的生产就业，帮助低收入者融入社会，促使其找到合适的工作岗位。

目前，大多数城市的保障房主要采取"单独选址，集中建设"的方式。这种方式下保障房选址远离市中心，低收入群体很难在城市空间资源分配中受益，并在客观上使保障房与其他商品住房在用地空间上形成分隔，同时造成保障对象较长的通勤时间（钟幼茶，2011）。已有研究表明，较长的通勤时间会增加居民就业难度、降低居民幸福感。更为重要的是，使低技能劳动者难以有时间参与技能培训以提升自己的劳动技能。各城市应当结合城市总体规划，优先考虑在交通便利、基础设施和公共服务设施比较完善的区域安排保障房，并大力推广货币化保障，以更加灵活的方式提高困难群众的生活和就业水平（葛顺明，2011）。

二、政府职责角色：从主导向引导转变

政府一方面要积极承担起在住房保障中的主体责任，另一方面应该逐步转变其在住房保障中的职能。即改变过去由政府主导的模式，注重发挥市场配置资源功能，努力构建政府引导、社会参与、市场运作的住房保障运作机制，充分发挥政府和市场的双轮驱动作用。

住房保障是对住房市场的补充，应遵循市场化运作为主、直接干预为辅的原则，更多采取市场化手段，避免过度直接干预，以提高运行效率。耶迪克和范利特认为，在住房市场相对发达的国家和地区以市场为主导，更有利于解决中低收入家庭住房支付能力不足的问题，并提高居民住房的福利效应（Jaedicke and Vliet, 1995）。而在住房市场欠发达地区和转型经济体，则采取以政府为主导的手段，成效将更为明显。目前，我国一线城市和部分二线城市的社会经济发展情况与许多发达国家的城市相似，政府职能的转变具有合理性和可行性，政府住房保障的职能应更多关注于完善体系、创新机制以及提供服务。

（一）减少政府干预：推行货币化保障

随着低收入群体住房困难问题的缓解，典型国家（如美国、英国等）的住房保障政策发生转变，政府在住房保障中的定位从政府主导逐步转变为政府引导，住房保障中市场的作用程度不断提高。图15-1展示了典型国家住房政策演进路线，反映出政府定位的转变路径。

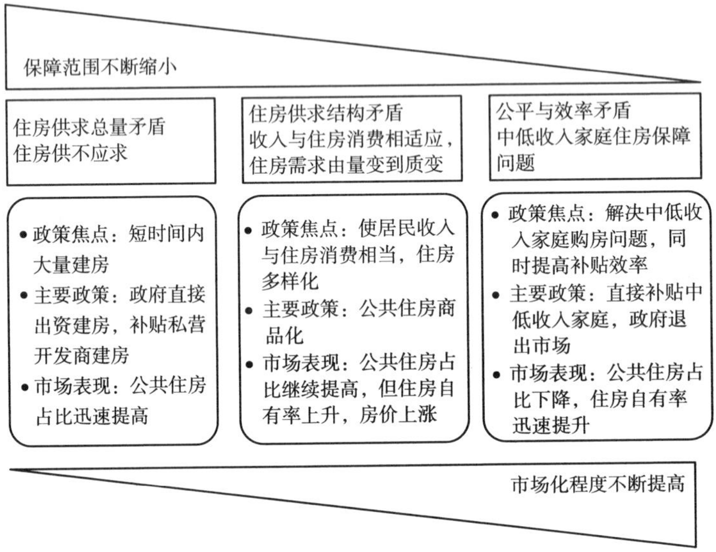

```
保障范围不断缩小 ────────────────────────▶

┌─────────────────┬─────────────────┬─────────────────┐
│ 住房供求总量矛盾 │ 住房供求结构矛盾 │ 公平与效率矛盾   │
│ 住房供不应求     │ 收入与住房消费相 │ 中低收入家庭住房 │
│                 │ 适应，住房需求由 │ 保障问题         │
│                 │ 量变到质变       │                 │
├─────────────────┼─────────────────┼─────────────────┤
│ • 政策焦点：短时 │ • 政策焦点：使居 │ • 政策焦点：解决 │
│   间内大量建房   │   民收入与住房消 │   中低收入家庭购 │
│ • 主要政策：政府 │   费相当，住房多 │   房问题，同时提 │
│   直接出资建房， │   样化           │   高补贴效率     │
│   补贴私营开发商 │ • 主要政策：公共 │ • 主要政策：直接 │
│   建房           │   住房商品化     │   补贴中低收入家 │
│ • 市场表现：公共 │ • 市场表现：公共 │   庭，政府退出市 │
│   住房占比迅速提 │   住房占比继续提 │   场             │
│   高             │   高，但住房自有 │ • 市场表现：公共 │
│                 │   率上升，房价上 │   住房占比下降， │
│                 │   涨             │   住房自有率迅速 │
│                 │                 │   提升           │
└─────────────────┴─────────────────┴─────────────────┘

                                  市场化程度不断提高 ──▶
```

图 15-1　国际住房保障政策演进路线

美国从1974年起针对低收入阶层的住房政策开始以房租补贴为主，充分利用市场存量，低收入家庭从市场上自主租赁住房，政府不再大量进行公共住房的建设。这标志着美国住房保障体系逐渐走向成熟。同时，英国、德国等国的住房保障方式也从扶持住房开发建设逐步转向以促进住房消费为主的住房补贴形式，通过"房租补贴"政策，对缺乏经济能力而无法满足个人或者家庭基本住房标准的目标群体直接给予支持。

现阶段我国住房市场逐渐步入存量时代，新增供应的空间逐步萎缩，保障房的供应不可能再以集中新建为主，而应借鉴英、美等相对发达国家或地区的经验，采取多元化手段盘活存量资源。这意味着，政府对住房保障的直接干预逐渐转为间接的适度干预，通过推行货币保障的方式来实现保障目的。

一方面，政府应加快贴息减税类政策的制定与实施，丰富贴息减税类手段，鼓励具有一定住房支付能力的中低收入者在住房市场上购买商品住房。在该保障类型下，政府仅提供一系列政策支持，不再过多干预，体现政府在住房保障中起到引导的作用。

另一方面，在公租房中，政府也应发挥引导作用，支持利用社会机构代理经租或所有者出租方式来筹措所需房源。在这类市场化方式下，政府处于引导位置，主要负责对社会代理经租公司的公租房运营进行监督和规范，保障公租房承租对象的合法利益。同时，通过制定税收等优惠政策促进代理经租行业的发展，或通过颁布促使社会或个人参与公租房运营的优惠支持政策，协调各方面的需求，推动所有者出租方式的顺利实施。

（二）优化管理体制：完善配套政策法规

为推进实物保障向货币保障的转变，即公租房货币补贴和贴息减税类政策的落实，政府应制定相关政策法规，对住房保障的对象、标准、方式、管理机构等方面做出明确规定，规范保障行为。目前，我国仅少数城市实施货币化保障，如江苏常州、浙江嘉兴等，但相关规范性政策法规仍不全面。

2016年6月3日，国务院办公厅发布的《关于加快培育和发展住房租赁市场的若干意见》明确指出，"推进公租房货币化。转变公租房保障方式，实物保障与租赁补贴并举。支持公租房保障对象通过市场租房，政府对符合条件的家庭给予租赁补贴。完善租赁补贴制度，结合市场租金水平和保障对象实际情况，合理确定租赁补贴标准"。

以上海为例，建议在已有的《本市发展公共租赁住房的实施意见》《市筹公共租赁住房准入资格申请审核实施办法》等政策基础上，加快制定《本市公共租赁住房货币补贴实施细则》《公共租赁住房货币补贴管理办法》等。同时，以上海市2003年10月15日发布的《关于对本市中低收入家庭实行购房贷款贴息政策若干规定的通知》为基础，进一步完善《中低收入家庭实行购房贴息减税政策》等相关规定，从而确保新型保障体系有效运行。

（三）提升保障效能：优化服务供给

在主导向引导的转变过程中，应着力提升政府的服务水平，致力于成为"服务型政府"。这一点在住房保障体系的完善中显得尤为重要。

第一，提供良好环境。为住房保障各参与方创造公平开放、高效有序的发展环境，减少事前审批，加强事中事后监督。经济手段与非经济手段并重，推进住房保障工作有序健康运行。

第二，优化公共服务。引导社会力量参与住房公共服务，重视培育和发展非营利组织、代理经租机构等参与保障房运营与管理。加强住房保障基层机构和队伍建设，进一步健全市、区（县）、街道（乡镇）三级住房保障机构，确保必要的人员和经费投入，提升住房保障从业人员队伍素质，加强规范管理（颜莉，2016）。

第三，创新服务平台。政府可以借助"互联网＋住房租赁"模式，构建住房租赁信息服务平台。在该平台下，既可以为保障家庭提供房源信息，还可以为租赁双方提供高效、准确、便捷的公共服务。出租人可以及时发布出租房屋供给信息，而承租人也可发布需求信息。为了明确双方的权利义务，减少租赁纠纷，服务平台可提供租赁合同示范文本，实现租赁双方网上对接、租赁合同网上登记备案，方便双方快速便捷地完成租赁交易，最大限度地缩小租赁市场的中间环节。

第二节 以货币化保障为主的政府引导机制

一、配租体系：完善配租体系，向全面货币补贴转变

（一）保留必要实物配租，实施租房补贴

目前公租房主要以政府投入为主，由公租房运营机构进行运作。从实践看，该方式不能满足未来保障需求，同时还带来较大的管理成本。相比较而言，采取货币补贴方式，不仅能够减轻政府压力，还能盘活市场存量房源，充分发挥市场机制的资源配置作用，进一步扩大保障覆盖面。

大中城市已积累数量相当可观的公租房房源，主要包括：一是城市中心区域（通常是老城区）有大量一室和两室的老公房，其面积满足公租房的要求；二是2003年以来城市住房建设速度加快，开发商新建了大量户型较小的配套商品房，其保障者大多拥有两套以上住房，但只有一套用于自住，其他的可收储用于公租房；三是2009年起以小户型为主的共有产权房等保

障性住房供应相对充足。这些充足的房源是实施公租房货币补贴的现实基础。

具体而言,首先,应保留必要的实物配租。这部分租赁型保障房主要面向城镇户籍最低收入住房困难户。这类群体通过依靠政府救济才能维持基本生活,所以必须保留该类实物配租,由政府提供全额补贴,或仅象征性地收取租金。其次,进行租房(货币)补贴(如图15-2所示)。租房补贴有直接和间接之分,直接补贴是将住房补贴直接发放给符合保障的居民,例如德国、新加坡等国采用了直接补贴的形式。目前,房租补贴已成为德国对低收入居民住房保障的主要方式之一。实行房租补贴制度,是政府依据各家庭的人口、收入及房租支出等情况给予适当补贴,确保每个家庭拥有足够的住房支付能力。而间接补贴是将住房补贴间接补贴给房屋出租人,可借鉴的比较典型的例子是美国的租房券制度(Susin,2002)。从各城市住房市场特征以及以往经验来看,采取间接补贴方式更为合理①。同时,政府可根据保障对象的具体收入、资产水平提供相应的补贴额度,进行定期动态调整。

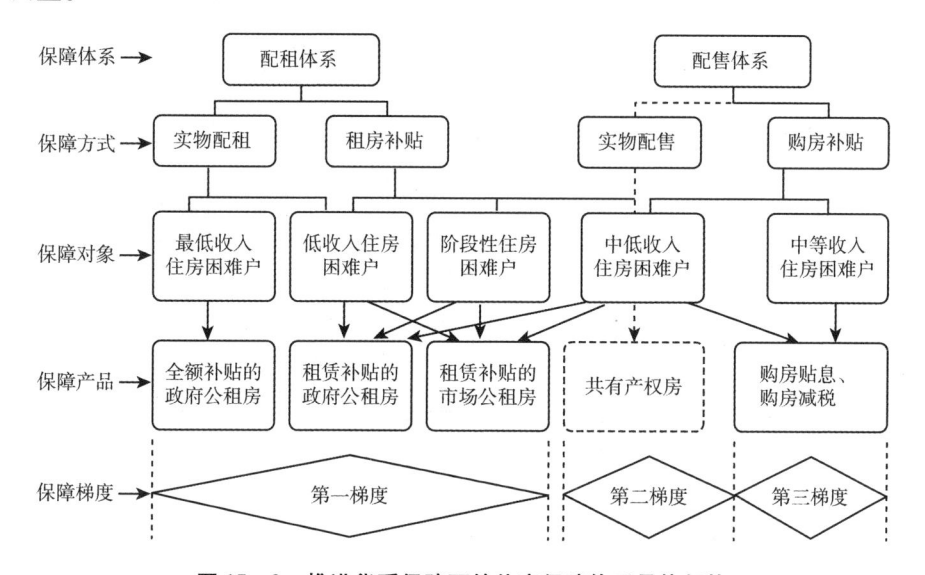

图15-2 推进货币保障下的住房保障体系具体架构

---

① 既能有效避免保障对象将住房补贴用于其他用途,也有利于防止过度保障。

（二）推进公租房市场化供应机制构建

快速推进公租房的货币化补贴，应积极探索公租房市场化手段筹措方式，即推进市场化供应机制的构建，从而迅速形成规模保障能力。具体来看，可以通过社会机构代理经租方式或政府引导、所有者出租方式，来增加公租房市场化供应，使保障对象能够在住房市场上租到既符合公租房条件又匹配自身需求的住房，从而促进公租房货币化补贴的实现。

社会组织代理经租方式，相当于由第三方介入租赁合约，降低了所有者的日常租赁事务，包括租金收取、房屋管理维护等。符合条件的保障对象，可根据自己的实际需求，选择理想的居住区位，在其附近选择具有公租房经营资质的社会组织，挑选满足实际需求的住房，可以大大提高住房资源的优化配置。政府在该方式下，负责对社会代理经租公司的公租房运营进行监督和规范，保障公租房承租对象的合法利益，并在房源及保障对象均通过资格审核后，向承租人发放补贴（如图15-3所示）。

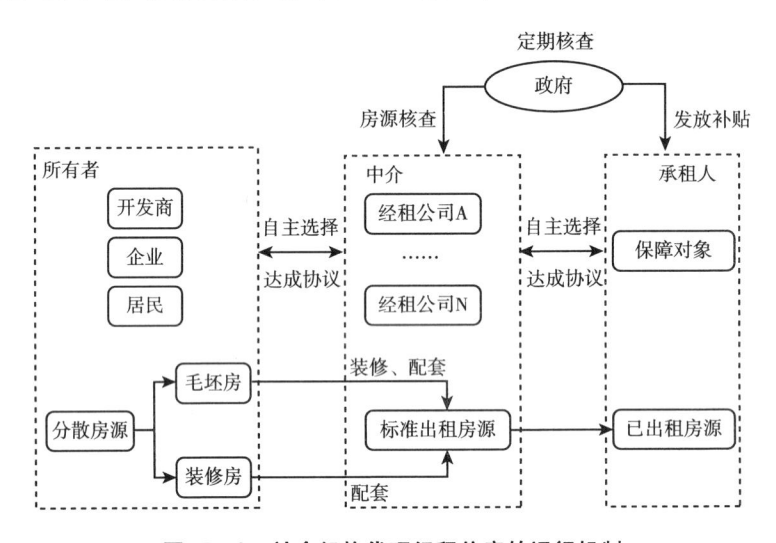

图15-3 社会机构代理经租住房的运行机制

所有者出租方式，由保障对象在市场上自主寻找公租房房源，达成租赁协议后申请补贴。这是最理想的方式，政府只需进行房源核查与发放房租补贴，并实施监管职责。政府鼓励住房所有者将闲置住房出租，通过社区街道宣传，为这部分所有者提供更为便利的出租途径，吸引高素质、优质的租客，以降低住房资源的浪费（如图15-4所示）。

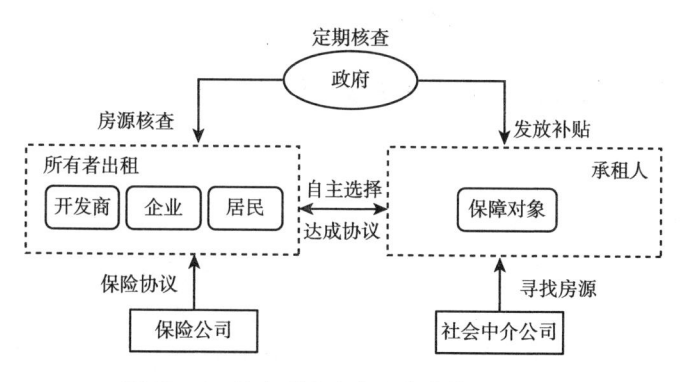

图 15-4　住房所有者出租方式的运行机制

二、配售体系：引入贴息减税类，取代实物配售

（一）对共有产权房实行常态化管理，逐步引入贴息减税类政策

从共有产权房的运作机制看，该政策本身是帮助住房困难居民进入住房市场的"中间手段"，具有阶段性特征。随着住房市场逐步回归到与一般经济发展水平相平衡，其存在的必要性也将逐步减弱。同时，该方式容易将利益固化在少数特定家庭，而且作为一种深度补贴也会引发寻租等社会问题。

随着未来共有产权房预期需求的减少，各城市应健全共有产权房供后管理机制，实行常态化管理，以确保共有产权房（实物配售）的顺利退出。与此同时，可以逐步引入贴息减税类政策，其实质是由实物配售转向购房的货币补贴。一方面，与需要筹集大量建设资金的实物配售模式相比，贴息减税类政策仅需政府支付一定数额的购房补贴，有利于提高保障资金的"边际效用"。另一方面，实行贴息减税类政策增加保障房的选择自由度，可以有效降低职住分离，也避免现有大型居住社区出现的管理难、退出难问题，有利于促进社会融合。

贴息减税类政策，在初始阶段可主要面向具有一定住房消费能力的户籍中等偏下收入家庭，包括原来符合共有产权保障条件的对象。必要时可将部分中等收入人群纳入，对其购买首套住房给予一定的市场激励支持，帮助中低收入者实现置业理想。随着社会经济的发展，政府有足够实力时，可以将保障范围扩展至部分常住中低收入群体，如引进人才。这种延伸的支持性住房保障，可起到调节住房市场的作用，具体可以从降低首付、利息补贴、税收减免等方面建立一套完整体系。

(二) 降首付比例，定量测算贴息减税额

1. 实践基础

许多西欧国家很早就开始实施贴息减税类的市场激励政策。例如，英国面向中等收入群体的新建住房购买项目，采取住房净值贷款模式向购房申请者给予15%~30%房款的优惠贷款；又如在法国，对住房储蓄存款利息收入免征所得税，即住房贷款利息可以从所得税税基中扣除等。

早期为了鼓励消费者自主购房，上海在全国率先实行购房退税政策。上海市政府规定，凡1998年6月1日至2003年5月31日期间，在上海购买或差价换购商品住房并在上海缴纳个人所得税的中外籍个人，且是商品房产权证的法定拥有人，可在这一时期内享受购房后起算的个人所得税抵扣（何英和倪萍，2013）。同时，2003年6月，上海曾提出对以贷款方式购买本市自住的中低价位商品住房的中低收入家庭，实行购房贷款贴息政策；贴息额可达购房贷款总额的10%~15%。在近期个人所得税的改革过程中，"抵扣"成为个税改革的亮点，最受关注的莫过于住房按揭贷款利息的扣除（张涛等，2006）。可见，房贷利息抵扣个税的方式具有一定的可行性，这也为国内其他城市提供了重要的实践参考。

2. 政策构建

各城市可以首先推出购房贴息，即政府面向购房者提供一定额度利息补贴的政策性支持。激励政策实施初期，该方式执行起来较为容易，保障对象也更容易接受。待后期各方面条件成熟时，再推出购房税收减免政策。

由于房价较高，对于中低收入家庭而言，存在购房首付困难的问题。无法支付首付，意味着后续的购房贴息政策也难以展开。因此，政府应首先推出降低中低收入首付比例的政策。例如，按照目前35%的首付款比例[①]，银行允许保障对象支付10%的首付款，其余25%由政府给予担保，从而提高中低收入者的住房可负担能力。

购房贴息的保障标准，需要依据所购买的商品住房面积和价格来确定。执行贴息政策时，进行分等级提供政策优惠。首先，限定保障面积与价格范

---

① 参照上海目前居民家庭首套住房申请商业贷款的首付款比例。

围，防止过度保障。建议将三口之家购买商品住房的面积标准限定为 90 平方米以内或总价在 180 万元以内①；两口之家面积标准限定为 60 平方米以内或总价在 120 万元以内。其次，参照公积金贷款利率，向保障对象提供贷款。公积金贷款利率与商业银行住房贷款利率的差额，由政府补贴。同时，可以适当延长还款期，以降低每月还款额，如美国还款期长达 30 年。为了避免形成房贷潮，即住房贷款占银行的总资产比率超标，可以鼓励银行将房贷证券化，但应要求银行持续持有该批证券的一定百分比，以防止"次贷危机"的可能性（李健，2013）。

可见，相比共有产权房而言，购房贴息政策在保障期间的管理和退出管理要更为简单，操作起来也更加容易，后期购房税收减免同样也具有该效果。享受贴息的保障家庭在一定年度范围内获得贴息优惠，当年限和保障额度达到标准后即可退出；如果在享受保障期间收入水平或资产水平发生变化，或者在税务部门、银行部门监督下出现违反相关规定行为的，相关部门应及时停止对该类家庭的保障。

第三节 多元主体参与的公私合作保障机制

一、租赁型保障房公私合作的运营机制

（一）引入 PPP 模式，组建专业运营管理机构

实践证明，专业的"第三方运营"服务模式可以有效提升资产的管理运作水平，推动保障房资产管理向市场化、专业化、规范化发展。各地应积极培育市场化的保障房专业管理机构，承担保障房资产管理、运营管理、物业服务等职责，使其成为接轨市场和执行政策的主要载体。为防止政府行政事业部门和国有企业过多介入具体事务，可采取以下四种措施：一是服务外包，可面向社会公开招标资产管理公司、物业服务企业进行运营，具体负责辖区内公租房的维修、养护、租户管理，收费标准由政府定。二是成立 SPV 公司，采用国有企业和市场上具有良好信誉的房地产商、物业管理企业成立特

---

① 以均价 3 万元为例，后期具体执行时应该照当期房价动态调整。

定目的公司，负责资产的运营与管理。三是明确服务标准，利用住户满意率、房屋完好率、保洁质量、安保质量等可观察指标进行考核。四是加强监管，定期对服务质量开展独立的评估，实行动态淘汰制度。

（二）充分挖掘配套商业地产的经济效益

对于只租不售的租赁型保障房而言，项目收益主要来源于住房的租金收益、商业配套的经营收入以及商业配套出售的销售收入。由于租赁型保障房的租金低于市场租金，且受到严格管制，因此，要提高资产质量，主要取决于商业配套的经济潜力。在保障房规划设计阶段，应考虑为后续商业开发预留一定空间。委托专业机构对商业设施进行招商和运行管理，发挥商业设施的经济效益，不但有利于实现保障房运营的收支平衡，还能提升社区生活便利水平，增加就业和商业机会，促进社区繁荣。

二、出售型保障房多主体供给的市场动能

（一）引入企业、政府和居民家庭三方共有住房产权

我国共有产权住房制度是从供给端发力，由政府给予支持，推动中低收入家庭通过自身努力逐步拥有住房，体现了互帮互助、共享发展的理念。为了更好地落实"共享发展"，可借鉴发达国家经验，鼓励更多主体参与共有产权住房建设，完善共有产权住房制度，使居民在共建共享发展中拥有更多获得感的同时，也实现住房保障模式从"政府主导"向"政府引导、社会参与、市场运作"的转变（姚玲珍和王芳，2017）。

例如，英国共有产权住房主要由住房协会负责运作和管理，而政府负责对共有产权住房的面向对象、保障标准、运行方式等进行顶层设计，充分发挥社会组织在住房保障领域中的作用。美国共有产权住房是伴随着金融创新而逐步发展起来的，金融信贷机构直接参与共有产权，使住房建设资金渠道多元，也有利于风险的分担。多元化的参与主体提升了住房保障水平及整体运行效率（姚玲珍和王芳，2017）。

为了扩大供应主体，首先，可以鼓励企事业单位、非营利机构成为共有产权的持有主体。例如，各高校及科研院所可采用共有产权的方式向引进人才提供住房。这样一方面有利于增加住房供应，另一方面又能有效避免产权模糊的问题。其次，待共有产权运行机制成熟后，可建立与英国住房协会相

类似的住房合作社来接管政府已有的住房,并进行进一步开发与建设,从而减轻政府管理压力与财政压力。最后,可尝试允许房地产开发商等市场主体成为共有产权的持有主体,这样有利于实现住房保障供应与市场化供应的衔接。

(二) 维持合理的利益激励与政策支持,以稳定民间资本持续参与

为调动民间资本参与保障房供给的积极性,形成民间资本参与社会福利供给的良性格局,现已有城市通过经济适用房、限价商品房等项目吸引民间资本直接参与保障房供给,保障对象主要为中等偏下收入的城镇居民家庭及征收过程中涉及的城镇居民家庭。以长沙市为例,从2017年开始,长沙市以定向限价商品住房为主要推行的保障方式,政府在采取招标、拍卖、挂牌方式出让商品房用地时,提出限制销售价格、住房套型面积和销售对象等要求,由建设单位通过公开竞争方式取得土地,进行开发建设和定向销售普通商品住房;或利用已取得的出让地按照限制销售价格、住房套型面积和销售对象等要求建设普通商品住房①。

然而,只有持续、稳定的利益激励,才能确保民间资本持续地参与保障房供给,因而完善土地市场机制、合理制订销售价格就至关重要。一方面,推进土地市场机制建设,为类似于限价商品房等出售型保障房构建良好的土地供应平台。另一方面,制定有章可循的价格生成机制,将相关出售型保障房的价格控制在一定的合理范围之内,既能被当地的中等收入住房困难家庭所接受,又能满足房地产开发企业的利益诉求。值得注意的是,限价商品房等出售型保障房实行市场化运作,使政府不再直接参与保障房建设,但并不意味着放手不管,而是尊重经济发展规律,发挥市场作用(Zheng and Kahn,2008)。各城市的住房保障、发改、国土、规划、城建等相关部门应按照职责分工,为民间资本开辟绿色服务通道,服务于开发企业,并落实相关政策,参与市场的监管。总而言之,应充分利用民间资本,鼓励社会力量参与,推动企业成为保障房建设市场化运作的新主体,构建保障房市场化运作机制,既适应保障对象购买力,又适应地方政府财政承受力。

---

① 资料来源于《关于我市保障性住房分类情况汇报》,由长沙市住房和城乡建设委在访谈调研时提供。

第十六章 提升住房保障治理能力的制度体系建设

第一节 法律制度：全流程制度设计

一、提高立法层次，完善地方法规

（一）加强国家立法，形成完备的住房保障法

世界各国在住房保障推进过程中，都强调立法先行。德国为规范国内住房社会保障体系的运行，针对居民的居住权、住房保障职责、住房财税货币政策和房屋租赁双方权利义务等制定了专门的法律予以规范。日本政府也制定了大量法律、法规，为住房建设和住房保障法律体系构建提供法律依据。按性质大体可分为三类：（1）引导住宅产业发展的综合性政策和法规。《住宅建设规划法》明确了中央政府和地方政府在住房供应方面的责任。（2）具体组织实施的政策法规。例如，制定住房建设五年及十年发展计划、规划的《住宅建设计划法》《公营住宅法》《地方住宅供给公社法》《土地区划整理法》等。（3）住宅产业技术、标准的法律法规。2005年6月，日本政府出台《居住生活基本法》，以法律形式对未来5~10年的住宅目标、政策保障措施等进行明确规定，标志着日本住房建设已从重视数量建设转向全面提高生活品质和居住环境建设的新阶段。

住房保障制度的出发点，是确保中低收入人群的住房权。不少国家将住房权纳入宪法保护，这为我国住房保障体系建设提供了有益经验（马江，2018）。然而，现阶段我国住房保障的法律法规文件中，政策性文件多，法

律规范少，并且立法层次低，主要以地方性法规为主，这必然使各文件之间的规定存在不一致，造成实践中产生的许多问题难以在法律层面得到有效解决。因此，要从根本上改变我国住房保障制度的现状，必须提高立法层次，加快立法进程，尽快出台一部较为完备的住房保障法（李静，2015）。

该法作为住房保障的基本法，应以公民住房权的保障和实现为核心。首先，确立公民住房权实现的国家责任；其次，明确住房保障的对象、保障方式、保障标准、保障要素的来源；最后，构建住房保障法律责任制度，规定公民住房权的内涵、标准以及具体责任的承担，确保各类义务主体按照法律的规定严格履行其住房保障职责，实现住有所居的住房保障目标（李静，2015）。

（二）完善地方法规，健全法律体系

地方政府依据中央颁布的政策法规，并结合当地实际也纷纷制定地方性住房保障法规，也有许多地方住房保障法律法规的制定进程已经走在中央前面。早在2009年厦门市就以人大立法的方式出台了具有综合性质的《厦门市社会保障房管理条例》，该条例是我国住房保障领域中最早的一部地方性法规。随后，天津、烟台、日照等地也相继出台了综合性的住房保障管理办法（吴宾和张春军，2015）。

地方法规是针对当地住房保障的特点，而制定的具有地方特色、针对性强的地方性住房保障法规，是管理本地区住房保障事务的需要，也是地方立法的本质所在和应有之意。与此同时，由于地域实情带来的差异性，各地的具体情况也存在不同，地方出台的法律法规仍表现出空泛性，缺乏实质性内容，以原则性、强调性的内容为主。因此，有必要在上层法律法规的基本框架下，进一步完善地方法规，作出明确具体的规定，从而完善地方住房保障法规体系，使城市住房保障功能得到最大限度的发挥（马江，2018）。

二、废旧立新，规范各个环节

（一）明确住房保障的制度基础

1. 明确住房保障的含义

在立法中要明确住房保障的含义。"保障性"主要是指让住房困难且依

靠自身努力无法解决居住问题的公民享有适当的居住条件。

2. 住房保障的基本原则

住房保障的基本原则可分为四个方面：（1）保障公民的基本居住需要原则。明确享有基本住房保障是住房困难公民的权利，政府应予以保障。（2）坚持政府主导、社会参与原则。住房保障是政府不可推卸的责任，同时也应注重调动社会各界资源的积极参与。（3）与经济社会发展状况相适应进行协调发展、逐步推进原则，处理好需要和可能的关系、住房保障和防止福利陷阱的关系。（4）在全国统一的政策目标基础上因地制宜地进行住房保障建设的原则（韩伟，2011）。

3. 政府责任与职权划分

住房保障法应明确将住房保障纳入政府公共服务职能，由政府负责。明确中央政府与地方政府住房保障事权、合理划分中央与地方政府财权、建立中央对地方的住房保障转移支付体系。

（二）规范住房保障各环节

1. 住房保障的标准与体系

根据经济发展的阶段性水平制定相应的住房保障标准。首先，要解决低收入者因为经济困难只能居住在环境恶劣的地方或无处容身的问题，基本满足其居住需求。其次，逐步实现保障标准与收入水平的联动变化机制。通过住房保障法明确规定住房保障的最低面积标准，并在经济发达地区确立指导性保障面积标准。例如，人均最低面积标准不应低于15平方米，而指导性面积标准不高于当地居民人均住房面积水平。

2. 保障房建设与管理要素保障

明确保障房建设与管理要素保障措施，充分利用机构设置、土地指标、资金筹措、政策支持等手段，建立起从国家到各省区市的建设与管理机构。除此之外，建立保障房用地指标与商品住房用地指标挂钩制度，支持构建稳定的、低成本的保障房资金筹措渠道。对于中西部财政困难地区，应通过中央预算内财政补助等方式给予支持。住房保障资金应当统一纳入财政专户管理，专项用于保障房的建设、筹集、维修、管理以及货币补贴发放等。

3. 住房保障的准入与退出

住房保障的准入制度应包含财产收入与住房状况的申报、审核、公示及异议处理，保障房配置以及货币补贴发放等内容。住房保障的退出制度应包含复核的调整和退出、保障对象的主动退出、强制退出、异议、退出宽限和对拒不退出对象的处理。

4. 监督管理

我国应着力完善社会保障政府责任制度。在住房保障法中明确规定对县级以上人民政府住房保障工作实施情况的监督和考核机制，具体包括人大监督、上级政府对下级政府的监督和考核、监察和审计监督、社会监督等。

5. 法律责任

住房保障法应对弄虚作假骗取住房保障、逾期不退出保障房、单位和个人参与弄虚作假、国家机关及其工作人员渎职等情形作出严厉的法律规定。

第二节 支持体系：自我造血机制

一、完善财税政策，加大财税支持力度

（一）为营利、非营利主体提供财税支持

1. 部分地区力度加大，多种支持方式并举

我国经济最发达和最不发达地区的住房保障压力较大，住房保障支出水平理应表现出两头大、中间低的特征。在实际运行中，对于发达地区而言，房价高、人口流入大，未来保障需求将较目前严峻。而在欠发达地区，住房保障支出水平仍偏低，这与城市经济发展水平需求不协调，因而政府应采取多种方式进一步加大财政资金投入力度。具体而言，一是加大中央财政补助，确保财政投入至少超过保障房任务量的增速。二是在中央和省级建立保障性安居工程基金或担保公司，对中西部和困难地区的资本金和担保等需求进行统筹。三是扩大地方政府资金来源，稳定资金来源，建议至少将15%~20%的土地出让净收益用于保障房建设，并且将保障房项目支出全部纳入各级政府的财政预算。四是完善政府资金使用办法，主要采用本金注入、贴息、担保等方式，发挥引导杠杆作用，而中央和省级补助资金采用"以奖代补"的办法。五是尝试国有企业的股权收入和利润分成，提留一定比例用于住房

保障。

2. 实施多元税收政策，确保各主体的税收优惠

（1）优化建设和租售环节的税收政策设计。

对于保障房供应主体而言，建设、流转环节税种的调整与平衡对其经营至关重要。因而，在建设和租售环节，对廉租房项目实施免征城市维护建设税、教育费附加、所得税以及土地增值税等税种；在混合建设的项目中，按廉租房建筑面积占比扣除城市维护建设税、教育费附加、所得税与土地增值税等税种，而对非保障房的部分则给予税率适当降低的优惠政策；公租房和共有产权房仅保留部分营业税和一半所得税。除此之外，对所有保障房项目，免征城市基础设施配套费等各种行政事业性收费以及政府性基金。

（2）将非专营保障房的营利主体纳入优惠体系。

2014年8月，由财政部和国家税务总局出台的《关于促进公共租赁住房发展有关税收优惠政策的通知》，主要对公租房建设和运营给予税收优惠，其主要优惠措施如表16-1所示。

表16-1　　　　经营公租房相对于经营普通租赁住房税收优惠

税种	优惠前税率	优惠后税率	优惠情况比较
房产税	租金收入的4%	免征	少缴租金收入的4%
营业税	租金收入的5%	免征	少缴租金收入的5%
城市维护建设税	营业税税额乘以城市维护建设税税率（7%城市、5%县城、1%其他）	免征	少缴营业税额的7%（城市）、5%（县城）或1%（其他）
教育费附加	营业税额的3%	免征	少缴营业税额的3%
印花税	租金收入的0.1%	免征	少缴租金收入的0.1%

但《关于促进公共租赁住房发展有关税收优惠政策的通知》第八条也特别说明，"享受上述税收优惠政策的公共租赁住房是指纳入省、自治区、直辖市、计划单列市人民政府及新疆生产建设兵团批准的公共租赁住房发展规划和年度计划，并按照《关于加快发展公共租赁住房的指导意见》和市、县人民政府制定的具体管理办法进行管理的公共租赁住房"。因此，非专营保障房的营利主体只是将部分房源出租给公租房保障对象，并非专营公租房业务，因此不符合上述优惠条件。建议可尝试将非专营保障房的营利主体纳入优惠体系，对其实际承担公租房房源功能的部分享受与专营公租房公司同等

的税收优惠。

（3）建议降低非专营保障房营利主体的企业所得税。

在主要城市，住房租赁都是个人行为，按照现行规定，个人出租房屋按照租金利润10%的税率缴纳所得税，但由于绝大多数个人出租行为未进行申报，根本没有缴纳相应的各项税收，更不用说计算复杂的所得税。在租赁市场变革时期，由非专营保障房营利主体经租部分替代个人租赁，但企业出租房屋则要按照25%的税率缴纳所得税，没有优惠。

本着"鼓励中低端住房租赁市场发展"的基本思想，可阶段性降低非专营保障房营利主体的企业所得税。一方面并不会降低现有从这一税收中获得的财政收入；另一方面鼓励经营公租房的经租公司和住房租赁行业的发展。

（二）为新老市民提供购房、租房的税收优惠

为帮助不同阶层的群体租、购保障房，相关部门应设计分类别、差异化、全方面的税收优惠措施。按照中低收入家庭的人口数量、经济条件、能力水平以及购买面积等情况，逐渐扩大对中低收入者首次购买住房的优惠政策。例如，对购买保障房给予减免征收契税、印花税等，以及在一定时期内可为新老市民首次购房提供住房贷款利息抵减个人所得税应纳税额，或采取一定比例的个人所得税返还措施（孙鹤，2017）。

二、尝试公租房私募股权基金，增加资产流动性

住房保障体系的完善需要依靠金融制度的创新来支撑，原有的银行贷款、中长期债券等方式难以满足。因而，引进一些股权性的资金募集方式，吸引追求长期、稳定合理回报的资金（如保险资金等）进入这一投资领域，是发展趋势。

私募股权基金主要投资于私人股权（非上市公司股权），募集对象范围相对公募基金要窄，但是其募集对象都是资金实力雄厚的机构或个人。这使其募集的资金在质量和数量上不一定亚于公募基金。

以全国工商联房地产商会发起的、以民间资本投资为主的保障房建设投资基金"建银精瑞公共租赁住房建设投资基金"为例，该基金拟首期募集50亿~100亿元，预期收益在5%~12%，运营周期大约为7年（3年开发建设、3年培育、1年退出），拟投资于北京、上海、杭州的公租房项目。但这

一基金为争取更多优惠政策选择了审批制，退出时间延迟。

公租房私募股权基金可选择备案制，只要能够保证合理的收益，可吸引如养老保险等长期保险资金的投资。目前，"上海公共租赁房项目债权投资计划"就已通过银保监会审批，其他城市也在推进或研究。

第三节 监管机制：治理能力建设

一、全国住房保障综合管理信息平台建设

（一）信息化平台整体建设目标

根据住房保障的要求以及相关技术规范的发展方向，明确住房保障信息化平台建设的目标。一方面，对数据进行集中化管理。建立统一的数据中心，将数据统一收集到数据中心进行分类别存储，增强数据在统计、分析、查询等方面的应用水平。另一方面，对政务管理进行平台化建设。首先，设立住房保障项目支撑平台，实现对各项目的分析、运行和监管的一体化，并为保障项目建设中的各种需求提供技术解决方案。其次，逐渐形成市、街道、社区三级工作人员的统一业务办公平台以及决策支持平台。最后，对业务管理实现系统化，形成涵盖保障房建设和管理、保障对象准入、保障对象动态管理、综合办公、决策支持以及基础应用等多个领域的业务应用系统。

（二）综合管理信息平台建设思路

利用"互联网+"等信息化手段，构建统一系统平台、统一数据库、统一网络平台，加强与保障对象之间的信息交流，建立相互监督机制，加强日常监管，从而实现信息化、社会化、网络化的管理模式。

多措并举提升政府驾驭"互联网+"管理能力。目前，很多城市已实现住房保障信息系统与民政、公安、社保、公积金、房产、工商等部门的信息共享，之后应继续增加信息共享力度，将地理信息系统（GIS）和管理信息系统（MIS）两者结合，规范管理行为，统筹考虑将银行、证券、保险等反映家庭资产与财产的信息纳入系统平台，在各类数据间、程序间形成一套完

整的信息系统管理体系,对内提高各级管理部门的工作效率,对外提升为市民服务的水平和质量。平台设计整体方案如图 16-1 所示。

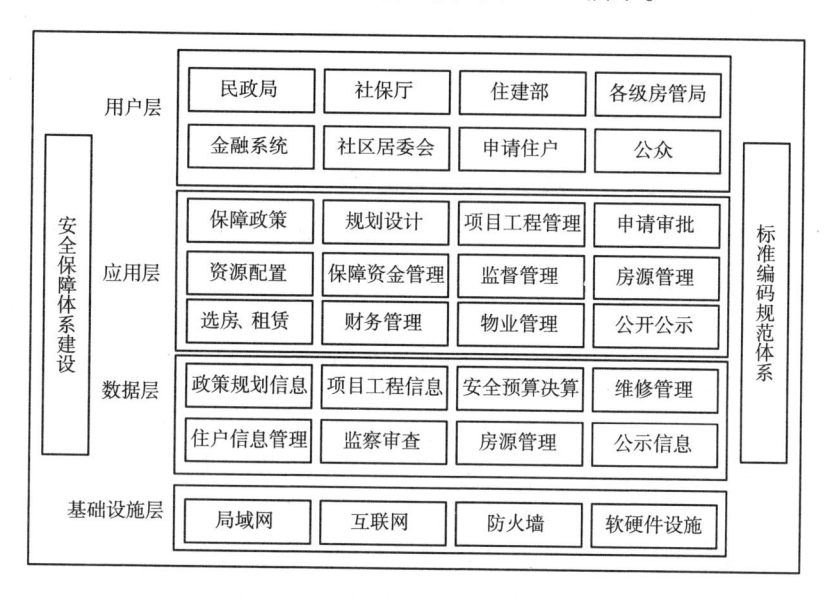

图 16-1 保障房综合管理信息平台方案

二、面向保障对象与保障水平的动态监管

(一) 租赁价格与租赁对象的监管

1. 租赁价格管制:市场化与动态化相结合

保障房租金要实行动态调整,定期根据市场租金、物价水平以及所有租户家庭收入的变动对租金的基础水平进行调整。建议将保障房的租金设定以 1~2 年为限进行定期调整。当然,在住房租赁市场上租金出现较大波动时,保障房的租金也做出及时的相应调整。市场租金平稳时,需根据物价水平等实行动态调整,但总体上约为市场租金的 80%。为配合租金调整,租户也应定期报备家庭收入和资产状况,以便确定下一年的应缴租金水平和补贴水平。通过这样的租金调整机制,可以为保障房的管理提供更为灵活的制度框架,租金水平能够体现保障房的市场价值,补贴能更紧贴租户的实际负担能力,从而促进保障房的可持续运营。

与此同时，对今后市场化手段筹措的公租房租金要进行实时监管。尤其是对开发商提供滞销商品房用于公租房出租的，企业将其原有闲置职工宿舍、办公楼、厂房改造后出租的，以及居民个人直接将其符合条件的多余住房作为公租房出租的，要加强这些房源的租金监管，以避免租金价格脱离保障标准。

2. 租赁对象监管：规范化与信息化相结合

保障房从前期准入到供后管理，再到后期退出全流程，均需建立规范的制度对租赁对象进行管制。

(1) 前期准入阶段。

关于前期准入，保障对象的认定基于两大基本条件：住房贫困和住房支付能力不足。从我国国情出发，消除住房绝对贫困、缓解住房相对贫困是构建住房保障体系的主要目标。因此，全国层面应统一基于绝对住房贫困的保障对象准入标准，地区可基于城镇居民住房支付水平，测定保障对象收入准入线和财产准入线。而对于保障对象的认定，就需要通过完善的数据采集和资料复核机制进行，以避免"应保不保"。同时，可考虑建立动态复核机制，针对家庭、企业人才和外省市务工人员，出台相应的资格动态监管制度。

(2) 供后管理阶段。

关于供后管理，一方面，建议通过政府部门、产权运营单位、物业企业、社会媒体、居民群众等多方宣传和引导，开展对保障家庭的提醒告知，为合规、有序、文明使用保障房营造良好的社会氛围；另一方面，建议设立违规行为限制机制，对违规出租家庭，采取暂停房屋网签、再购房、产权登记等限制措施，并纳入个人信用管理体系。

具体来看，供后管理手段可分七类（见表16-2），主要以经济、社会类手段解决为宜，以正面的奖励和引导为妥。在当前形势下，可以突出技术手段，运用大数据，推进信用体系建设，推动住房保障信用信息在全市房屋管理工作及其他社会管理工作中的应用，逐步形成"住房保障'一处失信'，相关领域'处处制约'"的信用管理环境（姚涟华，2018）。主管部门的行政处罚和强制措施是最后防线；从长远来看，以法治为基础的科学管理是加强租赁对象供后管理的方向，可借助媒体的正面引导来推进法制化、社会化管理的发展（周晓东和沈蕙帼，2014）。

表 16-2　　　　　　　　　供后管理创新手段一览

分类	名　称
行政手段	训诫、暂停社会保障、罚款、强制措施、警告、重点巡查
技术手段	强化技防、简化立面、应用成熟技术、采集人口信息、违规打分制、完善信息系统
经济奖励手段	租金减免、租金返还、贴息贷款、优惠购房
经济赔偿手段	违约赔偿、惩罚性租金、联名信用卡
社会手段	劝告、批评教育、知会单位、社会疏导、社会诚信档案、居民举报等
舆论手段	社会公示、媒体公示、居住区公示
司法手段	司法调解、仲裁、司法诉讼

（3）后期退出阶段。

从各地实践看，由于保障对象退出机制设计不尽合理，保障房"住得进去、退不出来"的矛盾凸显。为了提高保障房的使用效率，需要制定出奖惩兼备的退出机制（李芗，2016）。一方面，采取正向激励机制，提高承租人主动退租的积极性；另一方面，加大违约惩戒力度，提高违约成本。

目前各城市实施的惩罚措施有经济惩罚、行政惩罚和社会惩罚，并以行政惩罚和社会惩罚为主。未来可以针对不同的违规违约行为以及到期拒不退出的，加强经济惩罚力度。因为，一方面，经济惩罚金额的确定较为简单，仅需考虑延迟退出住户所获得的收益进行制定；另一方面，经济惩罚方式比行政惩罚更有效率。

当然，在激励方面，可采用住房贷款利息补贴或给予还款过渡期的方式。所谓住房贷款利息补贴，是指对于无法获得或不能足额获得公积金贷款的家庭，给予一定期限的利息补贴。还款过渡期是指在公租房住户购买限价房（或共有产权房、商品房）到尚未入住期间，政府可向公积金管理局或商业银行进行担保，使保障对象在这一时期内仅需偿还其贷款的利息部分，无须偿还本金，在过渡期结束后再开始正常的还款（即本息同时偿还）。这样将减轻该家庭在过渡期内的资金压力。

（二）工程质量与运营全周期监管

1. 保障房建设的工程质量标准

目前，建设阶段对保障房工程质量的监管大多属于事后处理，缺乏相应的预防性措施。这样，在保障房产生质量问题的时候，再进行监管必然大大降低其有效性。保障房在居住标准、日照标准、建筑密度、容积率、绿地率等方面都应符合《城市居住区规划设计标准》，而这些标准的实现均会直接或间接地受到材料质量、机械设备、工人素质、施工方法以及施工环境等因素的影响。因而要想从根本上确保保障房建设质量的有效提高，就有必要事先建立房屋安全标准。

首先，合理的工期是确保保障工程质量的前提条件。由于混凝土强度的发展与时间有着密切关联，并且工程的规范验收也需要一定的时间，因而保障房的建设不可急功近利，以避免出现豆腐渣工程。其次，应把好建设材料质量关，强化材料的质量管理。对主要建筑原材料建立"先检验，后使用"的原则，检验不合格产品禁止使用，防止劣质建筑材料和构配件的使用。最后，对施工队伍进行把关，培育良好的建筑环境。从现有情况来看，建设工人们的素质良莠不齐，因而有必要将施工技术层层交底，最终落实到操作员身上。同时，不应将工人置于工程质量的对立面，而是需要加强对工人的技术培训，提高工人素质，把技术和操作能力提高到同一水平，才能建设优质保障房。进一步地，还需要从制度上防范质量问题的发生，形成"现场准入、过程评审到责任追究"的制度，抓好责任落实，以免质量制度流于形式。

不仅如此，随着我国住房市场进入存量时代，今后将更多采用存量转化的方式供给保障房。因此，通过土地性质改变筹集的保障房，其房源质量也应得以重视。例如，对于部分工业用地比例过高的城市，将老厂房及其配套办公用房改造为出租公寓是"退二进三"的出路之一，也是公租房房源筹措中所鼓励的方式。以上海为代表的部分城市已经出现不少将工业建筑、商业建筑改造成为出租型公寓的项目。但在调研中了解到，改造中问题很多，包括采光、消防等，需要市政府牵头、会同相关部门制定文件进行规范，旨在鼓励这类房源用于公租房的同时，也确保租户的安全和权益。与此同时，可借鉴发达国家改造老旧建筑消除安全隐患的经验，如在房屋外部加装钢铁结构的阳台和消防通道等。

2. 社会参与的市场化运作机制

（1）借助信息手段推行专业化、智能化物业管理。

关于保障房的物业管理，可以从规范化、专业化和智能化三个方面来优化和创新。在规范化方面，政府应加快出台有关保障房小区物业服务实施办法、物业维修管理办法及物业管理考核奖惩办法，从制度上规范物业管理部门的服务行为，确保保障性居住区的管理质量。在专业化方面，对保障房引入物业管理，进行市场化运作。物业管理公司主要承担管理工作，管理和服务可以分离，清洁、保卫、绿化、日常维修等服务由专业服务机构承担，从而提升专业化管理能力。在智能化方面，可以借鉴杭州市建立的公租房小区智能化管理系统，开展智能监控、三级门禁、多卡合一、信息互通等功能在内的智能化管理系统建设，提升保障房小区后期物业管理水平。

（2）通过资本运作探索保障资产可持续运营机制。

目前，政府集中了大量保障房，包括部分公租房（包括廉租房）和共有产权房，尤其在房价高企的城市，这意味着巨额公共资金的沉淀。因此，对保障房资产的管理不仅是物业管理一方面，而且应当将其视为一项重要的公共资产，盘活存量资产、提高公共资源使用效率、实现保障房保值增值是未来保障房运营的重要目标。

具体而言，一方面，应完善保障房"产权明晰"的管理制度。明晰产权、保护产权，是实现保障房保值增值的基础和前提。作为保障房的投资或产权主体，国有资产管理委员会（或国有资产管理公司）、企业法人以及自然人（保障对象）有权利和责任对其分别（或共同）投资所形成的资产，行使其出资责任，对其资产进行监管（倪鹏飞，2013）。住房保障管理部门、共有产权者、居住者应当协同物业服务公司保证保障房的维修、管理和检查，确保资产完整性，从而实现保障房的保值。只有明确产权归属、共有比例、收益分配，产权所有者的责任和利益才得到保障。在共有产权退出时，保障房可以实现适度增值。

另一方面，尝试金融创新，盘活存量资产。为了增加资产的流动性，可以考虑建立政策性抵押担保和保险机构，通过保障房的抵押及证券化获取资金，为公共服务及保障房保值增值提供便利。经济增长往往伴随着周期性波动，而公共建设、社会保障资金的支出则存在刚性，在经济周期性下行时期将保障房抵押获取资金可以为公共建设、社会保障筹集大量资金，为稳定增长、保障人民生活水平提供帮助。此外，还可以尝试成立投资基金，将保障房的抵押及证券化获取的资金进行投资，以获得增值。但是在此过程中，应当加强对保障房资本运作方面的监管，建立审慎而严格的金融监管制度，防范道德风险及信用风险扩散。

附录一　细分群体住房需求调研

本附录将基于调研数据，采用陈述性偏好法进一步识别细分居民群体的住房现状、潜在住房选择和需求特征。尽管调研立足于上海，但研究结论可适用于其他城市相同类型群体。此项调研工作采取网络调研和实地调研相结合的方式，调研开展时间为2017年5月。教育程度较高的国内中青年就业者主要通过网络调研进行，在"问卷星"平台等多渠道发放网络问卷，共得到有效问卷246份，居住范围基本覆盖上海市区的各个行政区。大学应届毕业生调研同时发放网络问卷和纸质问卷，共得到来自上海不同类型高校应届毕业生的有效问卷149份。关于外籍来沪就业者部分选择双休日对这部分群体聚居的典型区域进行实地调研，调研地点包括长宁古北、浦东联洋、浦东碧云、新江湾城、森兰国际等住房社区。对这些社区的居民进行随机抽样调研，共得到有效问卷92份。虽然调研的样本总量不大，但在个体特征等方面具有代表性，基本能够代表该居民群体的需求特点。我们针对三类特定居民群体特点以及（潜在）住房需求的差异，共设计三套不同的调研问卷。除个人基本信息外，在调研目的和调研内容方面各有侧重点。其中，针对教育程度较高的中青年就业者的调研侧重对实际居住环境（已经发生的市场行为）及其选择因素，以及未来住房选择的考虑因素；针对大学应届毕业生的问卷设计主要关注该群体预期在进入劳动力市场后短期租房需求以及购房意愿等；针对外籍来沪就业者的调研内容主要围绕其住房现状、购房意愿（国际社区设计）和留沪意愿进行。

一、国内引进人才

（一）未来住房选择

1. 购房意愿

在调研的国内引进人才中，未来预期有购买住房计划的样本占比达到

67.5%，可认为上海住房市场仍然有较为强力的需求支撑。进一步细分统计自有住房和租赁住房群体的购房意愿，结果显示，自有住房就业者仍然表现出较强的购房意愿，但预期购房时点相对较长。新房购买群体的购房意愿表现出一定的分化特征，一方面该群体中36.3%的就业者没有购房打算，另一方面也有相当数量的就业者计划在未来3~5年购买另一套住房。相比之下，33.8%的租房群体没有购买住房的计划，而在有购房意愿的就业者中1~2年内购房的样本占比相对较高。在细分需求中，购房者考虑的重点依次是区位、邻里特征以及户型设计。其中，区位和邻里特征主要包括交通设施、配套生活设施、就业可达性等。对楼盘品牌、物业服务等社区特征，购房者关注的程度较低。在不同群体的需求之间稍有区别的是，近期打算购买住房的就业者更加关注小区的物业服务，而具有较为远期购房计划的就业者对小区景观有更强的需求。

为了更加详细地了解计划购房者对配套生活设施的细分需求，将调研群体各自最关注的三类生活配套设施进行汇总统计。可以直观地得到，地铁站和中小学校两类设施在居民未来住房选择决策时最为重要，而体育场馆、电影院、广场、大学和餐饮设施等并不是居民未来住房潜在需求的组成部分。

2. 购房目的

对于居民未来购房选择的内在动机，即购房目的，按照自住、自住与投资兼顾、投资为主以及留给子女/父母四个类别进行分析。购房目的仅为自住的占比为48.2%，兼顾自住和投资的占比为33.7%。值得注意的是，在未来打算购房的群体中投资性需求较为强劲，认为购房有投资考虑的群体占比达到40.4%。即便其中多数是基于自住，但这部分群体也对住房增值有着积极预期。

按照购房目的将国内引进人才分组，对不同组别群体的潜在住房特征和社区环境需求进行统计。结果显示，从需求差异性来看，有投资需求的群体更关注楼盘品牌/开发商，计划为子女和父母购买住房的群体则更关注小区景观，而购房仅用于自住的群体表达出对就业可达性的更强需求。

将配套生活设施进一步细分后，具有不同目的的购房群体对这些设施的需求差异明显。地铁站是各组别群体最为关注的生活设施（占比均超过22%），凸显地铁出行的重要性。排在第二位的生活设施是基础教育资源，相对于仅有自住需求的群体而言，以投资或留给子女为目的的潜在购房群体表现出更强的需求。其他生活设施方面，公交站对于仅满足自住需求的潜在购房群体更为重要；留给子女/父母的群体对医院/诊所、幼儿园、公园等生活设施有较强的需求，而并不需要住房周边配套的菜市场、超市、购物中心、公交站等设施；有购房投资考虑的潜在购房群体则表现出对地铁房、学区房、公园房的偏好，认为相应配套设施周边的住房具有一定投资价值。

对不同购房目的群体的住房面积需求统计结果显示，面积在40平方米以下的住房需求量较低。仅以自住为目的的群体在不同住房面积分组中分布较为均衡，户型面积在91~150平方米的住房更受青睐，这部分主要源于该群体的改善性住房需求；具有投资需求的潜在购房群体对71~90平方米和111~150平方米两个面积区间的住房相对偏好，这两类住房在一定程度上投资价值更高；对于购买住房留给子女或父母使用的群体而言，住房面积需求则偏向于中小户型。

3. 购房类型

对于有购房计划的群体而言，其购买住房基本上可划分为新建商品住宅（"新房"）和存量商品住宅（"二手房"）两种类型①。调研结果显示，计划购买新房和二手房的群体占比较为接近，分别为47.5%和52.5%。对于不同住房类型偏好的群体，在住房特征、社区环境方面可能存在差异。两类群体在住房需求方面的差异有着明显的规律性和特点。计划购买新房的群体较为关注楼盘品牌/开发商、小区景观、物业服务等方面，而计划购买二手房的群体则更关注公交/地铁、配套生活设施以及与工作地距离等方面。这说明，选择购买新房的群体是出于对社区层面居住品质的追求，而选择购买二手房的群体更加重视住房所在区位特征和邻里设施。进一步细分，结果显示，计划购买新房的群体对一些在市中心较丰富的生活设施可能并不关注。这一群体对地铁站、中小学校、幼儿园、菜市场、购物中心等生活设施的需求确实略低于计划购买二手房的群体。

此外，计划购买新房和二手房的群体对住房面积的需求也不相同。计划购买新房的群体对大中户型住房有较强需求，拟购面积在111平方米以上的占比高达48.7%。相比之下，二手房购房群体所需住房面积的整体偏小，面积在90平方米以下的占比约48.2%。

---

① 目前国内一线城市政府已对"商住两用"住房加强政策制定和市场管理，因此此类住房不会进入住房市场交易，在预期购房类型部分的统计分析中将相应样本排除。

（二）需求异质性分析

需求异质性分析主要按照社会经济特征从两个方面进行分组。一方面，基于居住现状分析就业者选择当前住房时的主要需求特征；另一方面，从未来住房选择所考虑的因素中挖掘该群体的潜在住房需求。

1. 不同年龄段就业者的异质性需求

（1）当前居住面积与住房类型。

随着年龄增长和家庭成员的增加，就业者对居住面积的需求一般会持续增加。样本量显示对于年龄在 50 岁以上的就业者而言，由于子女搬出导致户均人口减少以及居住在福利分房的面积偏小，因此该年龄段的住房面积需求均值有所下降。

如果将该面积分布区分为自有住房群体和租赁住房群体，那么绝对水平上前者的居住面积大于后者。随着年龄的变化，自有住房群体的居住面积变化梯度相对较小，而租房群体居住面积变化梯度较大。这实际上反映出租房群体流动性较强的特点，这一群体随时有更换住房、调整居住面积的可能性，以满足家庭规模等因素引起的需求变化。

不同年龄段的国内引进人才当前居住的住房类型也存在着明显的结构性差异。在年龄不超过 30 岁的青年就业者中 50% 以上是通过租赁住房解决居住问题的，而 30 岁以上年龄段的国内引进人才自有住房占比则高达 70% ~ 90%。与此同时，在自有住房群体中新房购买与二手房购买的相对占比也随着年龄段的提高而发生结构性变化，年龄越大的就业者越倾向于购买新房居住，新房购买群体的占比从 36.8% 提高到 75.0%。

（2）当前住房、社区与区位特征。

统计显示，不同群体对各类特征需求强度的高低排序较为详尽，但在各类特征需求的横向比较上还是有一定的差别。在住房及其所在社区特征方面，中年就业者表现出对小区景观、房屋年代和楼盘品牌等更加强烈的需求。这说明，这类住房需求具有一定改善性成分。在区位特征方面，青年就业者普遍对消费/娱乐/购物设施、体育场馆/健身设施、公交/地铁设施有着较强的需求。有子女正在上学的就业者在住房选择时会将学校或幼儿园的邻近性作为重要的考虑因素。此外，年龄较大的就业者更加关注健康和出行便捷性，因而对健身场所、医疗设施、就业可达性和公交/地铁也有相对较强的需求。

(3) 潜在住房需求。

对于不同年龄段就业者未来住房选择中主要关注的住房和社区特征，我们进行了交叉统计，与当前住房选择时的考虑因素既有相同点也有不同之处。例如，中年就业者在未来购房时仍然会关注楼盘品牌/开发商特征，而年龄较大的就业者也会保持对户型设计、小区景观的强烈需求。中年就业者在当前住房选择时对房屋年代的需求相对更强，而在潜在住房需求分析中则会发现青年就业者对房屋建成年代有更多关注。对比分析可推测购房者对房屋建成年代的需求强度会随着年龄的增长而逐渐减弱。与此同时，对就业可达性的需求也会随着就业者年龄的增长以及逐渐淡出劳动力市场而减少。同时，将国内引进人才在未来进行住房选择时各类配套生活设施的需求进一步分解统计。在交通设施方面，青年就业者和年龄较大的就业者对公共交通都有较强的依赖性需求，这与该部分群体自驾车拥有率较低的特征是相符的。类似地，由于驾车出行较为便捷，中年就业者对住房周边餐馆、购物中心的需求强度较低。青年就业者对购物中心的需求较强，这与当前住房选择时考虑因素的发现是一致的。年龄较大的就业者更加关注健康状况，表现出对医疗卫生设施需求的显著增强。中年就业者大多有正在接受基础教育的子女，因而对中小学校和幼儿园等基础教育设施的需求更高。此外，各类群体对大学、体育场馆、电影院、广场等其他设施的需求均相对较少。

2. 不同教育程度就业者的异质性需求

(1) 当前住房、社区与区位特征。

统计显示，不同群体对价格、就业可达性和公交/地铁都很重视。但是，受教育程度偏低的群体对房屋年代、小区景观、消费/娱乐购物设施、体育场馆/健身场所有较强的需求，而受教育程度较高的群体对价格、户型设计、就业可达性更加重视。由此可见，随着受教育程度的提高，国内引进人才住房需求从关注居住品质相关的住房特征逐渐转变为关注住房的实用性。

(2) 潜在住房需求。

统计结果显示，受教育程度相对较低的就业者表现出小区景观、房屋年代、楼盘品牌/开发商等与"舒适性"有关居住社区特征的需求，而受教育程度相对较高的就业者对就业可达性、公交/地铁设施等与其居住所在区位便捷性这类"实用性"特征更为关注。也就是说，住房的"舒适性"与"实用性"是面向不同群体进行住房设计以及城市建设时需要重视的内容。受教育程度较低的居民对公交站、医疗卫生设施、大型超市和体育场馆等的需求强度较高，而受教育程度较高的群体则更关注中小学校这类基础教育资源以及公园绿地等休闲设施。

3. 不同收入组就业者的异质性需求

调研所获取的收入信息是当前就业者所在家庭的收入水平，不能作为就业者持久收入的表征，也难以与该就业者过去和未来住房选择时点的即期收入或收入预期直接对应。正因如此，这里对不同收入异质性需求的分析和讨论可能会与实际情况之间存在系统性偏差，但其规律和特点仍具有一定的参考价值。

（1）当前住房、社区与区位特征。

统计显示了不同收入组就业者当前住房的类型分布。随着收入增加，住房自有化程度整体上有所提高，但在中高收入的三个分组中租赁住房占比稳定保持在16%左右。对于自有住房群体而言，不同收入组在新房购买和二手房购买之间的比例关系并没有显示出趋势性变化的特征。我们进一步对当前住房选择的各类参考因素进行分解并统计。结果显示，除了最高收入组，其他收入组的就业者在当前住房选择时都将价格作为重要考虑因素。家庭收入的增加会提高自驾车拥有率，对公交/地铁交通设施、就业可达性以及各类设施邻近性的需求也逐渐下降。相对地，收入较高的家庭在选择当前住房时更加关注小区景观、楼盘品牌/开发商、物业服务等与居住社区品质相关的住房特征。

（2）潜在住房需求。

在未来住房选择的决策中，不同收入组的就业者对各类住房特征的需求规律与上述分析基本一致。结果显示，公交/地铁交通设施、配套生活设施邻近性、就业可达性，仍然是自驾车拥有率较低的中低收入家庭更加偏好的，而高收入家庭对小区景观、物业服务的需求更强。收入较低的群体对大型超市、公交站、菜市场等基本生活服务设施需求较强。一般而言，这些区域的宜居性相对较差。因此，住房价格也相对较低。相比之下，收入较高的群体对基础教育设施、餐饮设施以及公园绿地等表现出较强的需求，这些设施通常被认为会对土地价值和住房价值影响具有较大的"提升性"。

（三）主要研究发现

1. 已形成"公共交通—基础教育—社区品质"住房需求层次

将国内引进人才按照当前住房状态可分为租房者、二手房自有者、新房自有者。其中，租购群体的需求特征及其差异性与上述基于住房市场交易数据研究的发现一致，形成了如附图1-1所示的住房需求层次。在基本住房需求的基础上，租房者对住房周边公交/地铁是否便利更为关注，二手房自有者的住房选择注重周边幼儿园和中小学校等基础教育设施配套，而新房自有者则将楼盘品牌/开发商、小区景观、物业服务等社区品质特征视为住房选择的重要考虑因素。不仅如此，他们对未来购房选择的潜在住房需求具有路径依赖性，将固化这一需求层次。

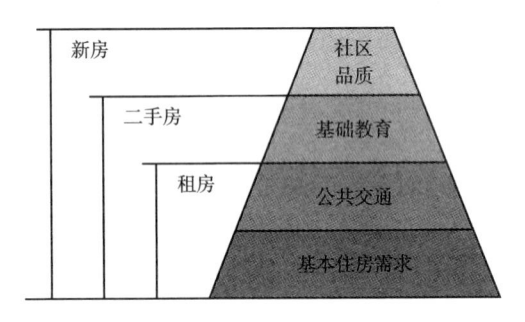

附图1-1 上海市国内引进人才住房需求层次

2. 高等教育、休闲娱乐等设施不属于住房选择的主要考虑因素

除基础教育、医疗、交通等典型邻里设施外，体育场馆、电影院、广场、大学均不是国内引进人才当前住房选择以及未来潜在住房选择的主要考虑因素。也就是说，这些设施的空间分布不会对其住房区位选择行为产生明显影响，在现阶段住房需求分析中不需要重点考虑。

3. 自有住房的意愿较强，购房选择中包含一定程度的投资考虑

购房意愿调查结果显示，国内引进人才大多倾向于购买住房（占比达到67.5%），租房者中仅有1/3表示没有购房计划。对当前居住满意程度从高到低的排序为：新房购房者＞二手房购房者＞租房者。这成为国内引进人才从租到购、实现住房自有的内在动力。在购房动机方面，高达4成的受访者表示购买住房有一定程度的投资考虑，投资住房对象聚焦于"学区房""地铁房"和"公园房"。

二、应届毕业生

（一）短期住房需求

调研发现，即将就业的应届毕业生在工作初期的支付能力不足，绝大多数都会选择租赁住房作为过渡，而且这些应届毕业生的住房需求在住房租赁市场占据较大比重。城市住房市场能否提供满足其居住及其衍生需求，存在住房困难的应届毕业生能否获得住房保障，直接关系到他们的居留意愿乃至城市人力资本结构。因此，对这一群体的住房需求分析是很必要的。

1. 租金承受能力

统计显示，总体来看，54.7%的应届毕业生能够承受的月租金在3 000元以内，37.3%的应届毕业生能够承受的租金在3 001~5 000元，均低于上海整套住房的平均租金水平。这意味着，这些应届毕业生租住的房屋在质量上低于市场平均水平。调查中也发现，近70%的应届毕业生倾向于租赁单一房间而非整套住房。

（1）学历分组比较。

租金是影响应届毕业生租赁住房选择的重要经济因素。随着学历水平的提高，应届毕业生预期的人力资本回报也会增加，因而住房租金承受能力在总体上也会不断增强。在调查样本中，66.7%的本科应届毕业生难以承受超过3 000元/月的住房租金，而在博士研究生中该比例则下降到31.2%左右。

（2）生源地分组比较。

从不同生源地来看，上海本地应届毕业生能够承受的住房租金水平相对较高，而由外地到上海求学的应届毕业生能够承受的住房租金相对较低。这些应届毕业生在上海就业后基本能够享受到城市公共服务，户籍限制相对较小，且收入待遇上也不存在明显的户籍歧视。因此，不同生源地群体的差异性可能源于可支付能力以及社会融合等方面的差别。

（3）预期收入分组比较。

如果按照预期收入分组统计，即便是短期租房，应届毕业生还是会根据其预期收入进行住房选择，而不会降低居住品质。以35%的房租收入比作为评价可支付性的标准，则在最低收入组中绝大多数位于该标准以下。

2. 租房需求特征

总体来看，应届毕业生在租房选择时最主要考虑的两个因素是与工作地的距离以及公交/地铁设施，占比分别高达88.0%和85.3%。

（1）学历分组比较。

不同学历应届毕业生在短期租房时考虑住房与社区因素具有差异性。统计结果显示，博士研究生与其他两类应届毕业生相比，略为注重住房与工作地的距离，而对公交/地铁等交通设施需求稍低。这意味着对于高学历的应届毕业生而言，通勤出行的单位时间成本可能较高。同时，博士研究生对配套生活设施的需求低于其他两类应届毕业生群体。在居住品质相关因素中，博士研究生更加重视小区景观、房屋年代等特征，而对户型设计、物业服务等特征的关注程度较低。本科应届毕业生对菜市场、餐馆饭店、小型便利店等日常服务类生活设施有着较强的需求，硕士应届毕业生在租房选择时更关注大型超市、购物中心等大型商业购物区域，博士应届毕业生则更重视幼儿园、中小学校、大学等教育设施以及公园绿地等休闲设施的邻近性。

（2）生源地分组比较。

与上海本地生源的应届毕业生相比，来自其他地区和城市的应届毕业生属于在高等教育阶段流入上海，并进入上海劳动力市场的外来高素质人才，他们在短期住房选择中的住房需求可能与本地生源的应届毕业生有明显的差异。总体来看，本地生源的应届毕业生对住房户型设计、小区景观和物业服务这类与居住"舒适度"相关的设施有较强的需求。如果将来自其他一线/省会城市以及其他一般城市两部分群体整合为外地生源应届毕业生群体，则这一群体的租房选择更关注房屋年代和配套生活设施。本地生源和外地生源在公交/地铁等交通设施以及就业可达性方面的需求强度是比较接近的。在公共交通设施方面，上海本地生源的应届毕业生对公交站相对偏好，而外地生源对地铁邻近性更加重视。在基础教育设施方面，外地生源应届毕业生对中小学校、幼儿园的需求显著高于本地生源。

（3）预期收入分组比较。

在不同的预期收入约束条件下，应届毕业生租房选择的考虑因素会存在显著差异。在诸多住房和社区层面特征中，应届毕业生最关注的是住房与工作地的距离，就业可达性的需求强度与预期收入具有明显的相关性。这再次显示应届毕业生的单位通勤时间成本随其预期收入的提高而增加。预期收入较低的应届毕业生更加关注户型设计和房屋年代两类特征。公交/地铁、配套生活设施的需求随预期收入增加的变化幅度较小。此外，应届毕业生对其他设施的需求与预期收入之间的关系并没有明显的规律性。

从交通出行需求来看，最低预期收入组的应届毕业生会偏好采用公交车出行的方式，而其他预期收入组更偏好地铁出行，表现为其对住房周边交通设施的需求差异。较低预期收入的应届毕业生对住房周边是否有菜市场、大型超市、购物中心更加偏好，预期收入高的应届毕业生对配套生活设施的需求较为多样化，基本覆盖了所有类型的设施。

3. 购房预期与短期租房需求

在住房价格持续上涨的预期下，多数应届毕业生在工作一段时间后会考虑买房，购房时间点在 10 年以上的应届毕业生占比仅为 8.5%。应届毕业生未来的购房计划会对其短期租房的需求产生影响，最直接的影响源于购房时间与短期租房时间之间的权衡。应届毕业生计划购房的时间点越早（或者说计划租房时间越短），能够承受的短期租金压力越大。

随着购房时间向后推迟，应届毕业生会更加重视交通便捷性而表现为对公交、地铁交通设施邻近性有着更强的需求。这些应届毕业生还会关注租房周边的医疗卫生、餐馆等长期提供服务的功能性设施。同时，仅打算在较短时间内租房的应届毕业生对大型购物中心、公园等休闲娱乐设施需求更强。

（二）潜在购房需求

在调研的应届毕业生中，工作后 1 年以内有购房计划的应届毕业生占比低于 10%。这意味着，多数计划购房的应届毕业生购房时点的住房市场或许已发生变化，同时该群体在购房时点的住房需求也会与目前预期的住房需求存在差异。尽管如此，仍然有必要对其潜在住房需求进行挖掘和分析。需要说明的是，对于大多数应届毕业生而言，预期入职时的短期收入与长期购房行为之间的关系不大，因此这里不再对不同预期收入组的潜在购房需求进行统计分析。

1. 计划购房时间

从本科到博士随着学历水平的提高，应届毕业生计划购房时间逐渐缩短。而外地生源的应届毕业生多数倾向于在 3 年以上的时间购买住房。相比之下，上海本地应届毕业生在计划购房时间上呈现出两极分化的特点。一方面，有较多的应届毕业生倾向于在 1 年内购买住房；另一方面，也有高达 50% 的本地应届毕业生的购房计划时间在 5 年以上。

2. 购房承受能力

采用预期住房成本在收入中所占比重，作为衡量购房承受能力的指标，这也是国际上衡量住房可支付性的常用指标。统计结果显示，一半以上的应届毕业生能够承受高于 35% 这一可支付水平的相对住房成本。

从不同生源分布地来看，来自上海本地、其他一线/省会城市以及一般城市应届毕业生中，分别有28.6%、41.2%和48.0%的应届毕业生预期能够承受的住房成本占比在35%以下。同时，也有少数外地生源应届毕业生承受的住房成本占比超过65%。

3. 购房类型

应届毕业生群体的潜在购房类型以毛坯房和简单装修住房为主，在样本中的占比分别为31.3%和43.3%。部分本科毕业生和硕士毕业生预期购房类型为经济适用房，而博士毕业生没有经济适用房的购买偏好。应届毕业生更倾向于2000~2005年建成的二手房。这一时段也是住房停止实物福利分配之后市场化住房大量建设的时期，户型设计较福利房合理，但年限较长，因而性价比较高；本科毕业生对新建住房更为偏好（占比超过70%），硕士毕业生和博士毕业生则对二手房有着相对更强的需求。博士毕业生虽然对二手房比对新房有更强的需求，但却更加倾向于购买建成年代较近的二手房。

从生源地来看，来自一般城市的应届毕业生中有一定比例愿意购买经济适用房，而来自上海本地和其他一线/省会城市的应届毕业生则对经济适用房没有偏好。随着应届毕业生生源地所在城市等级越高，计划购买毛坯房的应届毕业生占比越高。上海本地生源的应届毕业生并没有意愿购买2005年以后建成的二手房。

4. 购房面积

潜在购房面积在90平方米以下的应届毕业生占比达到62.2%，该比例与针对新建住宅项目户型设计的"7090"政策要求较为接近。潜在购房面积在70平方米以下"小户型"和110平方米以上"大户型"的应届毕业生占比分别为28.4%和12.2%。不同学历阶段分组潜在购房面积差异明显，博士毕业生对"大户型"住房的潜在需求更强，硕士毕业生中计划购买90平方米以下住房的占比高达79.4%。

按照生源地来区分，上海本地生源的应届毕业生在"大户型"购房倾向上显著高于外地生源的应届毕业生，来自一般城市的应届毕业生对"小户型"住房的购房意愿更强。

5. 购房细分需求

随着学历由本科到博士，应届毕业生对楼盘品牌/开发商、公交/地铁、小区景观、房屋年代等的关注程度逐渐增强，而对体育场馆、消费/娱乐/购物设施、公园广场等关注程度则逐渐减弱，在医疗设施、就业可达性和基础教育设施方面的需求差异不大。

上海本地生源的应届毕业生对户型设计、房屋年代、医疗设施、公园广场等特征更加偏好，而外地生源的应届毕业生对公交/地铁、基础教育设施、就业可达性等实用设施以及楼盘品牌/开发商、小区景观等社区特征有更强烈的需求。

（三）主要研究发现

1. 短期内住房租金承受能力较弱，租赁方式以合租为主

应届大学毕业生初始收入较低，通常难以在短期内购买住房，短期内以租赁住房需求为主。调查显示，应届毕业生能够承受的住房租金显著低于当前上海整套住房的平均租金。在此情况下，多数毕业生倾向于租赁单一房间而非整套住房，以降低住房租赁支出。

2. 不同学历的住房需求呈现层次变化，出行便利性为主要因素

职住平衡在不同学历毕业生住房选择中的重要性差别明显，高学历毕业生对出行时间敏感性更高。从各类配套生活设施来看，不同学历应届毕业生的住房需求也表现出一定的层次变化特征，本科毕业生对日常生活服务设施有较强的需求，硕士毕业生关注大型超市、购物中心等商业设施以及轨道交通设施，博士毕业生重视基础教育设施和公园绿地的邻近性。从潜在购房类型来看，硕士毕业生和博士毕业生倾向于购买二手房，且后者对建成年代更为关注。

3. 本地与外地生源之间住房需求、潜在购房意愿存在一定差别

不同来源地应届毕业生在住房需求方面也有所差别。其中，上海本地生源的住房选择偏好于居住空间的舒适度，外地生源对基础教育和轨道交通等配套设施以及楼盘品牌等特征更加重视。在潜在购房计划方面，外地生源的应届毕业生多数倾向于在3年以上的时间购买住房。相比之下，上海本地应届毕业生计划购房时间有所分化，计划1年内和5年以上购买住房的占比均较大。

三、外籍就业者

（一）居住现状

1. 住房类型与住房成本

绝大多数外籍就业者以租房解决居住问题，自有住房的比重仅为

11.2%。这与限购以及雇主报销租房费用或进行租房补贴有关。从居住面积看，各种类型的住房平均面积均高于100平方米。值得注意的是，租赁住房的外籍就业者平均租住面积高达138平方米，该数值远大于国内引进人才租住面积的平均水平。此外，对于从低到高不同消费支出分组的外籍来沪居民，住房面积均值也在不断增加。

从不同类型的住房成本来看，自有住房的外籍就业者单位面积购房成本平均为64 000元/平方米，租赁住房的外籍就业者支付的月租金平均为14 080.8元/套、单位面积月租金约为115.7元/平方米，均高于国内引进人才的平均水平。

2. 就业可达性

居住与就业的空间关系是住房选择的重要考虑因素，因此调研中针对外籍就业者当前住房的主要区位特征——通勤方式和通勤时间进行统计。其中，最主要的两种通勤出行方式（自驾车和地铁）占比分别为25.5%和23.4%，采用步行方式上下班的外籍就业者占比为20.6%。另外，采用不同通勤出行方式的外籍就业者平均通勤时间约为24.9分钟，该数值也低于国内引进人才通勤时间的平均水平，这说明相当比例的外籍就业者倾向于居住在靠近就业地的区位。

（二）居住意愿

根据统计结果，外籍就业者对上海工作生活各方面评价中最满意之处是文化，而最不满意之处在于环境质量。因此，提高外籍就业者在上海的居留意愿需要特别重视这些方面。

在居留意愿的基础上，提供相应的住房以满足外籍就业者的住房需求也是很重要的。在购房意愿方面，92.8%的外籍就业者表示不打算在上海购买住房，其中有39.8%的居民打算一直留在上海，而少数计划购房的外籍就业者打算在上海居留5年以上。这意味着，租赁住房市场仍然会持续承接外籍就业者的住房需求。仅有10.8%的外籍就业者明确表示更愿意与外国人在同一社区居住。因此，未来面向外籍就业者的住房供给不一定采取集中建设的方式，也可以提供外籍就业者和本地居民混合居住的社区，促进不同群体之间的文化交流，从而提高外籍就业者的留沪意愿。

（三）住房选择的考虑因素

统计显示，价格仍然是住房选择中最主要的影响因素。其次，就业可达性也是重要考虑因素，这与前述基于通勤时间的统计结论基本一致。相比之下，在各类因素中外籍就业者对医疗卫生设施、休闲场所、体育场馆的需求相对较低。

按照不同留沪意愿分组统计了外籍就业者住房选择的考虑因素。总体来看，随着留沪意愿的减弱，外籍就业者对住房价格这一因素更加重视。同时，随着意愿留沪时间的延长，外籍就业者对就业可达性、市中心邻近性、室内设计等因素更加关注。按照不同消费支出分组，外籍就业者在未来住房选择时考虑的因素也有明显差异。随着消费支出的提高，外籍就业者对住房价格、市中心邻近性、小区景观等因素的关注程度也逐渐增强，而对就业地邻近性、休闲场所等需求有所减弱。

（四）主要研究发现

1. 以租赁需求为主，住房面积与出行便利性是重要考虑因素

调研中绝大多数外籍就业者以租赁住房的形式在上海居住，住房自有率处于较低水平。该群体的平均租住面积超过 100 平方米，远高于上海市当前居民租住面积的平均值，表现出对居住空间的较强需求。在当前住房区位选择中首要考虑的因素是交通出行的便利性，较大比例的外籍就业者倾向于居住在靠近就业地的区位，且主要采用自驾车和地铁的通勤出行方式，平均通勤时间约为 24.9 分钟。

2. 注重社区生活品质，不排斥与国内居民混合式居住模式

相对于国内就业者和应届大学毕业生，外籍就业者的住房选择会更多关注与社区生活品质相关的特征，相比之下，对医疗卫生设施、休闲场所、体育场馆等邻里设施的需求强度相对较低。消费能力越高的外籍就业者对市中心邻近性、小区景观等特征越重视。此外，多数外籍就业者表示并不在意是否与中国居民混居同一社区，这将有助于社区层面的中外文化交流和社会融合。

3. 住房价格对外籍就业者购房意愿与长期居留意愿有较大影响

尽管外籍就业者在上海的收入水平高于国内就业者，但住房价格仍成为影响其住房选择和购买意愿的主要因素。考虑到住房价格因素，绝大多数外籍就业者表示不打算在上海购买住房，因此租赁住房市场仍将继续承接这一群体的住房需求。同时，外籍就业者对住房价格的关注程度与其计划在上海的居住时间呈现负相关关系，这意味着住房价格在一定程度上影响其居留意愿。

附录二　我国住房保障成效分析

一、具有中国特色的新型住房保障体系基本形成

(一) 建立多层次的住房保障体系

1. 我国住房保障的建设历程与体系构成

如果对政府包投资、实物分配、低租金的福利住房制度不加讨论，那么我国住房保障体系主要是在1998年停止住房实物分配后，为应对住房商品化下部分中低收入家庭出现的住房支付能力不足的问题而逐步形成的（刘广平和陈立文，2016；秦虹，2019）。

当然，我国历来重视住房保障制度的完善。在1998年以前，也相继出台了一系列制度，比如《关于深化城镇住房制度改革的决定》《城镇经济适用住房建设管理办法》以及《关于转发国务院住房制度改革领导小组国家安居工程实施方案的通知》等，推动我国住房保障工作的开展（郭伟明，2016）。

1998~2003年间我国住房保障体系逐步发展。1998年国务院颁布《关于进一步深化城镇住房制度改革加快住房建设的通知》中，提出"建立和完善以经济适用住房为主的住房供应体系"[①]。1999年通过《城镇廉租住房管理办法》，扩展了住房保障体系的覆盖人群（陈渊博，2019）。同年，《住房公积金管理条例》颁布实施，住房公积金的归集管理进入规范化、法制化，这也代表以住房公积金制度为主要内容的政策性住房金融体系初步形成（汪洁，2012）。

2003~2007年保障房供给进入徘徊阶段。2003年《关于促进房地产市场

[①] 1998~2002年新建经济适用住房占总住房的比例维持在20%左右。

持续健康发展的通知》中提出"大多数家庭购买或租赁商品房"后，保障房供给进入停滞期。2004~2007年我国新建经济适用住房占总住房的比例降至6%~8%[①]。

2007年以来，我国住房保障进入全面深化阶段[②]。2007年，国务院出台了《关于解决城市低收入家庭住房困难的若干意见》，要求"以城市低收入家庭为对象，进一步健全廉租住房制度，规范和改进经济适用房制度，加大对棚户区、旧住宅区改造力度"。2008年，国务院办公厅颁布《关于促进房地产市场健康发展的若干意见》，要求"加大保障房建设力度，推动住房保障工作步入快车道"。2010年6月，住建部颁布《关于加快发展公共租赁住房的指导意见》，开始大力推进公共租赁住房的建设工作，立足于解决城市新职工阶段性住房困难以及改善外来务工人员的住房条件，使得住房保障体系建设更加合理、完善（赵霞蔚，2011）。

经过20多年努力，我国住房保障工作取得了较大成就，住房保障和住房市场并重发展，逐步建立包括廉租房[③]、公租房、共有产权房以及棚户区改造安置房等多种类型的、具有中国特色的新型住房保障体系（见附表2-1），推进我国房地产业发展进入新时代。

附表2-1　　　　　　　我国住房保障体系的具体构成

类型	保障对象	产权	土地来源	资金来源
廉租房	城市户籍低收入住房困难家庭	政府所有，只租不售，租者拥有使用权	划拨	财政预算，住房公积金收益，土地出让收益等
公租房	城市中低收入住房困难家庭、新就业无房职工、引进人才和稳定就业的外来务工人员	政府或机构所有，只租不售，租者拥有使用权	划拨；也可出让，但须对租金、套型、用途前置规定	地方政府直接投资，资本金注入、投资补助、贷款贴息等

---

① 数据来源于恒大研究院研究报告《中国住房制度：回顾、成就、反思与改革》。

② 2009~2017年，保障性安居工程累计开工6137万套，相当于同期商品住宅新开工套数的48.2%。

③ 2013年住建部、财政部、国家发改委联合下发《关于公共租赁住房和廉租住房并轨运行的通知》，将公共租赁住房和廉租住房统一并轨为"公共租赁住房"。

续表

类型	保障对象	产权	土地来源	资金来源
共有产权房	城镇中低收入住房困难家庭	有限产权，政府与个人共同拥有产权，个人拥有使用权	招拍挂（优先供应）	土地出让收益，中央财政拨款
棚户区改造安置房	房屋征收区域内住房困难家庭	个人拥有完全产权	划拨	央行抵押补充贷款资金，棚户区改造贷款

资料来源：根据网络公开资料整理。

2. 各城市住房保障体系特色明显

各城市的住房保障体系也各具特色。例如，北京市、广州市注重租赁型保障，以租为主，公租房是最主要的保障类型；上海市形成了"四位一体"的住房保障体系，即廉租房、公租房、共有产权房、动迁安置房四类并行；深圳市的住房保障体系体现出"多渠道、分层次、广覆盖"的特征；厦门市围绕"租购并举"展开住房保障体系建设，提供保障性租赁房、公租房和保障性商品房三类保障房，具体如附表2-2所示。

附表2-2　　　　　　　　典型城市的住房保障体系

城市	典型特征	具体构成
北京	"以租为主"的住房保障体系	公租房、棚改安置房、共有产权房
上海	"四位一体"的住房保障体系	廉租房、公租房、共有产权房、动迁安置房
广州	"以公租房为主"的住房保障体系	公租房、棚户区改造安置房
深圳	"多渠道、分层次、广覆盖"的住房保障体系	公租房、人才住房、安居型商品房（符合收入、财产限额的户籍居民，可租可售，以售为主）、拆迁安置房
厦门	"租购并举、分层次、全覆盖"的住房保障体系	保障性租赁房（中低收入住房困难家庭）、公租房、保障性商品房（无住房人群、符合条件的人才；限售5年，增值收益补缴土地收益）

资料来源：各城市住建局与恒大研究院报告《中国住房制度：回顾、成就、反思与改革》。

（二）确立与住房保障相关的政策框架

保障房建设管理经历了与住房制度改革相衔接、通过市场化手段解决住房问题、住房保障回归政府提供基本保障等不断深化的过程，在此期间住房保障政策也不断完善。

1. 住房保障相关的税收减免得以高度重视

我国住房保障体系的快速发展离不开政府在税收优惠、减免方面给予的高度关注。长期以来，我国不断健全、完善住房保障的税收优惠政策，极大程度上调节了住房保障的供需水平。如附表2-3所示，我国在企业所得税、个人所得税、营业税以及印花税等8个税种方面实施了住房保障的税收减免措施。

附表2-3　　　　　　　　　我国住房保障税收减免措施

税种	税收减免措施
企业所得税	经济适用房、限价房以及改造危房等，年度最低利润总额30%的部分，准予在计算应纳税所得额时扣除
个人所得税	个人转让5年以上唯一住房免征个人所得税
营业税	按规定价格出租公有住房和廉租房免征，经营公租房所取得的租金收入免征
印花税	廉租房、经济适用房经营管理单位及廉租住房承租者、经济适用住房购买者免征，开发商建造廉租房和经济适用住房予以免征，公租房经营管理单位建造、管理公租房，购买住房作为公租房免征，公租房双方租赁协议免征
土地增值税	企事业单位、社会团体以及其他组织转让旧房作为保障房或公租房的增值额未超过扣除项目金额20%的免征
契税	城镇职工首次购买公有住房免征，已购公有住房补缴土地出让金和其他出让费用免征，经营管理单位回购经济适用房、改造安置房仍用于原用途房源，棚户区改造安置房免征，公租房经营管理单位购房作为公租房免征
房产税	公租房免征
城镇土地使用税	公租房建设期间用地及公租房建成后占地免征

资料来源：国家税务总局的《减免税政策代码目录》。

2. 住房保障相关的法规建设取得初步成效

近年来，各级政府一方面结合各地实际，积极探索，住房保障成效显著；另一方面，大力推进住房保障法规建设。在国家层面上，先后出台了《住房公积金管理办法》《经济适用房管理办法》《城镇廉租住房管理办法》等多项行政管理法规，并不断推进《住房保障法》的立法进程。同时，由住房和城乡建设部起草的《城镇住房保障条例》和《住房租赁条例》也曾纳入立法计划，这三部条例均由住房和城乡建设部起草。深圳、厦门、北京等城市也出台了相应的城镇住房保障条例等。这些显著提升了我国住房保障领域的规范化、法制化水平。

二、住房保障的支持力度与有效供给进一步加大

（一）财政支持力度持续上升

长期以来，我国住房保障的财政投入力度持续上升，从附图2-1可以看出，我国住房保障支出总体呈现出波动增长的趋势，住房保障总支出由2010年的2 376.88亿元增加到2018年的6 806.37亿元，年均增长率达到15.37%。其中，期间保障性安居工程支出从1 228.66亿元增长到3 697.45亿元，平均增长率也达到了19.09%。

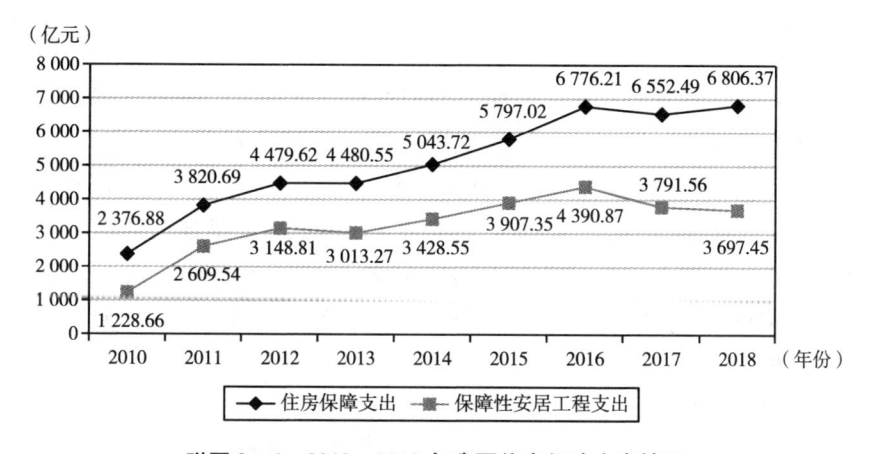

附图2-1　2010~2018年我国住房保障支出情况

资料来源：2010~2018年全国一般公共预算支出决算表。

同时，住房保障的财政投入也依据城市发展的需求不断调整支出结构。由附图2-2可知，截至2018年，我国廉租房、公租房和棚户区改造支出分别为38.95亿元、329.63亿元与1 667.78亿元，分别占到保障性安居工程支出的1.05%、8.92%、45.11%。进一步分析可知，2010~2018年廉租房的占比逐年减少，这反映出我国最低收入者基本实现应保尽保；公租房的占比先上升后缓慢下降，而棚户区改造的占比表现为波动上升趋势，2014年以来主要侧重于对各类棚户区改造的支持。

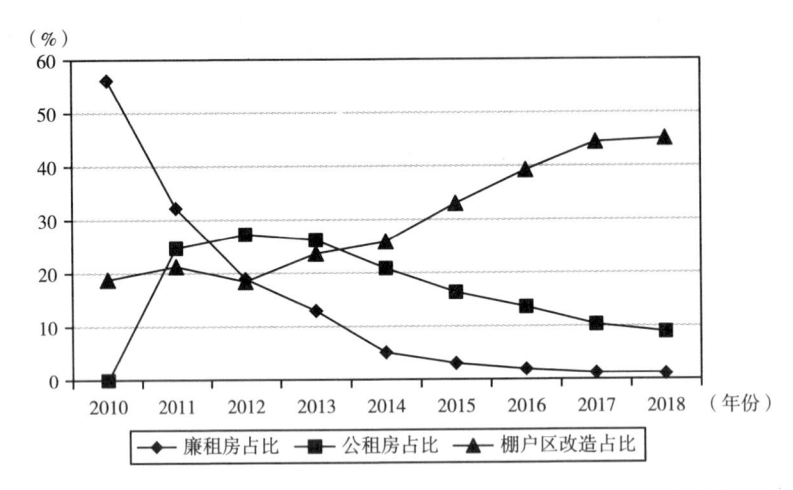

附图 2-2　2010~2018 年三类保障住房支出占保障性安居工程支出的比重

资料来源：2010~2018 年全国一般公共预算支出决算表。

不仅如此，我国与住房保障相关的财政补贴也取得了显著成绩，财政补贴形式不断完善，补贴程度也逐渐增加。如附图 2-3 所示，2012~2018 年，我国保障房租金补贴支出分别为 25.45 亿元、30.99 亿元、51.01 亿元、49.86 亿元、62.73 亿元、59.94 亿元以及 53.21 亿元，呈现出阶段性上升的趋势。然而，其在保障性安居工程支出中的占比并不高，平均来看仅占到 1.29%。2016 年住建部、财政部出台的《关于做好城镇住房保障家庭租赁补

附图 2-3　2012~2018 年保障房租金补贴占保障性安居工程支出的比重

资料来源：2012~2018 年全国一般公共预算支出决算表。

贴工作的指导意见》指出,"应采取实物配租和租赁补贴相结合的形式,逐步实现以租赁补贴为主;同时,根据住房保障家庭的住房困难程度与支付能力等情况,各地可分类别、分层次对保障家庭实施差别化的租赁补贴"。因而,今后有必要加强住房保障的货币化补贴,以提高住房保障的效率与覆盖率(孙鹤,2017)。

(二)建设规模与覆盖率显著扩大

1. 住房保障每年建设规模均超额完成

我国住房保障建设数量逐步增加,每年建设规模均超额完成。2018年全国棚户区住房改造开工626万套,基本建成511万套,建成率达到81.63%[①];2017年全国棚户区改造开工609.34万套,基本建成604.18万套,公租房基本建成81.56万套,分别完成当年目标任务的101.48%、183.97%和124.4%,以货币补贴形式支持中低收入困难家庭到市场自主租房242.32万户[②]。由附图2-4可见[③],保障性安居工程住房的计划开工量和实际开工量均在2011年达到峰值,分别为1 000万套和1 043万套,之后开

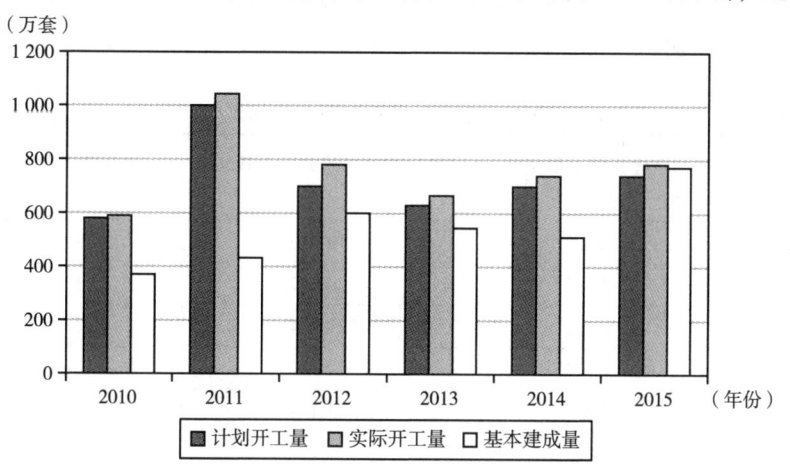

附图2-4 2010~2015年我国保障性安居工程住房建设情况

资料来源:2010~2015年的国民经济和社会发展统计公报。

---

① 数据来源:《2018年国民经济和社会发展统计公报》。
② 数据来源:《2017年保障性安居工程跟踪审计结果》。
③ 由于国民经济和社会发展统计公报2015年以后不再报告保障性安居工程住房的计划开工量、实际开工量以及基本建成量,因此这里仅用2010~2015年期间的相关数据。

始缓慢增长。进一步来看，保障性安居工程住房的实际开工量始终大于计划开工量，反映出我国住房保障建设每年均能超额完成。在附表2-4中，2010~2015年保障性安居工程住房的开工率年均达到105.81%，增长趋势较为平稳；而保障性安居工程住房的建成率呈现波动上升，2015年达到最大值98.6%，这确保了每年有一定的保障房可投入使用。

附表2-4　　　2010~2015年我国保障性安居工程住房完成情况　　　单位：%

指标	2010年	2011年	2012年	2013年	2014年	2015年
开工率	101.72	104.30	111.57	105.71	105.71	105.81
建成率	62.71	41.42	76.95	81.68	69.05	98.60

资料来源：2010~2015年的国民经济和社会发展统计公报。

2. 住房保障覆盖面逐渐扩大

当前，我国住房保障覆盖面逐渐扩大，使得更多住房困难家庭受益。2017年底，公租房在保家庭达到1658.26万户，覆盖4100多万名城镇中低收入住房困难者。全年完成棚户区拆迁66756.66万平方米，帮助524.59万户家庭"出棚进楼"，这些家庭的居住条件得到显著提升。从附表2-5可知，几十年来我国住房保障覆盖面逐年扩大，至2017年底，覆盖面达到24.9%①。

附表2-5　　　　　2011~2017年保障房覆盖面情况

年份	保障安居工程住房存量（万套）	城镇住宅存量套数（万套）	保障房覆盖面（%）
2011	2 091	19 016	11.00
2012	2 791	20 072	13.90
2013	3 421	21 124	16.20
2014	4 121	22 206	18.60
2015	4 861	23 191	21.00
2016	5 561	24 223	23.00
2017	6 261	25 181	24.90

资料来源：各城市住建局与恒大研究院报告《中国住房制度：回顾、成就、反思与改革》。

综合上述分析可知，我国城镇住房保障建设获得了重大发展，建设数量

---

① 在此，通过保障安居工程住房存量（万套）除以城镇住宅存量套数（万套）来计算住房保障覆盖面（%）。

平稳增加，竣工面积保持较高水平，覆盖面也逐渐扩大，并且满足了城镇不同群体的住房需求，改善了住房困难群体的居住条件与环境，这推动着我国城镇住房保障体系逐步走向完善。

三、多层次住房保障和供应体系的惠民效果明显

（一）住房保障满意度整体呈现上升趋势

随着城镇保障房建设和筹措力度的加大以及保障范围的逐渐扩大，住房困难家庭的居住及生活条件有了明显改善，城镇居民的住房保障满意度也大幅提升。在《公共服务蓝皮书（2018）》中，以保障房政策、房价调控、整体满意度等指标构建指标体系[①]，对全国38个主要城市的公共住房进行满意度分析。分析结果指出，2018年38个主要城市的公共住房要素满意度平均分为44.11分，排名第一的是拉萨，其次是厦门、银川、乌鲁木齐等（见附表2-6），共有13个城市超过了全国平均分数（44.11）。

附表2-6　　2018年38个城市公共住房要素满意度得分情况

城市	得分	城市	得分
拉萨	58.16	深圳	43.18
厦门	52.47	南昌	42.74
银川	50.85	成都	42.72
乌鲁木齐	48.52	南宁	42.53
天津	48.15	贵阳	42.49
重庆	46.92	汕头	42.48
宁波	46.27	北京	42.31
福州	45.77	兰州	42.12
上海	45.59	呼和浩特	42.06
西宁	45.55	太原	41.61
石家庄	45.54	大连	41.57
青岛	44.93	武汉	41.55

---

① 保障房政策指标对应的问卷问题是：您本人或您认识的人是否享有或了解本城市的保障性住房；房价调控指标对应的问卷问题是：您觉得宏观调控政策对您所在城市的房价有影响吗；整体满意度指标对应的问卷问题是：请您对本城市的住房保障情况进行整体评价。

续表

城市	得分	城市	得分
珠海	44.57	哈尔滨	41.39
济南	43.98	广州	41.13
沈阳	43.97	南京	41.10
杭州	43.94	海口	40.76
长沙	43.68	郑州	40.61
合肥	43.26	长春	40.25
昆明	43.18	西安	38.14

资料来源：钟君，刘志昌，陈勇等．公共服务蓝皮书（2018）[M]．北京：社会科学文献出版社，2018：178．

同样，根据《公共服务蓝皮书（2018）》中的数据，从 2011~2017 年公共住房要素得分趋势来看①，住房保障满意度整体呈现出波动上升趋势。2012 年满意度得分最高为 59.16 分，2013~2014 年出现短暂下滑趋势，而 2015~2017 年的满意度得分显著上升（见附图 2-5）。

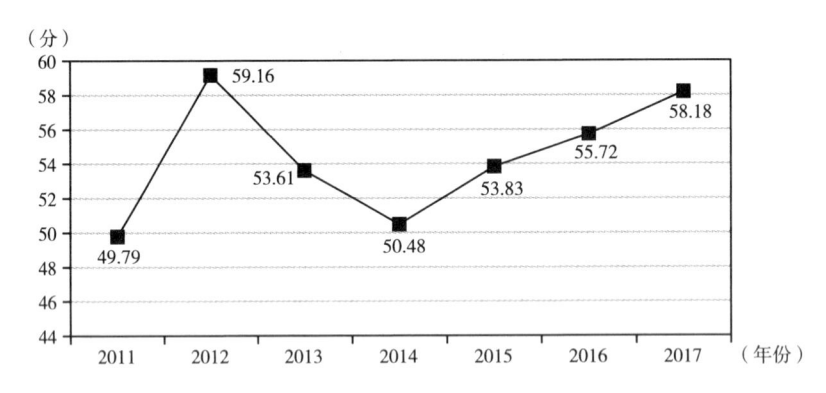

附图 2-5　2011~2017 年 38 个城市公共住房要素满意度得分趋势

（二）以上海为代表的大城市住房保障满意度不断提升

随着上海住房保障方式的不断优化，公共配套设施持续完善，行政管理方式不断得以创新，保障对象的满意度也不断提高。2013 年中国综合社会调查（CGSS）数据中，34% 的上海被调查居民对于住房保障公共服务满意度较

---

① 对历年《公共服务蓝皮书》的梳理可知，其 2018 年满意度评价体系及评价方法发生变化，故此处仅列出了 2011~2017 年的得分趋势。

高，49%的居民满意度处于中间水平，仅6%的居民对住房保障政策效果感到不满意。上海市居民对住房保障政策实施效果的整体评价较好①，而不同层面的效果值得进一步探讨。

1. 居住水平明显提高

长期以来，上海不断加大保障房的建设和筹措力度，逐渐扩大住房保障范围，有效改善了住房困难家庭的居住及生活条件。从廉租房配租家庭来看，配租前户均居住面积为13.72平方米，配租后户均居住面积提升至48.78平方米，增加了35.06平方米；人均居住面积由3.81平方米提升至13.54平方米，提高了9.73平方米。从租金配租受益家庭看，租金配租补贴发放及时，受益家庭居住面积有所增加；部分受益家庭将补贴更多用于支付原有住房租金，虽未增加居住面积，但住房支出负担有较大幅度减轻，从而改善了受益居民的居住及生活条件（梁继凯，2012）。在公租房方面，受益对象的居住条件获得了改善，但更重要的是提高了居住稳定性。

根据2014年"上海大型居住社区居民生活调查"②的结果，47.2%的居民认为住房条件有所改善，35.5%的人认为改善很大，仅4.5%认为情况更差了。与搬入保障房之前相比，虽然交通出行方面不乐观，但居民的住房条件得到明显改善，生活质量有所提高，提升了居民获得感（金桥，2015）。

2. 公共配套设施不断完善

目前，上海市保障房周边的配套设施已普遍设立，但方便程度仍需提升。同样依据2014年"上海大型居住社区居民生活调查"的结果，大型居住社区在公建配套方面最为欠缺的是医院、超市、银行等，社区医院无法解决大部分居民的就医需求，小商店也无法满足居民的消费需求。目前，居民最不满意的公共服务项目是养老服务，养老机构成为最为欠缺的服务机构（金桥，2015）。

未来一定时期，引进人才将成为上海公租房的需求主体。通过对该群体的需求特征分析，发现其对房源的区位要求高，希望居住地周边交通等配套设施完善，提高交通出行的便捷性。

---

① 基于2013年度中国综合社会调查（CGSS）数据中的上海市调查样本进行分析。该调查涉及住房保障公共服务满意度调查，有效样本量为302个。

② 由上海市政府发展研究中心社会文化处与上海大学社会学院合作开展。

3. "砖头补贴"难以满足多样化需求

过去长时间内，上海对中低收入家庭的住房补贴以"砖头补贴"为主，仅廉租房中的租金配租部分体现了"人头补贴"。保障对象缺乏对住房的自主选择，容易导致职住分离、房源结构与实际需求不匹配等问题，这在一定程度上减弱了保障对象对住房保障政策的满意度。

根据欧美发达国家的住房保障经验，政府补贴方式应逐步弱化对供给方的补贴，增加对需求方的补贴。随着社会经济的发展和住房短缺情况的缓解，上海也应由"补砖头"向"补人头"转变，针对需求方的补贴可以增加家庭的住房购买力或承租能力并促进住房市场发展，不仅在租赁型住房保障中推行"货币化补贴"，在产权型住房保障中也需尝试采用贴息减税类的市场激励支持方式。例如，对其购买首套住房给予降低首付比例、贴息减税等政策优惠。

参考文献

普通图书

［1］奥肯．平等与效率——重大抉择［M］．北京：华夏出版社，2010．

［2］鲍磊．"共有产权"的淮安模式［M］．南京：江苏人民出版社，2011．

［3］陈杰，［英］马克·斯蒂芬斯，［美］满燕云．公共住房的未来——东西方的现状与趋势［M］．北京：中信出版集团，2015．

［4］陈强．高级计量经济学及Stata应用（第二版）［M］．北京：高等教育出版社，2014．

［5］高波．我国城市住房制度改革研究——变迁、绩效与创新［M］．北京：经济科学出版社，2017．

［6］李延喜．次贷危机与房地产泡沫［M］．北京：中国经济出版社，2008．

［7］刘琳．我国城镇住房保障制度研究［M］．北京：中国计划出版社，2011．

［8］罗尔斯．正义论［M］．北京：中国社会科学出版社，2009．

［9］倪虹．国外住房发展报告［M］．北京：中国建筑工业出版社，2013．

［10］唐旭君，姚玲珍．上海商品住房市场宏观调控机制研究［M］．上海：上海财经大学出版社，2013．

［11］王松涛．中国住房市场政府干预的原理与效果评价［M］．北京：清华大学出版社，2009．

［12］王微，邓郁松，邵挺．房地产市场平稳健康发展的基础性制度与长效机制研究［M］．北京：中国发展出版社，2018．

［13］谢经荣．地产泡沫与金融危机：国际经验及其借鉴［M］．北京：

经济管理出版社，2002.

［14］姚玲珍，刘霞，王芳. 中国特色城镇住房保障体系研究［M］. 北京：经济科学出版社，2017.

［15］姚玲珍. 房地产经济学［M］. 北京：中国建筑工业出版社，2019.

［16］姚玲珍. 房地产市场研究［M］. 北京：中国建筑工业出版社，2008.

［17］姚玲珍. 中国公共住房政策模式研究（修订版）［M］. 上海：上海财经大学出版社，2009.

［18］余建源. 中国商品住房市场调控新论［M］. 上海：上海人民出版社，2009.

［19］虞晓芬，金细簪，陈多长. 共有产权住房的理论与实践［M］. 北京：经济科学出版社，2015.

［20］张跃松. 住房保障政策——转型期的探索、实践与评价研究［M］. 北京：中国建筑工业出版社，2015.

［21］郑思齐. 住房需求的微观经济分析：理论与实证［M］. 北京：中国建筑工业出版社，2007.

［22］Jaedicke W., and Vliet W. International handbook of housing policies and practices［M］. New York：Greenwood Press，1995.

［23］Lee P., and Murie, A. The price of social exclusion［M］. London：National Federation of Housing Association，1995.

科技报告

［24］Brown B. W. M., and Lafrance A. Trends in homeownership by age and household income：Factors associated with the decision to own, 1981 to 2006［R］. Economic Analysis Research Paper Series，2013.

［25］Christian D., Bernd F., and Markus Z. Housing expenditures and income inequality［R］. Working Paper，2018.

［26］Sun C., Jing J. and Zheng S. Q. Who cares more about school and subway accessibilities：home buyers or renters？［R］. Proceedings of the 16th International Symposium on "Advancement of Construction Management and Real Estate"，2011（9）：101 – 104.

学位论文

[27] 董华. 商品房预售制度比较研究 [D]. 北京：中国社会科学院，2018.

[28] 付晓枫. 政府购买服务视角的我国城镇住房保障问题研究 [D]. 北京：中央财经大学，2015.

[29] 郭玉坤. 中国城镇住房保障制度研究 [D]. 成都：西南财经大学，2006.

[30] 胡川宁. 住房保障法律制度研究 [D]. 重庆：西南政法大学，2014.

[31] 李苪. 公共租赁住房退出机制模式设计 [D]. 上海：上海财经大学，2016.

[32] 马江. 我国公租房退出监管法律问题研究 [D]. 贵州：贵州民族大学，2018.

[33] 秦文宏. 风险场域的构建——2003年以来中国房地产领域的相关行动与事实 [D]. 上海：上海大学，2013.

[34] 宋晓波. 商品房预售的法律监管问题研究 [D]. 天津：天津财经大学，2011.

[35] 孙鹤. 新型城镇化背景下我国城镇住房保障的财税政策研究 [D]. 昆明：云南大学，2017.

[36] 孙秀. 释意论视角下同传策略研究 [D]. 呼和浩特：内蒙古大学，2019.

[37] 唐旭君. 上海商品住房市场宏观调控有效性研究 [D]. 上海：上海财经大学，2015.

[38] 王丰. 习近平新时代中国特色社会主义思想的哲学研究 [D]. 北京：中共中央党校，2018.

[39] 王贤磊. 我国保障住房供给问题的研究 [D]. 武汉：华中师范大学，2013.

[40] 姚涟华. 共有产权保障房供给机制分析 [D]. 上海：中共上海市委党校，2018.

[41] 郑云峰. 中国城镇保障房制度研究 [D]. 福州：福建师范大学，2014.

期刊中析出的文献

[42] 白云霞, 邱穆青, 李伟. 投融资期限错配及其制度解释——来自中美两国金融市场的比较 [J]. 中国工业经济, 2016 (7): 23-39.

[43] 包振宇. 美国住宅租赁法律制度研究——以承租人住宅权保障为例 [J]. 美国研究, 2010 (6): 55-72.

[44] 边燕杰, 刘勇利. 社会分层、住房产权与居住质量——对中国"五普"数据的分析 [J]. 社会学研究, 2005 (3): 82-98.

[45] 陈斌开, 徐帆, 谭力. 人口结构转变与中国住房需求: 1999~2025——基于人口普查数据的微观实证研究 [J]. 金融研究, 2012 (1): 129-140.

[46] 陈波, 张小劲. 内部激励与外部约束——新一轮城市竞争中的户籍制度改革逻辑 [J]. 治理研究, 2019 (2): 88-97.

[47] 陈宏胜, 李志刚. 中国大城市保障房社区的社会融合研究 [J]. 城市规划, 2015 (9): 33-39.

[48] 陈杰, 郭晓欣. 中国城镇住房制度70年变迁: 回顾与展望 [J]. 中国经济报告, 2019 (4): 4-17.

[49] 陈杰, 金珉州. 上海居民住房需求的收入弹性分析——基于家庭层面的微观分析 [J]. 上海经济研究, 2012 (3): 3-14.

[50] 陈杰, 吴义东. 租购同权过程中住房权与公共服务获取权的可能冲突——为"住"租房还是为"权"租房 [J]. 学术月刊, 2019 (2): 44-56.

[51] 陈杰. 我国房价收入比的变动趋势与区域差异 [J]. 价格理论与实践, 2009 (6): 32-33.

[52] 陈杰. 新中国70年城镇住房制度的变迁与展望 [J]. 国家治理周刊, 2019 (2): 25-35.

[53] 陈琳, 丁烈云, 谭建辉, 周耀旭, 吴开泽. 低收入家庭住房需求特征与住房保障研究——来自广州的实证分析 [J]. 中国软科学, 2010 (10): 133-142.

[54] 陈淑云. 共有产权住房: 我国住房保障制度的创新 [J]. 华中师范大学学报 (人文社会科学版), 2012 (1): 48-58.

[55] 陈钊, 陈杰, 刘晓峰. 安得广厦千万间: 中国城镇住房体制市场化改革的回顾与展望 [J]. 世界经济文汇, 2008 (1): 43-54.

[56] 程恩富, 钟卫华. 城市以公租房为主的"新住房策论" [J]. 财贸

经济, 2011 (12): 107-113, 135.

[57] 程亚鹏. 城市住房子市场价格差异的分位数分解方法与实证 [J]. 中国管理科学, 2017 (6): 39-49.

[58] 初志坤, 陈亮. 完善上海市二手住房交易流程监管机制的探讨 [J]. 上海房地, 2017 (11): 9-12.

[59] 崔光灿, 廖雪婷. 产权支持与租赁补贴: 两种住房保障政策的效果检验 [J]. 公共行政评论, 2018 (4): 20-35, 189-190.

[60] 邸乘光. 论习近平新时代中国特色社会主义经济思想 [J]. 新疆师范大学学报 (哲学社会科学版), 2018.

[61] 丁祖昱. 中国房价收入比的城市分异研究 [J]. 华东师范大学学报 (哲学社会科学版), 2013 (3): 127-133, 161.

[62] 范子英. 为买房而离婚——基于住房限购政策的研究 [J]. 世界经济文汇, 2016 (4): 1-17.

[63] 冯皓, 陆铭. 通过买房而择校: 教育影响房价的经验证据与政策含义 [J]. 世界经济, 2010 (12): 89-104.

[64] 甘犁, 尹志超, 贾男, 徐舒, 马双. 中国家庭资产状况及住房需求分析 [J]. 金融研究, 2013 (4): 5-18.

[65] 高波, 王斌. 中国大中城市房地产需求弹性地区差异的实证分析 [J]. 当代经济科学, 2008 (1): 1-7.

[66] 高波, 王文莉, 李祥. 预期、收入差距与中国城市房价租金"剪刀差"之谜 [J]. 经济研究, 2013 (6): 101-113, 127.

[67] 高培勇, 杜创, 刘霞辉, 袁富华, 汤铎铎. 高质量发展背景下的现代化经济体系建设: 一个逻辑框架 [J]. 经济研究, 2019, (4): 4-17.

[68] 葛顺明. 县级城市保障房建设要统筹实施 [J]. 城乡建设, 2011 (6): 64-65.

[69] 官兵, 姚玲珍. 中国城镇保障房建设政府投入价值测算——以2009~2015年安居工程为例 [J]. 财政研究, 2018 (1): 78-91.

[70] 谷一桢, 郑思齐. 轨道交通对住宅价格和土地开发强度的影响: 以北京市13号线为例 [J]. 地理学报, 2010 (2): 213-223.

[71] 郭步超, 王博. 政府债务与经济增长: 基于资本回报率的门槛效应分析 [J]. 世界经济, 2014 (9): 95-118.

[72] 郭克莎. 中国房地产市场的需求和调控机制——一个处理政府与

市场关系的分析框架 [J]. 管理世界, 2017 (2): 97-108.

[73] 哈巍, 吴红斌, 余韧哲. 学区房溢价新探——基于北京市城六区重复截面数据的实证分析 [J]. 教育与经济, 2015 (5): 5-12.

[74] 韩伟. 我国《住房保障法》的基本制度构建 [J]. 北京社会科学, 2011 (4): 17-21.

[75] 韩永辉, 张佐敏, 邹建华. 房地产"限购令"的调控机制与政策反思——基于单中心双环城市模型的分析 [J]. 经济理论与经济管理, 2016 (7): 16-28.

[76] 何英, 倪萍. 房地产业周期波动简析——以上海房地产业为例 [J]. 中外企业家, 2013 (27): 97-100.

[77] 胡冰心. 互联网打造信用平台党建引领诚信文化——杭州打造二手住房交易监管新模式 [J]. 中国房地产, 2019 (4): 10-15.

[78] 胡婉旸, 郑思齐, 王锐. 学区房的溢价究竟有多大: 利用"租买不同权"和配对回归的实证估计 [J]. 经济学 (季刊), 2014 (3): 1195-1214.

[79] 黄烈佳, 张萌. 基于住宅消费行为的住宅郊区化影响因素研究——以武汉市为例 [J]. 现代城市研究, 2015 (6): 39-44.

[80] 贾俊雪, 张超, 秦聪, 冯静. 纵向财政失衡、政治晋升与土地财政 [J]. 中国软科学, 2016 (9): 144-155.

[81] 贾康, 张晓云. 我国住房保障模式选择与政策优化: 政府如何权衡"倒U曲线"演变中的机会公平与结果均平? [J]. 财政研究, 2012 (7): 2-15.

[82] 解雪峰, 罗红安. 浅谈荆州城区廉租房的规划与建设措施——"十一五城区住房建设"总结 [J]. 中国高新技术企业, 2011 (1): 156-158.

[83] 况伟大, 朱勇, 刘江涛. 房产税对房价的影响: 来自OECD国家的证据 [J]. 财贸经济, 2012, (5): 121-129.

[84] 况伟大. 住房特性、物业税与房价 [J]. 经济研究, 2009 (4): 151-160.

[85] 况伟大. 租售比与中国城市住房泡沫 [J]. 经济理论与经济管理, 2016 (2): 48-60.

[86] 李静. 我国保障房制度的法律思考——以甘肃省为例 [J]. 内蒙古民族大学学报 (社会科学版), 2015 (2): 39-44.

[87] 李梅, 李炜光, 姚玲珍, 张曙光, 周天勇, 施正文, 张长东. 房

地产税：中国税收改革再出发——税收国家转型与地方治理革新 [J]. 探索与争鸣, 2018 (3): 4-109.

[88] 李娜, 徐强, 姚清振, 孙克阳, 么传杰. 国内外 REITs 模式比较研究 [J]. 建筑经济, 2019 (2): 96-100.

[89] 李睿. 租房比购房划算 [J]. 中国统计, 2008 (2): 17-18.

[90] 李忠东. 国外租房市场的政策保障和理性居住 [J]. 上海房地, 2011 (4): 54-56.

[91] 廉思, 赵金艳. 结婚是否一定要买房？——青年住房对婚姻的影响研究 [J]. 中国青年研究, 2017 (7): 61-67.

[92] 梁云芳, 高铁梅. 中国房地产价格波动区域差异的实证分析 [J]. 经济研究, 2007 (8): 133-142.

[93] 林梦柔, 柴铎, 董藩, 周小平. 租购同权与扩大供给：中国住房租赁市场因城施策的理论与实证 [J]. 云南财经大学学报, 2019 (5): 33-45.

[94] 刘广平, 陈立文. 基于住房支付能力视角的保障房准入标准研究——思路、方法与案例 [J]. 中国行政管理, 2016 (4): 67-72.

[95] 刘洪玉, 杨帆. 中国主要城市住房供给价格弹性估计与比较研究 [J]. 社会科学辑刊, 2012, (6): 112-119.

[96] 刘洪玉. 什么因素阻碍了租房市场健康发展 [J]. 人民论坛, 2017, (24): 88-90.

[97] 刘江涛, 张波, 黄志刚. 限购政策与房价的动态变化 [J]. 经济学动态, 2012 (3): 49-56.

[98] 刘金祥, 邢远阁. 从多元主体到次中心：市场主体在我国福利供给中的角色转型 [J]. 贵州社会科学, 2018 (4): 123-130.

[99] 刘丽巍, 季晓旭. 在宏观审慎框架下发展我国的政策性住房金融 [J]. 经济社会体制比较, 2014 (1): 73-85.

[100] 刘守英, 蒋省三. 土地融资与财政和金融风险——来自东部一个发达地区的个案 [J]. 中国土地科学, 2005 (5): 3-9.

[101] 刘涛, 曹广忠. 大都市区外来人口居住地选择的区域差异与尺度效应——基于北京市村级数据的实证分析 [J]. 管理世界, 2015 (1): 30-40, 50.

[102] 刘卫, 王晓军, 马艳红. 基于国际经验的我国住宅政策性金融体系构建研究 [J]. 西部金融, 2019 (1): 57-60.

[103] 刘学良, 吴璟, 邓永恒. 人口冲击、婚姻和住房市场 [J]. 南开经济研究, 2016 (1): 60-78.

[104] 刘学良. 中国城市的住房供给弹性、影响因素和房价表现 [J]. 财贸经济, 2014 (4): 125-137.

[105] 刘亚辉. 农村集体经营性建设用地使用权入市的进展、突出问题与对策 [J]. 农村经济, 2018 (12): 126-135.

[106] 刘增锋. 美国住房租赁市场运行机制探讨及借鉴 [J]. 中国房地产, 2011 (12): 76-80.

[107] 马冬, 孙秀娅. 中国房地产市场真实租售比探析 [J]. 学习与探索, 2008 (2): 155-159.

[108] 马庆林. 日本住宅建设计划及其借鉴意义 [J]. 国际城市规划, 2012 (4): 95-101.

[109] 马修文, 沈阳. 伟大的变革——中国改革开放40周年伟大成就盘点 [J]. 党课参考, 2018 (12): 3-28.

[110] 牟森, 刘敬英. 改革房产税, 抑制房地产投资需求 [J]. 中国税务报, 2011 (8): 31-35.

[111] 倪鹏飞. 货币政策宽松、供需空间错配与房价持续分化 [J]. 经济研究, 2019 (8): 87-102.

[112] 倪鹏飞. 中国住房保障制度体系的总体设计 [J]. 价格理论与实践, 2013 (4): 11-16.

[113] 欧阳华生, 黄智聪. 区域间经济发展、城镇化与住房保障财政供给——基于空间计量模型框架的实证研究 [J]. 财贸经济, 2014 (6): 5-13.

[114] 欧阳卫民. 城市居民住房"杜甫指数"体系的构建及意义 [J]. 广东社会科学, 2019 (6): 5-12.

[115] 盘和林. 租购同权或推高学位房租售价格 [J]. 金融经济, 2017 (17): 51.

[116] 盛松成, 宋红卫. "库存"的测算与"去库存"的反思 [J]. 中国房地产, 2018 (29): 33-40.

[117] 任洪源, 燕中州. 房产中介乱相尽显规范监管势在必行——中天置业事件的反思与启示 [J]. 产权导刊, 2018 (1): 14-17.

[118] 沈宏超. 国外住房合作社的经验与启示 [J]. 城市发展研究, 2009 (2): 83-85.

[119] 沈悦,刘洪玉. 住宅价格与经济基本:1995~2002年中国14城市的实证研究[J]. 经济研究,2004(6):78-86.

[120] 石忆邵,王伊婷. 上海市学区房价格的影响机制[J]. 中国土地科学,2014(12):49-57.

[121] 宋士云. 新中国城镇住房保障制度改革的历史考察[J]. 中共党史研究,2009(10):1003-3815.

[122] 宋伟轩. 大城市保障房空间布局的社会问题与治理途径[J]. 城市发展研究,2011(8):103-108.

[123] 孙聪,刘霞,姚玲珍. 新时代住房供应如何契合租购群体的差异化需求?——以上海市为例[J]. 财经研究,2019(1):75-88.

[124] 孙丹. 我国保障房体系现状、问题及建议[J]. 金融发展评论,2011(10):97-108.

[125] 唐旭君,姚玲珍. 商品住宅市场营业税政策调控有效性分析——基于上海数据的实证研究[J]. 上海财经大学学报,2012(6):90-96.

[126] 田大洲,梁敏. 积极的失业保险政策研究:坚持保障适度的保生活政策[J]. 中国劳动,2019(1):32-47.

[127] 王必丰,潘冬旭. 深圳市人才安居政策梳理、存在问题及其对策建议[J]. 住宅与房地产,2019(11):70-76.

[128] 王芳,姚玲珍,刘霞. 跨行业经营房地产与企业业绩:相得益彰还是适得其反[J]. 外国经济与管理,2019(10):60-73.

[129] 王汉. B2C和C2C的融合与发展[J]. 经济论坛,2011(7):178-181.

[130] 王清. 制度变迁过程中的碎片化:以户籍制度改革为例[J]. 学术研究,2015(4):55-61,159.

[131] 王先柱,殷欢,吴义东. 文化规范效应、儒家文化与住房自有率[J]. 现代财经(天津财经大学学报),2017(4):68-77.

[132] 魏雅华. 房地产新税已可期待?[J]. 企业研究,2012(9):10-13.

[133] 吴宾,张春军. 我国住房保障管理现状及其完善[J]. 中国海洋大学学报(社会科学版),2015(2):104-110.

[134] 吴福象,姜凤珍. 租售比、房价收入比与房地产市场调控——基于区际差异化市场比较的实证分析[J]. 当代财经,2012(6):82-90.

[135] 吴桂兴,张婧. 论习近平新时代中国特色社会主义经济思想 [J]. 市场论坛, 2019 (6): 54-56.

[136] 夏辉,李景霞,吴志清,甘俊美. 上海房地产宏观调控及其效果分析 [J]. 上海经济研究, 2005 (5): 75-81.

[137] 谢志强,黄磊. 买房时代会向租房时代转变吗 [J]. 人民论坛, 2017 (24): 92-93.

[138] 闫先东,张鹏辉. 土地价格、土地财政与宏观经济波动 [J]. 金融研究, 2019 (9): 1-18.

[139] 严荣. 租赁型保障房的发展困境与创新实践 [J]. 上海房地, 2017 (12): 27-31.

[140] 燕继荣. 现代国家治理与制度建设 [J]. 中国行政管理, 2014 (5): 58-63.

[141] 杨红旭. 楼市调控的逻辑 [J]. 中国房地产, 2019 (8): 32-39.

[142] 杨小静,钱璞,赵旭. 中国住房保障制度的改革路径 [J]. 学术界, 2015 (5): 22-33.

[143] 张莉,李舒雯,杨轶轲. 新中国70年城市化与土地变迁 [J]. 宏观质量研究, 2019 (2): 80-102.

[144] 张林山. 积极推进户籍制度改革进程 [J]. 宏观经济管理, 2015 (5): 31-33.

[145] 张牧扬,陈杰,石薇. 租金率折价视角的学区价值测度——来自上海二手房市场的证据 [J]. 金融研究, 2016 (6): 97-111.

[146] 张清勇. 中国住房保障百年:回顾与展望 [J]. 财贸经济, 2014 (4): 116-124.

[147] 张书海,刘文勇. 居民房产投资决策影响因素的实证分析 [J]. 理论探讨, 2010 (6): 86-89.

[148] 张涛,龚六堂,卜永祥. 资产回报、住房按揭贷款与房地产均衡价格 [J]. 金融研究, 2006 (2): 1-11.

[149] 张雅淋,孙聪,姚玲珍. 越负债,越消费?——住房债务与一般债务对家庭消费的影响 [J]. 经济管理, 2019 (12): 40-56.

[150] 张延群. 德国公租房政策对我国的启示 [J]. 中国经贸导刊, 2011 (4): 32-33.

[151] 张元端. 中国住房制度改革路线图 [J]. 城市开发, 2007 (22):

24-27.

[152] 张跃松, 连宇. 基于挤出效应的住房保障规模对商品住房价格的影响 [J]. 工程管理学报, 2011 (1): 1-4.

[153] 张孜牧. 瑞典住房合作社的成功经验和启示 [J]. 外国经济与管理, 1987 (9): 32-33.

[154] 赵军洁, 范毅. 改革开放以来户籍制度改革的历史考察和现实观照 [J]. 经济学家, 2019 (3): 71-80.

[155] 郑思齐, 符育明, 任荣荣. 住房保障的财政成本承担: 中央政府还是地方政府? [J]. 公共行政评论, 2009 (6): 109-125, 204-205.

[156] 郑思齐. "城中村"住房问题亟待改良 [J]. 探索与争鸣, 2010 (2): 18-19.

[157] 钟凯, 程小可, 张伟华. 货币政策适度水平与企业"短贷长投"之谜 [J]. 管理世界, 2016 (3): 87-98, 114, 188.

[158] 钟荣桂, 吕萍. 中国城乡住房市场融合: 土地制度改革与户籍制度改革 [J]. 经济问题探索, 2017 (6): 85-92.

[159] 钟幼茶. 创新城市住房保障体系的研究与实践——以杭州市为例 [J]. 建筑经济, 2011 (9): 12-14.

[160] 钟裕民. 政策排斥分析框架及其应用: 以保障房管理为例 [J]. 中国行政管理, 2018 (5): 70-76.

[161] 周京奎, 黄征学. 住房制度改革、流动性约束与"下海"创业选择——理论与中国的经验研究 [J]. 经济研究, 2014 (3): 158-170.

[162] 周京奎. 收入不确定性、住宅权属选择与住宅特征需求——以家庭类型差异为视角的理论与实证分析 [J]. 经济学 (季刊), 2011 (4): 1459-1498.

[163] 周晓东, 沈蕙帼. 改进大型居住区保障房的供应和管理 [J]. 上海房地, 2014 (1): 24-26.

[164] 周中明. 对当前我国住房消费金融模式发展的思考和探讨 [J]. 环渤海经济瞭望, 2013 (5): 16-19.

[165] 朱国钟, 颜色. 住房市场调控新政能够实现"居者有其屋"吗?——一个动态一般均衡的理论分析 [J]. 经济学 (季刊), 2013 (1): 103-126.

[166] 朱恺容, 李培, 谢贞发. 房地产限购政策的有效性及外部性评估

[J]. 财贸经济, 2019 (2): 149-162.

[167] 朱紫雯, 徐梦雨. 中国经济结构变迁与高质量发展——首届中国发展经济学学者论坛综述 [J]. 经济研究, 2019 (3): 194-198.

[168] 祝军. 国外实现"租购同权"的主要做法及对我国的启示 [J]. 金融发展评论, 2018 (7): 136-145.

[169] 邹至庄, 牛霖琳. 中国城镇居民住房的需求与供给 [J]. 金融研究, 2010 (1): 1-11.

[170] Bayer P., and Mcmillan R. A unified framework for measuring preferences for schools and neighborhoods [J]. Journal of Political Economy, 2007, 115 (4): 588-638.

[171] Bian Y. R., and Logan J. Market transition and the persistence of power: The changing stratification system in urban China [J]. American Sociological Review, 1996, 61 (5): 739-758.

[172] Black S. E. Do better schools matter? Parental valuation of elementary education [J]. Quarterly Journal of Economics, 1999, 114 (2): 577-599.

[173] Bourassa S. C., and Hendershott P. H. On the equity effects of taxing imputed rent: Evidence from Australia [J]. Housing Policy Debate, 1994, 5 (1): 73-95.

[174] Cao Y. J., Chen J. D., and Zhang Q. H. Housing investment in urban China [J]. Journal of Comparative Economics, 2018, 46 (1): 212-247.

[175] Case K. E., and Shiller R. J. The efficiency of the market for single-family homes [J]. American Economic Review, 1989, 79 (1): 125-137.

[176] Chen J., Yang Z., and Wang Y. P. The new Chinese model of public housing: A step forward or backward? [J]. Housing Studies, 2014, 29 (4): 534-550.

[177] Chung I. H. School choice, housing prices, and residential sorting: Empirical evidence from inter-and intra-district choice [J]. Regional Science & Urban Economics, 2015, 5 (52): 39-49.

[178] Davis M. A., and Heathcote J. The price and quantity of residential land in the United States [J]. Journal of Monetary Economics, 2007, 54 (8): 2595-2620.

[179] Freedman M., McGavock T. Low-income housing development, pov-

erty concentration, and neighborhood inequality [J]. Journal of Policy Analysis and Management, 2015, 34 (4): 805 - 834.

[180] Goodman A. C., and Kawai M. Permanent income, hedonic prices, and demand for housing: New evidence [J]. Journal of Urban Economics, 1982, 12 (2): 214 - 237.

[181] Green R., and Hendershott P. Age, housing demand and real house price [J]. Regional Science and Urban Economics, 1996 (26): 465 - 480.

[182] Hanson A., and Hawley Z. Do landlords discriminate in the rental housing market? Evidence from an Internet field experiment in US cities [J]. Journal of Urban Economics, 2011, 70 (2): 99 - 114.

[183] Haurin D. R. Income variability, homeownership, and housing demand [J]. Journal of Housing Economics, 1991, 1 (1): 60 - 74.

[184] Henderson J. V., and Ioannides Y. M. A model of housing tenure choice [J]. American Economic Review, 1983, 73 (1): 98 - 113.

[185] Hernández J. E. R., and García A. B. Housing and urban location decisions in spain: An econometric analysis with unobserved heterogeneity [J]. Urban Studies, 2007, 44 (9): 1657 - 1676.

[186] Ihlanfeldt K. R. Property taxation and the demand for housing: An econometric analysis [J]. Journal of Urban Economics, 1984, 16 (2): 208 - 224.

[187] Imberman S. A, and Lovenheim M. F. Does the market value value-added [J]. Journal of Urban Economics, 2016 (91): 104 - 121.

[188] Jin S., Jiang W., and Su. L. The rise in house prices in China: Bubbles or fundamentals? [J]. Economics Bulletin, 2006, 3 (7): 1 - 8.

[189] Jud G. D., and Winkler D. T. The dynamics of metropolitan housing prices [J]. Journal of Real Estate Research, 2002, 23 (12): 29 - 46.

[190] Kuroda Y. The effect of school quality on housing rents: Evidence from matsue city in Japan [J]. Journal of the Japanese and International Economies, 2018 (50): 16 - 25.

[191] Lau K. Y. Safeguarding the rational allocation of public housing resources [J]. Asia Pacific Journal of Social Work, 2002, 7 (2): 97 - 129.

[192] Lauf S., Haase D., Seppelt R., and Schwarz N. Simulating demography and housing demand in an urban region under scenarios of growth and shrink-

age [J]. Environment & Planning B: Planning & Design, 2012, 39 (2): 229 -246.

[193] Mankiw N. G., and Weil D. N. The baby boom, the baby bust, and the housing market [J]. Regional Science and Urban Economics, 1989, 19 (2): 235 -258.

[194] Nee V. A. Theory of market transition: From redistribution to markets in State Socialism [J]. American Sociological Review, 1989, 54 (5): 663 -680.

[195] Newman S J, and Harkness J M. The long-term effects of public housing on self-sufficiency [J]. The Journal of the Association for Public Policy Analysis and Management, 2002, 21 (1): 21 -43.

[196] Oates W. E. The effects of property taxes and local public spending on property values: An empirical study of tax capita-lization and the Tiebout hypothesis [J]. Journal of Political Economy, 1969, 77 (6): 957 -971.

[197] Parish W. L., and Michelson E. Politics and markets: Dual transformations [J]. American Journal of Sociology, 1996, 101 (4): 1042 -1059.

[198] Peng R., and Wheaton W. C. Effects of restrictive land supply on housing in Hongkong: An econometric analysis [J]. Journal of Housing Research, 1994, 5 (2): 263 -291.

[199] Richard V. Changing capitalization of CBD-oriented transportation systems: Evidence from Philadelphia, 1970 -1988 [J]. Journal of Urban Economics, 1993, 33 (3): 361 -376.

[200] Room G. Poverty in Europe: Competing paradigms of analysis [J]. Policy & Politics, 1995, 23 (2): 103 -113.

[201] Rosen S. Hedonic prices and implicit markets: Product differentiation in pure competition [J]. Journal of Political Economy, 1974, 82: 34 -55.

[202] Shamsuddin S., and Vale L. J. Hoping for more: Redeveloping US public housing without marginalizing low-income residents? [J]. Housing Studies, 2017, 32 (2): 225 -244.

[203] Shelton J. P. The cost of renting versus owning a home [J]. Land Economics, 1968, 44 (1): 59 -72.

[204] Sirgy M. J., Grzeskowiak S., and Su C. Explaining housing preference and choice: The role of self-congruity and functional congruity [J]. Journal of

Housing and the Built Environment, 2005, 20 (4): 329-347.

[205] Sirmans G. S., Smith S. D., and Sirmans C. F. Assumption financing and selling prices of single-family homes [J]. The Finance Review, 1982, 17 (2): 84-88.

[206] Skaburskis A. Modelling the choice of tenure and building type [J]. Urban Studies, 2014, 36 (36): 2199-2215.

[207] Susin S. Rent vouchers and the price of low-income housing [J]. Journal of Public Economics, 2002, 83 (1): 109-152.

[208] Tan Y., Wang Z., and Zhang Q. H. Land-use regulation and the intensive margin of housing supply [J]. Journal of Urban Economics, 2019 (28): No. 103199.

[209] Verdugo G. Public housing magnets: Public housing supply and immigrants' location choices [J]. Journal of Economic Geography, 2015, 16 (1): 237-265.

[210] Wang Y. P., and Murie A. The new affordable and social housing provision system in China: Implications for comparative housing studies [J]. International Journal of Housing Policy, 2011, 11 (3): 237-254.

[211] Woo A., Joh K., and Van Z. S. Impacts of the low-income housing tax credit program on neighborhood housing turnover [J]. Urban Affairs Review, 2016, 52 (2): 247-279.

[212] Wood G., Watson R., and Flatau P. Microsimulation modelling of tenure choice and grants to promote home ownership [J]. Australian Economic Review, 2006, 39 (1): 14-34.

[213] Zhang M., and Chen J. Unequal school enrollment rights, rent yields gap, and increased inequality: The case of Shanghai [J]. China Economic Review, 2018, 3 (49): 229-240.

[214] Zheng S. Q., and Kahn M. E. Land and residential property markets in a booming economy: New evidence from Beijing [J]. Journal of Urban Economics, 2008 (63): 743-757.

[215] Zorn P. M. An analysis of household mobility and tenure choice: An empirical study of Korea [J]. Journal of Urban Economics, 1988, 24 (2): 113-128.

报纸中析出的文献

[216] 陈杰. 改革住房供应体系 回归住房基本生活属性 [N]. 中国社会科学报, 2014-07-28.

[217] 陈承新. 必须坚持以人民为中心 [N]. 人民日报, 2019-01-14.

[218] 陈月芹. 拆除城市落户的篱笆,新型城镇化进入拐点 [N]. 中国建设报, 2019-6-21.

[219] 龚正. 新土地管理法为农民撑起利益保护伞 [J]. 中国商报, 2019-09-05.

[220] 郝丽娟. 自如深陷"甲醛门" [N]. 质量与认证, 2018-12-10.

[221] 焦思颖. 为城乡融合发展扫除制度障碍以税收调节促进资源集约利用 [N]. 中国自然资源报, 2019-08-27.

[222] 李健. 住房保障的货币补贴模式 [N]. 第一财经日报, 2013-09-04.

[223] 李克纯. 1.6亿刚需倒逼出来的住房革命 [N]. 中国房地产报, 2017-3-4.

[224] 李泽泉. 深刻认识中国特色社会主义制度的显著优势 [N]. 杭州日报, 2019-11-13.

[225] 刘卫民. 完善政策性住房金融体系至关重要 [N]. 上海证券报, 2017-03-03.

[226] 戚奇明. 楼市迎来"小阳春"未来走向看信贷 [N]. 中国金融报, 2019-4-8.

[227] 姚玲珍,王芳. 共有产权房怎样堵住漏洞? [N]. 解放日报, 2017(10): 1-2.

[228] 张来明. 一次具有开创性、里程碑意义的重要会议 [N]. 中国经济时报, 2019-11-13.

[229] 张树华,陈承新. 感受身边真实的中国民主 [N]. 环球时报, 2019-09-03.

[230] 朱宇. 让房产税回归本义 [N]. 中国证券报, 2010-10-14.

[231] 邹琳华. 住房政策应转向适度强调民生导向 [N]. 上海证券报, 2015-12-09.